保育者のための
パソコン講座

Windows 10/8.1/7
Office2010/2013/2016対応版

阿部正平・阿部和子・二宮祐子

Houbunshorin
萌文書林

本書使用ОＳ、アプリケーションおよびバージョンは、次のとおりです。
　Windows 10 Pro
　Microsoft Office Word 2016
　Microsoft Office Excel 2016
　Microsoft Office PowerPoint 2016

　MS、Microsoft、MS-DOS、Windowsは、米国Microsoft Corporationの登録商標です。Windowsは、米国Microsoft Corporationの商標です。
　その他、記載された会社名および製品名は、各社の登録商標または商標です。なお、本文中では、™、®マークは明記していません。

はじめに

　私たちのまわりでは、IT（情報技術）化が加速しています。子どもから高齢者まで多くの人が、スマートフォンやタブレットをつねに持ち歩き、仕事に遊びに使っています。電話に加え、電子メールやチャット、Web閲覧・検索、SNS・ツイッター、ECサイトなど利用範囲も拡がり、社会インフラとして定着してきました。産業界では、大企業、中堅・中小企業など業種を問わず、ITはあたりまえです。国際競争に打ち勝つために、経営にも戦略的なIT活用が必須です。教育の分野でも、大学をはじめ、小・中・高等学校での「教育の情報化」が進んでおり、小学校ではプログラミング必修の時代になりました。保育・幼児教育の分野でも、仕事の効率化と保育の質向上が求められています。

　しかし、若者を含め、個々人のITリテラシーの格差は拡がっています。スキルの高い若者も増えていますが、大学生でもスマホは得意であるがパソコンはちょっと苦手という人が以前よりも増加の傾向にあります。ITを駆使して、業務の効率化や大幅な品質の向上を実現するなどは「自信がない」「何ですかそれ」「興味ない」という声もありますが、もはやそんなことは言えない時代だということを認識すべきです。

　本書は、保育者を目指す学生、現役の保育者でパソコン初心者のため、パソコンおよびオフィスソフトの概略理解と利用技術の習得が目的です。保育所などの具体的な演習素材を使い、やさしいものから始めて徐々にスキルアップできるようにしました。大学の授業だけでなく、保育者になったあとの仕事で求められるスキル項目をほぼ盛り込んでいます。大学および将来の保育の仕事の場でも活用していただければ幸いです。大学での学習や保育者としての仕事の質の向上が実現されることを期待しています。

　本書は、12年前に初版（Windows XP版）を発行し、リテラシー講座の演習テキストとして多くの大学等で利用いただいており、感謝しています。今回の改定では、前回のWindows7版をもとに複数のOSとOfficeのバージョンに対応させて、WindowsおよびOfficeの操作から、ネットワーク利用技術と情報倫理を加えたフルセット版情報リテラシー書にまとめました。

　制作に際して、協力園の杉本理事長および小西理事長には、保育現場の素材をご提供いただきました。初版制作では、萌文書林の服部雅生氏（故人）、元編集部の田中さんと幸田さんに大変お世話になりました。また前回に続き今回も、編集部の赤荻さんほかに協力していただき完成しました。みなさま方には、この場をかりて厚くお礼申し上げます。

平成30年2月

著者代表　阿部　正平

もくじ

はじめに ……………………………………………………………………… 3
本書の使い方 ………………………………………………………………… 9
保育とパソコンについて …………………………………………………… 11

Part1 パソコンのしくみを学ぼう
パソコン本体とOSのしくみを知って、マウスやキーボード操作になれよう！

Introduction ❶ コンピューターの移り変わり ………………………… 15
Introduction ❷ コンピューターのしくみ …………………………… 16
- ■ハードウェア ……………………………………………………… 17
- ■ソフトウェア ……………………………………………………… 18

Introduction ❸ Windows（ウィンドウ・システム）の概観 ………… 20
- ■デスクトップ －システムの開始画面－ ……………………… 20
- ■スタートボタン －プログラムのメニュー選択－ …………… 22
- ■アプリケーション・ウィンドウ ………………………………… 23
- ■アイコンとショートカット ……………………………………… 25
- ■ファイルとフォルダー －プログラムやデータの格納庫－ … 26

Introduction ❹ マウスとキーボード ………………………………… 27
- ■マウス ……………………………………………………………… 28
- ■キーボード ………………………………………………………… 29
- ■コンピューターでの文字の扱いと文字の種類 ………………… 30

Unit1 基本的な操作を習得しよう ……………………………………… 31
- ■パソコンとOSの起動 …………………………………………… 31
- ■マウス操作 ………………………………………………………… 33
- ■アプリケーションの起動と終了 ………………………………… 35
- ■ウィンドウ操作 …………………………………………………… 40
- ■キーボード操作 …………………………………………………… 42
- ■システムの終了 …………………………………………………… 50
  - 保育を学ぼう❶ 保育者の仕事／52

Unit2 フォルダーとファイルになれよう ……………………………… 54
- ■ドライブ名とフォルダーのしくみ ……………………………… 54
- ■ファイルのしくみ ………………………………………………… 57
- ■フォルダーの操作 ………………………………………………… 60
- ■ファイルの操作 …………………………………………………… 70

- ■ ファイルやフォルダーの検索 …………………………………………… 72
- Unit3 マウスとキーボードになれよう　76
  - ■ キーボード操作トレーニング ………………………………………… 76
    - Exercise.1 文章の入力練習をしてみよう ………………………… 80
  - ■ マウス操作トレーニング ……………………………………………… 86
  - ■ 描画ツール操作演習「かんたんなイラストを作成しよう」 ……… 109
    - Exercise.1 保育園の案内図を描こう ……………………………… 112
    - Exercise.2 うさぎを描こう ………………………………………… 117
    - Exercise.3 ひよこを描こう ………………………………………… 121

Part2 ワープロソフトの機能と操作を学ぼう
おたよりなどの園で配布する文書を作ろう！

- **Introduction ❶** ワープロソフト ……………………………………… 129
  - ■ 文書作成の手順 ………………………………………………………… 129
- **Introduction ❷** 文書の構成 …………………………………………… 130
  - ■ テキスト（文章などの文字データ） ………………………………… 130
  - ■ 表（簡易表） …………………………………………………………… 131
  - ■ 図形（簡易図形、イラスト） ………………………………………… 131
  - ■ 画像（写真など） ……………………………………………………… 131
  - ■ 数式 ……………………………………………………………………… 131
- **Introduction ❸** Microsoft Word の操作 ……………………………… 132
  - ■ Word の起動と終了 …………………………………………………… 132
  - ■ リボンの機能 …………………………………………………………… 133
  - ■ 文書の作成・編集操作 ………………………………………………… 135
  - ■ 画像の取り込みと編集 ………………………………………………… 148
  - ■ 文書のファイルの保存 ………………………………………………… 153
  - ■ 文書の印刷 ……………………………………………………………… 155
- Unit4 かんたんなおたよりを作成しよう　156
  - Exercise.1 文字だけのかんたんなおたよりを作ろう ……………… 156
  - Exercise.2 作成したおたよりを利用して、次のおたよりを作ろう …… 163
    - 保育を学ぼう❷ 保護者向けに作成する資料／166
- Unit5 ビジュアルコンテンツを作ろう　168
  - ■ 表を作る（表ツール） ………………………………………………… 168
  - ■ 図を使おう ……………………………………………………………… 181
    - 保育を学ぼう❸ 保育記録／190

5

Unit6	図表が入ったおたよりを作成しよう	191
Exercise.1	イラストの入った案内カードを作ろう	191
Exercise.2	表が入ったおたよりを作ろう	196
Exercise.3	やや複雑なレイアウトのおたよりを作る	200

 保育を学ぼう❹ 保育の計画／210

Part3 表計算ソフトの機能と操作を学ぼう
表の作成・台帳（データベース）管理とかんたんな表計算をしよう！

Introduction ❶ 表計算ソフト ……… 213
- 作表機能－表の作成－ ……… 213
- 台帳機能－データベース管理－ ……… 214
- 計算・集計機能 ……… 215

Introduction ❷ Microsoft Excel の操作 ……… 216
- Excel の起動と終了 ……… 216
- リボンの機能 ……… 218
- ワークシートとセル ……… 219
- セルへのデータ入力と更新 ……… 220
- セルの書式と書式設定 ……… 223
- セルの編集 ……… 226
- データの入力規則と規則の設定 ……… 233
- 計算式 ……… 235
- グラフの作成 ……… 241
- 表の集計と並べ替え ……… 243
- シートの操作 ……… 248
- シートのファイル保存 ……… 252
- シートの印刷 ……… 253
- ほかの Office との連携（表やグラフをワープロ文書に貼り付けなど） ……… 255

Unit7	作表とかんたんな計算をしよう	258
Exercise.1	「クラス表」を作成しよう	258
Exercise.2	「年間カレンダー」を作成しよう	266

Unit8	児童台帳を作成しよう	275
Exercise.1	「児童台帳」を新規に作成しよう	275
Exercise.2	既存台帳を更新しよう－今年度の台帳を使って次年度を作成－	283
Exercise.3	児童台帳の検索と集計をしよう	288

Unit9	グラフと計算式を活用しよう	296
Exercise.1	「身体計測記録表」の様式を作成しよう	296

Exercise.2 「身体計測記録台帳」を作成しよう …… 304
Exercise.3 身体測定結果をグラフ表示しよう …… 306
Exercise.4 「行事写真購入申し込み管理簿」を作成しよう …… 318
　　保育を学ぼう❺ 園で行われる行事について／323

Part4 プレゼンテーションを学ぼう
プレゼンテーション・ソフトでスライドを作ろう！

Introduction ❶ プレゼンテーション …… 329
　■ プレゼンテーションとは …… 329
　■ プレゼンテーションの流れ …… 329

Introduction ❷ Microsoft PowerPoint の操作 …… 331
　■ PowerPoint の起動と終了 …… 332
　■ リボンの機能 …… 333
　■ PowerPoint のデザインとスライドのひな型 …… 333
　■ スライドの作成 …… 334
　■ スライドのコピー（複写）・移動・削除 …… 344
　■ スライドの動作および効果の設定 …… 344
　■ 表示オプション機能の設定 …… 350
　■ スライドショーの実行と終了 …… 350
　■ その他の機能 …… 351
　　保育を学ぼう❻ 保護者とのコミュニケーション①／353

Unit10 プレゼンテーションをやってみよう …… 354
　Exercise.1 保育園の案内を作る（基本操作の習得） …… 355
　Exercise.2 保育園の案内を更新する（基本操作の習得） …… 357
　Exercise.3 クラス紹介をつくってみよう（応用） …… 359
　Exercise.4 10年後の姿についてプレゼンする（応用） …… 359

Part5 ネットワークを学ぼう

Introduction ❶ コンピューター・ネットワーク …… 362
　■ LAN（Local Area Network） …… 362
　■ インターネット …… 363
　■ 携帯電話やスマートフォンによる通信 …… 364
　■ クラウド・サービス …… 364

- ■ IoT（Internet of Things 物のインターネット） …… 365

Introduction ❷ Web サイト …… 365
- ■ Web サイトのしくみ …… 365
- ■ Web ページの検索と閲覧 …… 366
- ■ Web ページ上のデータの取り込み …… 367
- ■ 幼稚園や保育所（園）でのコンピューターおよびネットワーク利用 …… 368

Introduction ❸ 電子メール（E メール） …… 373
- ■ メール送信 …… 375
- ■ メール受信 …… 375
- ■ メール返信 …… 376
- ■ メール転送 …… 377
- ■ メール送受信でのマナー …… 377

Unit11　保育の場での E メール使用を考えてみよう …… 379
- Exercise.1　打ち合わせの日程を調整する …… 380
- Exercise.2　ふれあいルームへの参加を募る …… 380
- Exercise.3　園児の病気を保護者に連絡する …… 381
- Exercise.4　ミスをしたときの対応 …… 381

　保育を学ぼう❼　保護者とのコミュニケーション②／382

Part6 パソコンリテラシーと情報倫理を学ぼう

Introduction ❶ 保育の管理業務でのソフトの活用 …… 384
- ■ 事例1　保育計画と実績評価の作成 …… 384
- ■ 事例2　保育記録の作成と活用…保育日誌を例 …… 387
- ■ 期待する効果…仕事の効率と品質の向上 …… 389

Introduction ❷ 文書ファイルなど、データの適切な管理 …… 390
- ■ ファイル名称の標準化（命名規則） …… 390
- ■ ファイルの破損、消失と分散のリスク対策 …… 391
- ■ 情報漏えい対策 …… 392
- ■ ネットワーク・リスク対策 …… 393

Introduction ❸ 園でのさまざまなコミュニケーション …… 396
- ■ ICT を活用したコミュニケーションの紹介 …… 396
- ■ 関連する法律 …… 399

参考文献・資料 …… 401
ローマ字表 …… 403

本書の使い方

　本書は、保育を素材にした演習が大半を占めていますが、いずれも身近でわかりやすい題材であり、保育以外の方々も容易に取り組めます。

1．本書のねらい

　保育者がコンピューター（以後、パソコンと記述）を活用する最終目的は、保育の質の向上です。保育者の日々の仕事の多くは「園児との直接のかかわり」ですが、保育の計画・記録（年、月、日）などの管理文書作成や一般的な事務処理、行事対応など、保育に付随的な作業があります。パソコンを効果的に活用して、これらの作業を効率化するだけでなく、「園児とのコミュニケーションの密度・質を高める」「蓄積した保育データ（デジタルデータ）の分析結果を使って保育の課題を解決する」などにつなげることが重要です。そのために、操作スキルは必要ですが、単に操作できる、おもしろい機能を使えるというだけではダメです。まずは操作スキル習得が第一レベルの目標ですが、上述のレベルに到達できるよう真のIT修得に努めてください。

　演習素材はできるだけ視覚的にわかりやすいものにしました。しかし、基本操作の着実な習得のために、意図的に繰り返し操作（トレーニング）させるなど、やや面倒くさい場面もありますが、丁寧に演習して挫折しないで完遂してください。

2．本書の構成

　本書は、保育系学科のコンピューター入門講座のシラバスにおおむね対応させて、以下に示す6つのPartで構成しています。

　Part1は、パソコンのしくみとOS（Windows10および7）の概略、マウスとキーボードおよびフォルダ／ファイルの機能や操作法の学習です。Part2は、電子文書の構成、ワープロ（Word）の基本機能と操作法および文書管理です。Part3は、表計算ソフト（Excel）の基本機能（表の作成、台帳管理、簡単な計算と集計）と操作法です。Part4は、PowerPointによるプレゼンテーションの作成と実行です。Part5は、インターネットを含めたネットワークの基礎知識と園でのネットワーク利用技術です。最後のPart6は、園で使っている保育計画・記録文書の電子化による効果や事例紹介、情報セキュリティおよび情報倫理です。

　各Part（1〜4）前半のIntro部は、OS、Word、Excel、PowerPointについて、覚えてほしい機能の概略説明と操作練習です。後半は、習得内容を難易度順に2〜4個の単元Unitに分けています。各Unitは、演習事例を使って、ソフトの機能および操作の概略説明と、Exercise（3〜5個）で構成しています。おおむね授業の1時間（90分）に対応させています。概略説明と操作練習でおおよそ理解できたあとに、Exerciseで具体的な操作法を習得してください。各Exerciseは、15〜30分程度でできる量です。最初は、操作手順の説明を見ながら操作をまねるかたちでかまいませんが、あとで何も見ずにやってみてください。操作につまったときは、その部分の再演習を繰り返してください。操作演習では、単に操作の仕方を機械的に覚えるのではなく、操作の基本パターン、決まりごと、なぜそうするのかなどを考えるよう

に努めてください。そうすれば、理屈を少しずつ理解でき、ほかの操作への応用や予測が可能となり、説明書を見ないでも自分で考えて操作できるようになります。Unitの末尾などに、「Let's Try」という課題演習（操作の説明はなし）を付けていますので、習得状況に応じて授業の中、あるいは復習用として利用してください。

　また、保育や幼児教育について、保育現場の様子や園での決まりごとなど、特徴的な話題を各Unitの合間に「保育を学ぼう」のページとして紹介しています。

3．学校の授業での使用に際して（先生へのご説明とお願い）
（1）本書内で使用している演習素材データのCD提供
　授業で使用される先生に対して、本書内で使用しているデータファイル（文書、電子シート、図形など）を、CD等の媒体で提供します。そのまま、あるいは改変してご利用ください。提供ファイルの一覧および授業での使い方など詳細については、同封の説明書を参照してください。なお、使用許可の範囲は、授業（教室）内に限定し、ほかの目的、学外での使用は禁止します。ご希望の先生は、萌文書林の編集部あてにご連絡をお願いします。

（2）演習素材は、Windows7版との互換を保ち、新たな素材を追加
　Part1～4のExerciseで使用している演習素材は、前回改定のWindows7版と互換を保っており、変更せずに使い、新たに数個の素材を追加しました。Let's Tryでは、難度の高い課題を一部削除・改変し、代わりに、できるだけ習得してほしい機能に対応する新たな演習課題を数個追加しています。

（3）OSおよびOfficeのマルチ・バージョンに対応
　OSは、Windows10と7に対応しています。両者に共通の機能・操作法では、Windows10の画面を使い、異なるものは、各OSの画面で説明しています。Officeのバージョンは、2010、2013、2016に対応しており、共通の機能・操作法では、2016の画面を使い、異なるものは各バージョンの画面を並記・説明しています。

（4）サーバー間でのファイルのダウンロード、アップロード操作と成果物の保存
　大学では、共有サーバー上に各学生用のスペースを割り当て、その中に各人の演習データを保存管理するスタイルが一般的と思います。本書では、3種類の仮想フォルダ（学生個人用、教材提示用、提出用）を使って、学生が教材等のファイルをサーバーから取り込み（ダウンロード）、演習結果をサーバーへ提出（アップロード）する操作を想定してExerciseのファイル保存を指示しています。各UnitのExercise等で作成したファイルの保存先を仮想フォルダー（名称：ホームフォルダ）にして、その中にUnit番号名のフォルダーを作成してファイル保存するようにしています。各校のサーバー構成に応じて、保存先およびファイルの読込先を変更してください。

保育とパソコンについて

　保育者を志す人にその動機を聞いてみますと、「子どもが好き」「保育園でやさしくしてもらったことがうれしかった」「ピアノが得意だから、私の伴奏で子どもと一緒にうたったりしたい」などといいます。また、保育現場の第一線にいる保育者に「保育をしていて楽しいことは何ですか」とアンケートをしたところ、「子どものためにいろいろと考えた遊びを喜んでしているとき」「子どもと一緒に笑い合っているとき」「子どもとわかり合えた瞬間」「保護者に頼られたとき」などをあげています。

　保育という仕事は、日常の生活の中で「一緒に遊びながら」、またいわゆる「生活の世話をしながら」というように、保育者は自らの心身を使って子どもの心身に働きかけ・働きかけられたりするそのことと、その過程としての成長・発達を見届けることをおもな内容としています。先に見たように、保育を仕事にしようとしている、または保育の仕事についている人は「子どもが好き」で、子どもとの生活に心を砕くことを惜しまない人たちです。

　子どもが家庭という集団を離れて、最初に生活をする場所である幼稚園や保育園を取り巻く社会が激変し、変化し続けています。変化は、その内容が「子どもの生活（保育・教育）」にとってどのような意味をもっているのかの検証をする暇もないほどの速度です。さらに、その変化の方向も曖昧なままに、子どもたちの笑顔や成長発達の証をたよりに、日々の保育・教育をしているのが大方の現場の状況です。

　保育現場は、社会の幼稚園や保育園に対するニーズに対応しながら、これまでの比較的安定した社会の中で構築されてきた保育内容や方法を、変化する社会の中での「子どもの生活」という視点から再構築することを迫られています。

　子どもとの生活は、共に生活する人々との関係の中での出来事です。共に生活することにおいて、もっとも重要なことは「相手（子ども）を知る」ということです。相手が「何を望んでどのようにしようとしているか」を理解することなしに、子どもとの豊かな生活は成立しません。さらに、理解の仕方は、たとえ集団を相手にしていたとしても、個別的（一人ひとり）であり、抽象的ではなく具体的に知るという方法です。

　そのためには、先ほど述べたように、保育者は自らの心身を使って、一人ひとりの子どもの心身に働きかけ・働きかけられたりするという、具体的なやりとりにかなりの時間を費やすことになります。社会が複雑になればなるほど、その影響を受ける子どもの生活において具体的なやりとりに時間を割くことになります。なぜならば、人はその社会の影響を免れて生活することはできないからです。年齢が低ければ低いほど、子どもの欲求や意思を超えて社会の複雑さに直接さらされ、それがそのまま、子どもの生きる環境になっているからです。

保育現場は、社会の変化に伴う幼稚園や保育園に対するニーズを受け入れ、さらに変化する社会を土壌として成長発達している子どもの変化にも戸惑いながら、以前にも増して忙しくなっています。先のアンケートの保育者に「保育で大変なことはなんですか」と問うと、保育に関連する書類（保育計画・年間計画・月間計画・行事についての案、児童票、月案、生活記録、保育の記録、おたより、個人日誌、連絡帳など）を書くこと、雑用（掃除・壁面、作り物）が多く、子どもに「待っててね」といわなければならないとき、時間内に仕事が終わらずに残業や、家に仕事を持ち帰ることが多く疲労感が多いことをあげています。

　保育の仕事を大雑把にとらえると、子どもとの生活において直接にかかわることと、その生活を豊かで充実したものにするための準備の部分があります。アンケートに答えてくれた多くの保育者は、直接子どもとかかわり生活を作り上げていく時間は楽しいといいますが、その生活を豊かにするための準備の時間が大変だといっています。この大変な仕事に時間を費やしてしまい、子どもと直接にかかわる時間を減らすことはできません。ましてや、その生活の質を低下させることもできませんので、準備の時間を効率よくする工夫が必要になります。もちろん効率よくといっても、子どもとの生活と切り離してということではありません。

　準備（保育の記録をとり、その評価をし、次の指導（保育）計画を立てる、子どもにかかわる人々の連携のための時間、気持ちよく生活するための掃除や環境構成、成長発達の確認の機会、文化を伝承するための行事など）は、直接の子どもとの生活を豊かにするものとして、日々の生活と切り離して考えることのできないものです。準備がしっかりとされていない子どもとの生活は、その場限りの生活になりやすく、豊かに今を生き、子どもが自身の主人公になっていくための生活にはなりえません。

　子どもとの生活をイメージしながら、これまでの仕事の内容の一つひとつを問い直し、簡素化できるところは簡素化します。簡素化のひとつの方法として、パソコンを使うことで効率化できる部分もあります。パソコンを使いこなすことで、時間的なゆとりを生み出すことができ、子どもたちとのより豊かな生活を作り上げていく可能性が開けるはずです。

阿部　和子

パソコンの
しくみを学ぼう

パソコン本体とOSのしくみを知って、
マウスやキーボード操作になれよう！

Part1

Part1では、キーボードやマウスなどのパソコン操作の基本を習得しましょう。それに先んじて、パソコンのOSやアプリケーションのしくみなども基礎知識として頭に入れておきましょう。

このPartで学ぶこと

Part1では、パソコン本体のしくみとOS、マウスとキーボードの操作について学習します。基本的なパソコンの知識と、マウスやキーボードの操作技術を身に付けましょう。具体的な学習内容は、以下のとおりです。

1　知識の習得 …… 概略の理解

① コンピューターとは
　　歴史、どのようなものか、どのような構成をしているのか
② ハードウェアの構成についての理解
　　入力装置、記憶装置、演算装置、出力装置
③ ソフトウェアの構成についての理解
　　OS、アプリケーション・ソフトウェア
④ ウィンドウ・システムについての理解
　　ディスプレイ画面等に表示される項目と具体的な機能についての理解
⑤ 「フォルダー」と「ファイル」についての理解
　　「フォルダー」および「ファイル」とはどのようなものか

2　操作スキルの習得

① 機器およびOSの起動と終了操作
② 入力機器（マウスとキーボード）の基本的な操作
・マウス：クリック、ダブルクリック、ドラッグ、右クリック
・キーボード：文字（テキスト）の入力および編集、操作の指示
③ アプリケーション・ソフトウェアの基本操作（ソフトに共通した操作）
・ソフトの起動と終了
・ウィンドウ操作
・コマンド（実行指示）操作
・ソフトで作成した成果物（ファイル）の保存操作
④ Officeソフト共通機能の基本操作
・イラスト等の図形描画 … ［描画ツール］の操作
・写真等の加工・編集 … ［図ツール］の操作
・文書内でよく使われる表の作成 … ［表ツール］の操作
⑤ 「フォルダー」と「ファイル」の基本操作
・「フォルダー」操作 … 新規作成、名前変更、複写、移動、削除、検索
・「ファイル」操作 … 新規作成、名前変更、更新、複写、移動、削除、検索
・演習に付随する操作 … 教材のダウンロード、演習結果の保存、提出

Introduction 1 コンピューターの移り変わり

　世界初の商用コンピューターが開発されたのは1940年代。すでに半世紀以上が経過しています。これまでも、そして現在も、コンピューターは進化を続け、その能力は向上し続けています。下図は、過去から現在までの代表的といえる汎用コンピューターの形の変化をイラストで紹介したものです。いずれもイラストの上では同じような大きさで描かれていますが、実際の大きさは格段の違いがあります。

　初期の頃の大型汎用コンピューター（下図の左上）は、大きなビルの1フロア全体を占めるほどの大きさがありました。しかし、現在では、技術の進歩によって、机上に置けるサイズどころか、ノートサイズ、手のひらサイズなど、極めて小さなサイズの製品も市販されています。サイズが小さくなっても、その機能・性能に関しては、かつての大型汎用コンピューターをはるかに上まわるほどです。価格も、個人で購入できるまで安くなっており、個人で複数台もっている人も少なくありません。

　大型汎用コンピューターから出発し、ビジネス分野のミニコンピューター／オフィスプロセッサ、エンジニアリング分野のワークステーション、そしてパーソナルコンピューター（パソコン）など、用途や利用者の違いに対応して進化してきました。さらに、現在では、携帯電

コンピューターの変遷

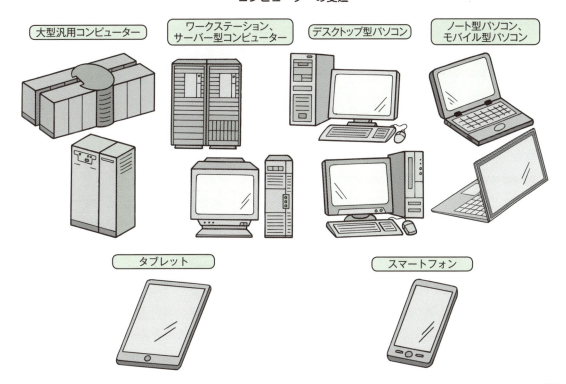

話と融合したスマートフォンやタブレット PC、タブレット型の電子書籍リーダーなど、私たちの日常生活と融合した製品へと変化しています。

企業においても、かつては1台のコンピューターを多数の社員が共同で使用していたものが、今では1人で1台以上のパソコンを使用しています。日々、インターネットなどコンピューター・ネットワークにつながった環境の中で、デスクワークはパソコンで行い、外出先ではスマートフォンやタブレットでコミュニケーションするなど、ビジネスでの活用も当たり前になっています。インターネットについても、有線だけでなく無線によってどこででも簡単・手軽に接続できるようになりました。自宅にはパソコンを置き、外出先ではスマートフォンやタブレットを使って、電話やメールはもちろん、アプリケーションを利用しての情報収集や配信など、リアルタイムに行うことができます。

コンピューターは、人間の仕事の効率を上げるための道具として生まれました。最初は、その名も「電子計算機」と呼ばれ、高速に計算を行う機械でした。おかげで、多くの人間が長い時間をかけて行っていた仕事を、少人数かつ短時間で実現可能にしてくれました。さまざまな進化の結果、とうとう人間の生活の豊かさを支えるものになりました。もちろん、心から喜べる光の部分だけでなく、影の問題も見過ごせないのですが、その能力には驚くばかりです。

Introduction 2 コンピューターのしくみ

時代とともにコンピューターのサイズは小さくなり、操作もずいぶん人間に近づいて優しくなってきました。しかし、その基本的なしくみは、現在のコンピューターも昔とさほど変わってはいません。コンピューターは、ハードウェアとソフトウェアで構成されています。人間の体を例にすると、ハードウェアは人間の肉体にあたり、とくに情報を扱う部位に相当します。

①外界にある情報を取り込むための部位（目、耳、鼻、皮膚など）、
②取り込んだ情報を記憶するための部位（脳）、
③計算、分析など情報を処理するための部位（脳）、
④処理結果を外界に出力するための部位（目、口、手足など）

これらはつまり、情報の入力、記憶、演算、出力であり、まとめると、コンピューターは右の図の4つの装置で構成されているといえます。

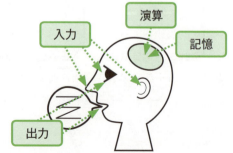

ソフトウェアは、人間の脳の機能に似ています。脳そのものではなく、(1) さまざまな情報、知識、知恵のように脳の中に蓄えられているもの、そして、(2) 行動指令として動的に変化しているもの（論理、思考など）に相当しています。

総称して、(1)を「データ」(情報)、(2)を「プログラム」と呼びます。いずれも、人間の目には見えないという特徴も同じです。

ハードウェア

　パソコンを例に、コンピューターを構成するハードウェアの具体的な種類と特徴について説明します。デスクトップ型パソコンのハードウェア構成は、たいてい、下図のようになっています。本体の中には、メモリーなどの主記憶装置、CPU などの計算処理を行う演算装置に加えて、ハードディスク装置（HDD：Hard Disk Drive）などの記憶媒体が備わっています。

　本体以外には、周辺機器（装置）があり、機能的には入力機器と出力機器に分けられます。入力機器とは、コンピューターの外部から、本体の中に情報を読み込むための装置です。逆に、コンピューター内部で計算など行った結果を外部に出力（ディスプレイ画面に表示、プリンターに印刷など）するための装置が出力機器です。パソコンの用途に応じて、これら入力および出力機器として必要なものを選び、本体に接続して使用します。

　これらの周辺機器を本体と接続するためには、本体に用意されたインターフェースを利用します。たとえば、CD/DVD/BD（Compact Disk/Digital Video Disc/Blu-ray Disk）などの読み取り装置（書き込み装置が付いている機種もある）、外付けの記憶媒体などを接続するための USB（Universal Serial Bus）ポート（端子）、インターネットや内部ネットワークに接続するための LAN（Local Area Network）ポートなどがあります。

　人間の脳の中には、たくさんの情報を蓄積・記録しておくための記憶領域があります。パソコンでこれに相当するのが記憶装置、記憶媒体と呼ばれるものです。記憶媒体の代表が、メモリーやハードディスクドライブ（HDD と略）です。メモリーはデータの読み書きが極めて高速ですが、高価です。HDD は、比較的高速で、価格はさほど高くないといった違いがあります。

　いずれも、年代とともに、高速化と低価格化が進んでいますが、コストパフォーマンスの観

ハードウェアの構成

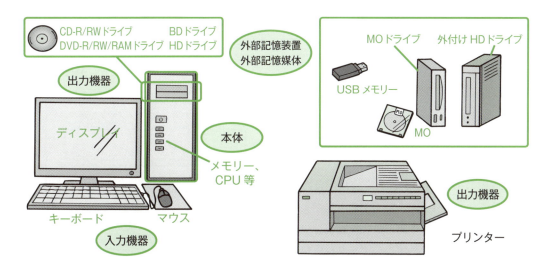

点から、現状では、次のように両者を組み合わせて利用しています。実行中のプログラムやデータについては、メモリーに記憶しておき高速に処理を行います。起動されていないプログラムや使用していないデータについては、HDDに保存しておき、必要に応じて、そのつど読み書きをします。最近のパソコンは、電源が入力されるとHDDからシステムを駆動するようになっており、メモリーとHDDを内蔵しているものが一般的です。

なお、近年、SSD（Solid State Drive）と呼ばれるフラッシュメモリー型の記憶装置も普及しています。ノート型パソコンやタブレット型などでは、HDDの代わりにSSDを使用、あるいは、HDDとSSDを併用するようになっています。SSDは、高速に読み書きできる、消費電力も少ない、衝撃にも強いといった特徴があり、HDDの代替品として利用されています。

また、USBと呼ばれる機器接続機能が標準で備わっており、データなどの保存のための媒体であるUSBメモリー、外付け型のHDD、光磁器ディスク装置（MOD）などを簡単に接続できるようになっています。

Column　ペンとタブレット

入力装置には、マウスやキーボード以外にも、「ペン」と「タブレット」を組み合わせた手書き風に操作する入力装置があります（図参照）。その他にも、マイクなどを用いた音声入力装置もあります。

ソフトウェア

パソコンのソフトウェアは、「オペレーティングシステム」（OSと略）、「ミドルウェア」および「アプリケーション」の3階層で構成されています。アプリケーションがミドルウェアおよびOSの機能を使用し、ミドルウェアがOSの機能を使用しています。ワープロソフトや表計算ソフトなど、利用者が最終的に使用したいソフトウェアが、アプリケーションと呼ばれるものです。

ミドルウェアは、アプリケーションの共通基盤となるソフトウェアを総称したものです。たとえば、データベース・ソフトウェアもミドルウェアの一種です。Accessのように、独立したアプリケーションもありますが、多くは業務ソフトなどに共通システム部品として組み込まれています。その他には、セキュリティ管理ソフト、ネットワーク管理ソフトなどがあります。

OSは、アプリケーションを使用するために必要な準備作業や、使用中のさまざまなモニタリング（本体内部の状況監視、周辺機器の様子監視、外部とのデータ授受な

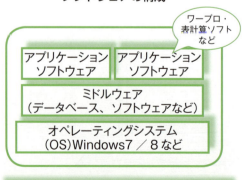

ソフトウェアの構成

ど）をしており、ハードウェアの電源が入った直後から、コンピューターを終了して電源を切るまでの間、起動されており、常時、休みなく動いています。

Column 専用コンピューターと人口知能

パソコンなど汎用コンピューターのほかに、さまざまな分野で用途別の専用コンピューターがたくさん活躍しています。たとえば、工業用ロボットやゲーム機などが該当します。また、電化製品にもコンピューターが組み込まれています。形状はまるで異なりますが、いずれもコンピューターです。これら、もはや私たちの生活必需品、切り離すことのできない生活の一部です。

こうした専用コンピューターでは、ほとんどの場合、ソフトウェアはハードウェアの中に最初から組み込まれています（「組み込みOS」などと呼ばれます）。近年では、これらのソフトに次々と人工知能（AI）が搭載され、人間をもしのぐレベルに賢くなっており、とても便利である反面、脅威でもあります。

Column OSとアプリケーションの関係

「OS」と「アプリケーション」の関係を、私たちが日常的に使用している電気や水道などを例に説明します。

水は浄水場から道路などに埋め込まれた太い本管を経て、各家庭に送られてきます。家の中では、細い水道管を通じて、台所、風呂場などに運ばれ、炊事、入浴、洗濯などで使用します。このような給水、水道管などの状況管理、家庭での使用管理などの機能が公共的な給水システムとして備わっており、生活の共通インフラ（基盤）となっています。

OSは、この給水システムに対応し、コンピューターのソフトウェアにおけるインフラとして機能します。インフラは、共通で統一化されているほうが利用者にとっては便利です。もちろん、共通であることのリスクもあります。たとえば、給水システムに事故があると、すべての家庭で水が使えなくなります。コンピューターウイルスの侵入などによって、OS全体が麻痺してしまうと、コンピューターそのものが使えなくなるといった具合です。

そして、各家庭での炊事や洗濯などの仕事がアプリケーションに対応します。炊事、洗濯などでは、いずれも水を使用します。さらに、炊事では包丁、まな板などの炊事道具、洗濯では洗濯機、洗剤など、仕事固有の道具も使用します。それぞれ独立して作業することが可能であり、同時進行もできます。洗濯機に異常が起きても、炊事には影響を与えません。

OSとアプリケーションの関係も、これと同様です。OSが動いていなければ、いずれのアプリケーションも動作しませんが、各アプリケーションは、それぞれ独立して動作することができます。

Column クラウド・サービスの出現

従来、パソコン機器やソフトウェアは利用者が保有し、ソフトウェアはパソコンにインストールして使用してきました。ソフトウェアで作成したデータ類もHDDなど自分自身の媒体に保管しています。

近年では、データの保管場所やソフトウェアをインターネット経由で提供する「クラウド・サービス」が普及をはじめています。インターネットに接続できる環境があれば、利用者はソフトウェアの保有が不要になり、場合によっては、ソフトウェアのインストールも必要ありません。WordなどのOffice製品もオンライン版があり、インターネット経由で使用することができます。また、作成したデータをクラウド上の保管場所に保存しておけば、場所を問わずにデータを利用することができます。

クラウドサービスを利用すると、さまざまな手間や時間が削減でき、仕事の効率化やコストダウンといった利点があります。課題もありますが、新たな利用形態の潮流です。

Introduction 3 | Windows（ウィンドウ・システム）の概観

デスクトップ － システムの開始画面 －

　デスクトップとは、デスクの作業領域、つまり、机の上を仮想的に表現したもので、学生であれば学校や自宅での勉強机、社会人の場合には会社での仕事机などを意味しています。あるいは、勉強部屋、仕事部屋と考えてもらってもよいでしょう。

Windows 10 のデスクトップ画面

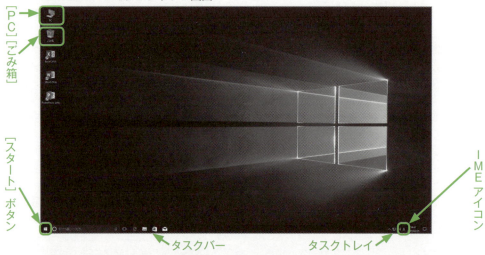

Windows 7 のデスクトップ画面

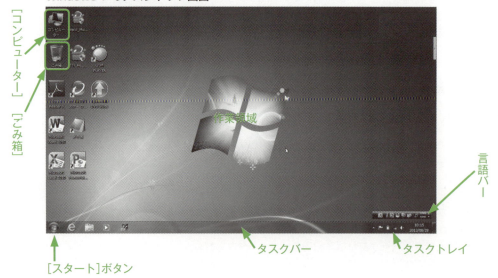

机の上に、書類や文房具などをおいて、仕事や勉強をするのと同じように、利用者が自分の仕事などに応じて、好みの環境を作れるようになっています。書類などのファイルを操作したり、アプリケーションを起動したりするために、「アイコン」と呼ばれる小さな絵（シンボル）ボタンが用意されています（p.25参照）。必要なアイコンをデスクトップ上に貼り付けておくことで、効率的に作業を行うことができます。前ページのデスクトップ画面の左上に並んでいる「コンピューター」や「ごみ箱」と書かれたものがアイコンです。このほか、アプリケーションのショートカットアイコン（p.25、37参照）も置くことができます。

　ここではまず、デスクトップの構成要素の基本であるタスクバーと、［コンピューター］、［ごみ箱］の2つのアイコンについて、機能や特徴を説明します。

❶タスクバー

　デスクトップ画面の最下段には、「タスクバー」と呼ばれる帯があります。タスクバーは、デスクトップに表示されるプログラムのアクセスポイントです。利用者は、タスクバーから直接、コマンドを実行したり、ファイルなどにアクセスしたりすることができます。

　タスクバーの左端には、［スタート］ボタンと呼ばれるボタンが付いています。このボタンをクリックして、実行したいプログラムをメニューから選択・実行することができます。システムを終了したい場合も、このボタンから指示できます。タスクバーの右端には、常駐プログラム（メモリー上に常時、読み込まれており、実行状態になっているプログラム）のアイコンや、現在時刻が表示されています。このスペースを「タスクトレイ」といいます。バーの中ほどには、現在、起動中のアプリケーションなどプログラムの一覧が表示されるようになっています。

▶ **コマンドとは**：コンピューターに対して、特定の操作を実行させるために行う指示や命令のこと。通常、プログラムファイルの形式で用意されており、キーボードなどから入力して実行します。

❷［PC］または［コンピューター］

　［PC］または［コンピューター］アイコンは、このコンピューターの入口を表しています。その中を開くと、このコンピューターに接続されている装置の一覧が「エクスプローラー」と呼ばれるフォルダー管理ソフトによって表示されます。

　デスクトップ上にこれらのアイコンが表示されていない場合は、タスクバー上に表示されている［PC］または［エクスプローラー］のアイコンをクリックしてください。コンピューターに接続されている装置の一覧がエクスプローラーで表示されます。

タスクバー

❸［ごみ箱］ －一次廃棄場所－

　［ごみ箱］は、まさに、ごみを捨てる箱を表したものであり、不要になったデータなどを一時的に捨てる（移動保管）ための入れ物です。［ごみ箱］に移したものは、復活させることができます。プログラムやデータをコンピューター上から削除する場合、いったん［ごみ箱］に移すことで、万一、誤って大切なものを削除したときでも復元できるという便利さがあります。
　なお、［ごみ箱］アイコンを右クリックして［ごみ箱を空にする］という操作を行うと、［ごみ箱］に溜まっていたものが完全に削除（破棄）されるので、復活できなくなります。

> **Column** ｜ **MS-DOSからWindowsへ　－CUIからGUI－**
>
> 　Windowsの前身は、MS-DOSと呼ばれるOSです。［スタート］ボタンから［Windowsシステムツール］（または［アクセサリ］→［コマンドプロンプト］）を起動すると、右下のように今でもMS-DOSをWindowsの中から利用することができます。初心者には、あまりなじみのないものですが、ユーザーインターフェース（コンピューターと利用者の間で情報をやり取りするための仕方）の変遷として、重要な意味があるので覚えておいてください。
> 　MS-DOSでは、「コマンド」と呼ばれる文字列で操作を指示します。画面中の「C:¥Users¥user01>dir」はCドライブ内にあるuser01というユーザーのユーザーフォルダーを一覧表示するという指示（コマンド）です。検索結果が文字列で表示されています。このような文字形式でのやりとりをCUI（Character User Interface）といいます。これに対し、Windowsでは、デスクトップ画面にアイコンを配置するなど、グラフィックスをたくさん使ったGUI（Graphics User Interface）と呼ばれるユーザーインターフェースに進化しています。

［スタート］ボタン －プログラムのメニュー選択－

　［スタート］ボタンを押すと、システムに登録されているプログラムの一覧（メニュー）が表示されます。ここには、Windowsが提供するシステムソフトウェアおよび、別途インストールされたアプリケーションなどがすべて含まれています。この中から目的のアプリケーションを選択してクリックすると、そのプログラムを起動（実行）することができます。

❶プログラムの登録　－どうやってプログラムを登録するの？－

　プログラムを起動するには、まず、そのプログラムがプログラムメニューに登録されていなければなりません。Windowsが提供しているシステムソフト（たとえば、以降の操作練習で使用する「メモ帳（notepad）」など）については、Windowsのインストール時に自動的に登録されるので、プログラムメニューへの登録処理は必要ありません。
　ワープロソフトなど、一般のアプリケーションの場合には、アプリケーションを入手（購入

および、インターネットからダウンロードなど）した後、利用者がインストール操作を行うことによって、プログラムメニューに登録されます。なお、具体的なインストール操作については、ここでは説明を省略します。

▶「**インストール**」**とは？**：アプリケーションを構成するプログラムやデータなどをハードディスクなどに複写し、プログラムメニューの登録など、アプリケーションを実行できる環境を整える処理をいいます。

❷階層メニューとプログラムの起動

　Windowsシステムでは、アプリケーションやコマンドの表示方法の1つとして、「メニュー方式」を採用しています。表示する項目が少ない場合には、1つのメニューに全体の一覧が表示されます。項目の数が多い場合や、用途別にいくつものカテゴリに分類されているような場合には、階層化して表示されます。

　［スタート］ボタンから操作するプログラムメニューの場合も、システムに登録されているプログラム群が階層的に表示されます。利用者は階層に沿って、目的のプログラムを探して選択していきます。最終的に選択が確定すると、そのプログラムが起動されます。

アプリケーション・ウィンドウ

❶ウィンドウの構成

　プログラムを起動すると、デスクトップ上に新たなウィンドウが表示されます。これを「アプリケーション・ウィンドウ」と呼びます。アプリケーション・ウィンドウに表示される項目は、プログラムごとに異なりますが、基本的なスタイルや共通の機能については、表示形式や

Word2016のアプリケーション・ウィンドウ

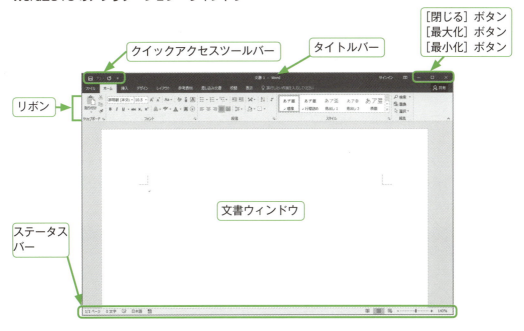

操作方法が統一化されており、わかりやすいように考慮されています。Windows システム上で実行するプログラムの多くが、このウィンドウを介して、利用者と情報や操作のやりとりを行います。

　Word 2016 のアプリケーション・ウィンドウは、「タイトルバー」と各種機能を用途別にまとめた「リボン」、文書を作成する「文書ウィンドウ」、ページ数や文字数を確認したり、画面の表示モードを切り替えたりできる「ステータスバー」で構成されています。この構成は、Word 以外の Office 製品においても共通しています。

タイトルバーの構成

機　　能	説　　明
クイックアクセスツールバー	頻繁に使用するコマンドを配置できる、カスタマイズ可能なツールバー。左端をクリックすると、アプリケーション・ウィンドウのサイズ変更や終了などが行える
[最小化]ボタン	アプリケーション・ウィンドウを一時的にデスクトップ上から隠すためのボタン。単に、ウィンドウの表示が隠れているだけであり、タスクバー上には、起動中のアプリケーションの一覧がアイコンで表示されているので、これをクリックすると再表示できる
[最大化]ボタン	アプリケーション・ウィンドウをデスクトップ全体に表示する。デスクトップが1つのウィンドウ表示になる
[閉じる]ボタン	アプリケーションの実行を終了するためのボタン

　Microsoft Office（以下、Office）では、長らくメニューおよびツールバーによる操作方法が使われてきましたが、Office2007 以降、「リボン」と呼ばれる新たなユーザーインターフェースが導入されました。
　リボンとは、プログラムの機能を階層的にグループ分類して、一連のタブで整理した「コマンドバー」です。
　リボンには、「タブ」と呼ばれるラベルが付いており、これをクリックすることで、タブの選択や切り替えが行えます。

❷マルチウィンドウの表示　－複数のアプリケーションを並行して実行する－
　Windows システムでは、複数のアプリケーションを並行して実行することができます。
　たとえば、ワープロソフトで文書を作成している途中に、データの集計結果をグラフ化して文書内に貼り付けたくなったとき、ワープロソフトを実行したまま表計算ソフトを起動して実行することができます。その場合には、次ページの画面のように複数のアプリケーション・ウィンドウがデスクトップ上に表示されることになります。デスクトップ上でのウィンドウの表示位置、表示サイズ（縦および横のサイズ）は自由に変更できます。

マルチウィンドウの例（ウィンドウを重ねて表示）

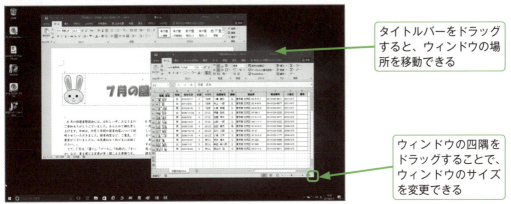

タイトルバーをドラッグすると、ウィンドウの場所を移動できる

ウィンドウの四隅をドラッグすることで、ウィンドウのサイズを変更できる

アイコンとショートカット

❶「アイコン」とは

　デスクトップに配置された［コンピューター］や［ごみ箱］などの絵マーク（シンボル）を「アイコン」と呼びます。アイコンとは、パソコン本体および接続されている装置の中にあるプログラムやデータなどを、視覚的に表現したものです。その内容が一目でわかるようになっています。

　下図は、左から Word で作成した文書データ、PowerPoint で作成したプレゼンテーションデータ、BMP 形式の画像データ、Excel で作成したスプレッドシートデータを表したアイコンの例です。このように、アイコンを見ただけで、作成したアプリケーションやファイルの内容がわかるようなしくみになっています。

アイコンの例

❷簡単アクセスのための「ショートカット」

　アイコンには、「プログラムやファイルそのもの（本体）」と「本体へのリンク情報」の2つの種類があります。後者のタイプは、プログラムやファイルのある場所を示したものであり、「ショートカット（近道）」と呼びます。このショートカットをデスクトップなどに作っておけば、これをダブルクリックすることで、プログラムやデータにすぐにアクセスできます。複雑な階層メニューをたどって探すといった手間が省けるので大変便利です。

　ショートカットは、プログラムやデータだけでなく、「装置」「フォルダー」などさまざまなものに対して作ることができます。ショートカットは、次の図のようにアイコンの左下に

が付いており、前述の❶のデータアイコンと区別できます。

ショートカットアイコンの例

ファイルとフォルダー　－プログラムやデータの格納庫－

❶「ファイル」とは　－プログラムやデータ－

　コンピューター上には、プログラム（OSやアプリケーションなど）と、データ（文書、イラスト、スプレッドシート、データベースなど、プログラムの処理の対象となるもの）があります。

　これらの性質は異なりますが、物理的には電子的な情報の固まりなので、システム上では、共に「ファイル」と呼ばれる概念で管理しています。

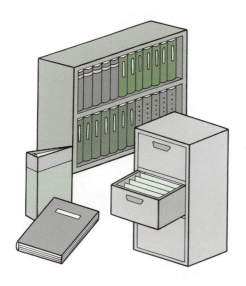

> **Column　記憶媒体について**
>
> 　ファイルの保存には、記憶媒体（メディア）が使用されます。記憶媒体にはさまざまな種類があり、用途に応じて使い分けられます。通常、ワープロソフトなどアプリケーションで作成しているファイルの保存には、処理速度の速さからハードディスク（HD）やSSDが使われます。ファイルのバックアップ（複製を残すこと）など、複製物を保管する場合には、外付けのHD、USBメモリー、CD-R/RW、DVD-R/RW/RAM、BDなど外部記憶媒体を使用します。記憶媒体の中にフォルダーを作成して、ファイルを階層的に保存管理するのが一般的です。

❷「フォルダー」の機能と構造

　「フォルダー」とは、ファイルを格納するための入れ物であり、本や書類を本棚やキャビネットに保管するのと同じようなものです。フォルダーの中にはさらにフォルダーを作成することができ、メニューと同様、階層的に管理されています。

　たとえば、次の図では、「平成△△年度管理資料」フォルダーの中に、「園児管理」「たより管理」「行事管理」の3つのフォルダーがあり、さらに「たより管理」フォルダーの中に「園だより」「クラスだより」の2つのフォルダーがあることを示しています。

フォルダーの構成例（保育所や幼稚園で作成する文書類の管理）

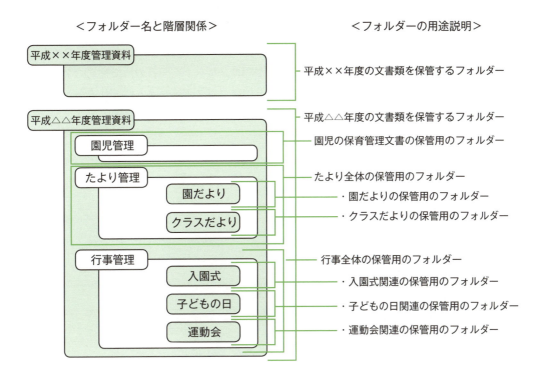

Introduction 4　マウスとキーボード

　コンピューターに対して、外部から文字などのデータを入力したり、種々の操作を指示するための道具が入力装置です。その代表的なものが「キーボード」と「マウス」です。現在では、タブレット型パソコンやスマートフォンなど、タッチスクリーン方式での操作もめずらしくありませんが、事務処理など職場でのデータ入力では、まだまだキーボードとマウスによる操作が主流です。

　そこで、とくに若い学生のみなさんには、これらの操作に慣れてもらい、効率的に仕事ができるようになっていただきたいと思います。

　キーボードは、おもに文字を入力するための装置で、欧米のタイプライターの延長上の機器として、コンピューターが生まれたときから備わっています。現在においても、文字入力の道具として、職場などで多く使用されています。マウスは、メニューやボタンの選択、図形の描画など、視覚的な入力操作をスムーズに行う道具として使用されています。

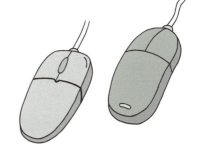

マウス

　マウスは、前ページの図のような形状をしており、手のひらでくるむように軽くもって操作します。マウスを使って、ディスプレイ画面（以降、画面と略）上に表示されているウィンドウ、メニュー、ボタンなどの選択、図形の描画など、コンピューターとの間で視覚的な操作のやりとりをすることができます。そのため、画面上にはマウスポインタと呼ばれる小さなアイコン（通常、矢印 の形をしている）が表示されており、マウスの移動操作によって、マウスポインタの位置を変化させることができます。

　マウスの先頭部分には1つまたは2つのボタンが付いており、このボタン操作と前述のマウスポインタの移動操作によってコンピューターへのさまざまな操作指示を行います。なお、Windows系のパソコンでは通常、2つボタンタイプのマウスを使用しています。

　マウスの基本的な操作方法は下表のとおりです。

マウスの基本操作

基本操作	操作方法	
マウスポインタ移動	ボタンを押さない状態でマウスを軽く持ち、机上を上下左右、斜めなど自由に移動する。マウスの移動により、マウスポインタの位置を移動させることができる	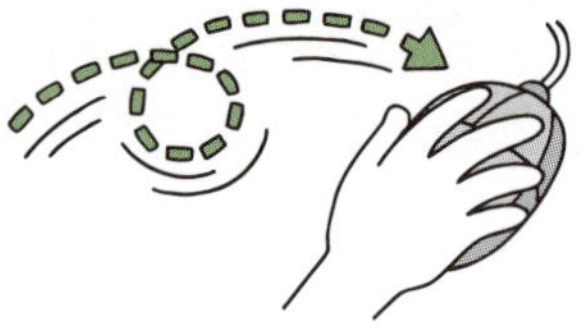
クリックまたは左クリック	左側のボタンを1回だけ指で軽く押し、すぐにボタンから指をはなす。操作の対象（アイコン、ボタン、テキストなど）を選択する場合などに使用する	
ダブルクリック	時間の間隔をあけずに、左側のボタンを2回連続してクリックする。ソフトウェアを起動する場合などに使用する	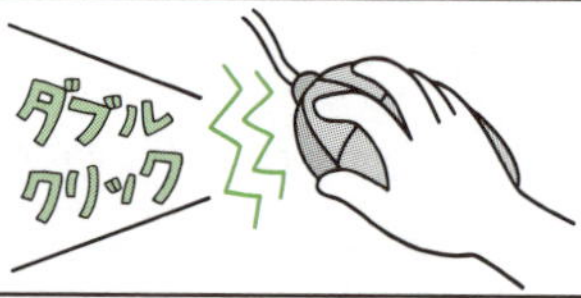
ドラッグ	左側のボタンを押したまま、マウスを移動する。選択したものを移動したり、領域を指定したりするような場合に使用する	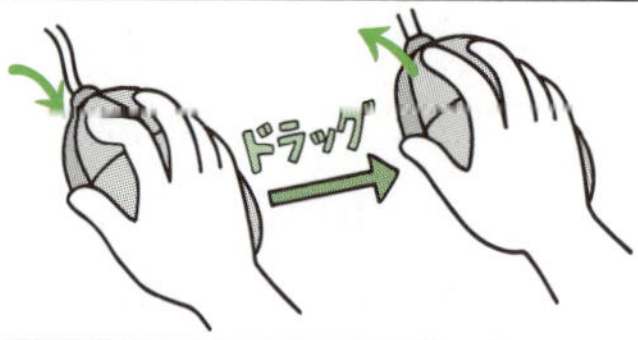
右クリック	右側のボタンを1回だけ指で軽く押し、すぐにボタンから指をはなす。クリックしたオブジェクトが有している機能メニューを表示する場合などに使用する	

キーボード

キーボードは、文字を打ち込む（入力する）ためのキーがボード上に配置された装置です。おおむね下図のような構造をしており、キーは、下表に示す5種類があります。

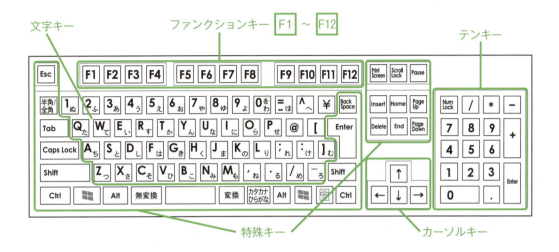

キーの種類

キーの種類	意　味
文字キー	「整数字」「記号文字」「カタカナ」「ひらがな」「漢字」など、表意文字を入力するためのキー
テンキー	主として、半角数字と四則演算子（＋－＊／）の入力や、画面上での移動操作を効率よく（手早く）行うことを目的にしたキー。これらのキーだけを集めて配置したテンキーボードという入力機器もある
ファンクションキー	特定の機能を割り当てることができるキーであり、OSおよびアプリケーションによって、設定・変更することが可能
カーソルキー	矢印キー（↑↓→←）。カーソルの上下左右への移動に使用する
特殊キー	特定の機能が割り当てられているキーだが、ファンクションキーのようにアプリケーションが設定を変更することはできない。それぞれ次のような役割がある [Esc]キー（エスケープ）　　　　　　　操作の取り消し [Shift]キー（シフト）　　　　　　　　文字と組み合わせて使用 [Ctrl]キー（コントロール）　　　　　　同上 [Alt]キー（オルト）　　　　　　　　　同上 [スペース]キー　　　　　　　　　　　空白文字の入力用およびかな漢字変換 [Enter]キー（エンター）　　　　　　　文章の改行、決定操作 [BackSpace]キー（バックスペース）　　カーソルの左側の文字を削除 [Delete]キー（デリート）　　　　　　　カーソルの右側の文字を削除 [PrintScreen]キー（プリントスクリーン）画面全体のイメージの取り込み（画面イメージがクリップボードにコピーされる）

▶ クリップボード
コンピューターのメモリー上にあるデータの一時保管場所。データをコピーしたり切り取ったりしたときに、そのデータが保存されます。新しいデータがコピーされたりすると保管されたデータは破棄されます。

コンピューターでの文字の扱いと文字の種類

コンピューターで扱う文字の一般的な種類は、「英数字」「記号文字」「カタカナ」「ひらがな」「漢字」、そして「制御文字」に分類されます（下表参照）。「英数字」から「漢字」までは、日常的に使用される表意文字で、画面表示や印字が可能なものです。

「制御文字」は、表意文字とは異なり、コンピューターへの指示など特殊な制御を目的に使用されます。たとえば、ワープロソフトで文章を作成している場合、改行したいときはキーボードから[Enter]キーを押して入力します。文書の中に改行文字が保存され、画面上でも改行マークが表示されますが、印刷しても印字はされません。このように、改行文字は、プリンタに対して改行を促す働きをする制御文字なのです。

さらに、コンピューターの誕生が欧米だったことから、長らくコンピューターで扱える文字は、アルファベットや数字、記号などの「半角文字」だけでした。半角文字は、1文字を表現するために必要なデータが1バイト（8ビット）のため、「1バイト文字」とも呼ばれます。

一方、日本語は漢字やかな、カナなど種類が多く、構造も複雑なため、1文字を表現するために1バイトでは足りず、2バイト（16ビット）のデータが必要になります。そのため、日本語は「全角文字」（2バイト文字）に分類されます。例外として、カタカナにだけは、半角文字が用意されています。

▶ **バイト (byte) とビット (bit)**：コンピューターで情報量を扱うときの単位。コンピューターは、情報を0と1の2進数で扱い、最小単位が0または1のビットになります。0または1が8桁になると（8ビット）、1バイトになります。

文字の種類

用途別分類	半角文字	全角文字
英数字（英字と数字）	○	○
記号文字	○	○
カタカナ	○	○
ひらがな	×	○
漢字	×	○
制御文字	×	×

（注）○は、その種類の文字がある。×は、その種類の文字は存在しない。なお、制御文字の場合は、「半角」「全角」といった概念自体が存在しない

■学習内容
Unit 1 では、パソコン基本操作について習得していきます。以降、機能や操作手順の説明に沿って、実際にパソコンをさわって体感しながら、これら基本操作を身に付けていきましょう。

Unit 1 基本的な操作を習得しよう

■習得すべき事項
パソコンと OS の起動／マウス操作
アプリケーションの起動と終了／ウィンドウ操作
キーボード操作／システムの終了

パソコンと OS の起動

それでは、実際にパソコンを起動して、Windows を使えるようにしましょう。

パソコンの起動 −電源を入れる−

　パソコンの電源を入れると、まず、パソコン本体に組み込まれている BIOS（バイオス）と呼ばれるシステムが起動し、パソコンに接続されている周辺機器の確認を行います。周辺機器の確認が済み、使えるようになると、OS（ここでは Windows）にバトンタッチされ、OS が起動します。OS が起動することを、「システムが立ち上がる」といいます。Windows が起動して、パソコンを使えるようになるまでの流れは、図のようになります。

▶ **BIOS（Basic Input/Output System）**：コンピューターに接続された周辺機器の制御を行うシステム。通常、コンピューターの基盤（マザーボード）上のメモリーに記録されています。

サインインまたはログオン －使用者の認証－

続いて、パソコンを使用する人の認証チェックが行われます。

① Windows が立ち上がると認証画面が表示されます。認証画面の表示内容も OS および設定内容によって異なりますので、先生などの指示に従ってください。
② ユーザー ID やパスワードを入力して［Enter］キーを押します。

Windows10 のサインイン画面の例

Windows7 のログオン画面の例

③ 使用者の認証が完了すると、ディスプレイ上にデスクトップ画面が表示され（p.33 参照）、アプリケーションの使用が可能な状態になります。パスワードが設定されていない場合は、ユーザーのアイコンをクリックすると、すぐにデスクトップ画面が表示されます。

Column　個人認証　－ユーザーIDとパスワード－

　Windows システムでは、利用者認証の標準的な手段として、ユーザー ID とパスワードを使用しています。パスワードには、英字（大文字、小文字の混在）と数字を組み合わせて、少なくとも 8 文字以上の文字列を設定しましょう。初期設定したパスワードは忘れないように注意してください。また、パスワードは定期的に変更するようにしましょう。

　パスワードについては、覚えづらいこと、頻繁に変更することが煩わしいこと、ネット上での漏えいの問題などから、昨今、なりすましで悪用される危険が増加しています。そこで、最近では、覚える必要のない認証手段として、入退室での網膜や顔認証の利用、銀行 ATM での指紋や静脈認証など、生体認証システムの利用が進んでいます。

マウス操作

マウス操作の基本である「マウスポインタの移動」「クリック（左クリック）」「ダブルクリック」「ドラッグ」「右クリック」について、具体的に練習してみましょう。

マウスポインタの移動

画面上の「マウスポインタ」の位置を変化（移動）させる操作です。ボタンを押さない状態でマウスを軽くもって、ペンで手描きの図形を描く場合と同様に、平面上を上下左右、斜めなど、自由な方向に移動できるようになりましょう。

①マウスを手にもって、ボタンにはさわらずに、マウスを適当に移動します。
②マウスの動きに呼応して、マウスポインタが移動することを確かめましょう。

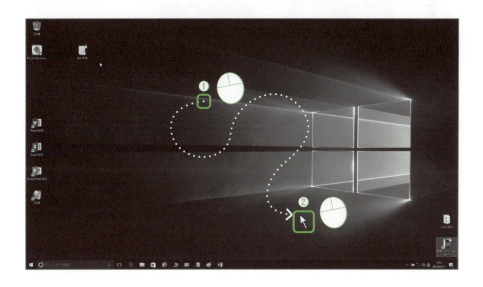

●クリック（左クリック）

操作対象を選択したり、メニュー項目の中から選択する場合に使用します。左側のボタンを1回だけ指で軽く押し、すぐにボタンから指をはなします。これを「クリック」といいます。

①マウスポインタをフォルダー［20xx年度］の上に移動し、アイコンをクリックします。
②アイコンが選択状態になります。

●ダブルクリック

　対象物（ウィンドウやフォルダーなど）の中を開いたり、アプリケーションを起動する場合に使用する操作です。時間の間隔をあけずに、左ボタンを2回連続してクリックします。

①フォルダー［20xx年度］アイコン上でダブルクリックします。
②［20xx年度］のウィンドウが新たに表示されます。

●ドラッグ＆ドロップ

　画面上で対象を移動したり、範囲を選択したりするようなときに使用します。左ボタンを押したまま、マウスを移動（ドラッグ）し、目的の場所でボタンをはなします（ドロップ）。

①フォルダー［20xx年度］のアイコン上にマウスポインタを置き、左ボタンを押します。
②左ボタンを押したままマウスを移動すると、アイコンを移動できます。

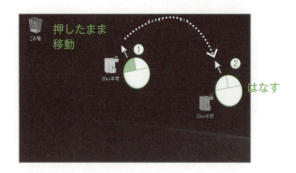

●右クリック

　右クリックした対象に対して、操作可能な機能メニューを表示する場合に使用します。右ボタンを1回だけ指で軽く押し、すぐにボタンから指を離します。

①デスクトップ上の何もない場所で、右クリックをします。
②メニューが表示されます。

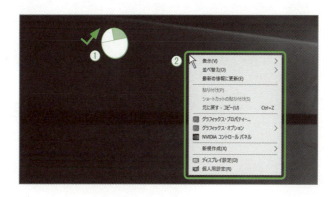

 ## アプリケーションの起動と終了

マウスの操作に慣れたら、次はアプリケーションの起動と終了をマスターしましょう。

アプリケーションの起動

●［スタート］メニューからの起動　－プログラムメニューの選択で起動－

　［スタート］ボタンから［スタート］メニューを表示して、目的のアプリケーションを選択・起動する方法です。ここでは、実際に［アクセサリ］内の［メモ帳］を起動して、起動操作を練習しましょう。

【Windows10 の場合】
　スタートボタンをクリックしてプログラムメニューを表示します。次図のように、左側に文字によるメニューリストが、右側にタイルスタイルのアイコンメニューが表示されます。
①左側のメニューを選択して起動する方法
　［メモ帳］は、［Windows アクセサリ］グループの中にあります。メニューを上下にスクロールして［Windows アクセサリ］を探し、その中から［メモ帳］をクリックして起動します。
②右側のタイルアイコンを選択して起動する方法
　Windows8 以降、タッチ操作向けのボタン型アイコン（タイル）が用意されています。表示されたタイル群の中から目的のアプリケーションを選び、クリックして起動します。

【Windows7の場合】
①［スタート］ボタンをクリックし、［すべてのプログラム］をクリックします。
②［アクセサリ］フォルダーをクリックします。Windowsにあらかじめ用意されているアクセサリソフトの一覧が表示されます。
③一覧の中から［メモ帳］をクリックします。
④［メモ帳］が起動してデスクトップ上に表示されます。

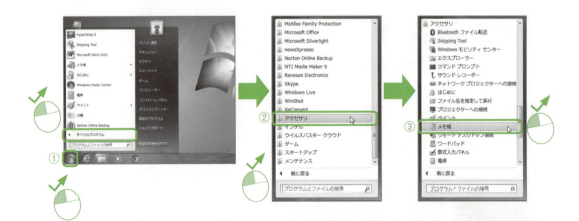

| Column | 本書で使用するテンプレート |

　バージョン2013以降のOfficeソフトを起動すると、最初に「テンプレート」を選択するウィンドウが表示されます。Officeではさまざまなテンプレートが用意されており、好みのものを利用できます。本書の演習では、最もシンプルな標準タイプ（右記）を使用しています。起動後は、標準タイプを選択してください。
なお、Office2010では、このウィンドウは表示されないので、この操作は不要です。
・Word:「白紙の文書」　・Excel:「空白のブック」　・PowerPoint:「新しいプレゼンテーション」

| Column | スタート画面にアプリケーションをタイル表示する（Windows10の場合） |

　アプリケーションは、コンピューターにインストールした時、自動的にプログラムメニューに登録されるので、利用者が登録操作をする必要ありません。しかし、Windows10の場合、スタート画面にタイルとして表示させるには、利用者が事前に登録の操作をする必要があります。

　スタート画面に表示するには、プログラムメニューで目的のアプリケーションを右クリックして［スタート画面にピン留めする］をクリックします。また、タイル表示を取り消したい場合は、目的のタイルを右クリックし、表示されるメニューで［スタート画面からピン留めを外す］をクリックします。

スタート画面にタイル表示する

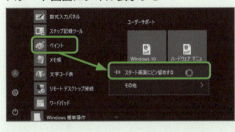

タイル表示を取り消す

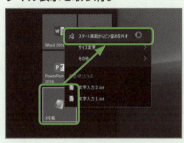

● 「ショートカット」から起動　－ショートカットの作成と起動－

　［スタート］メニューからの起動以外に、アプリケーションの「ショートカット」を作成して、それをダブルクリックすることで起動することもできます。

　ここでは［メモ帳］を使って、ショートカットの作成から起動までを操作してみましょう。

【Windows10の場合】

① p.35の手順①で［メモ帳］にカーソルを置いた状態でクリックし、そのままデスクトップまでドラッグ＆ドロップします。

②［メモ帳］のショートカットがデスクトップ上に貼り付けられます。このショートカットをダブルクリックすると、［メモ帳］が起動します。

ショートカットの作成と起動

【Windows7 の場合】

① p.36 の手順①〜③の操作を行い、［メモ帳］にマウスカーソルを合わせた状態でマウスの右ボタンをクリックします。

②表示されたメニューの中から、［コピー］をクリックします。

③デスクトップ上のあいているところにマウスポインタを移動して、右ボタンをクリックします。メニューが表示されるので、［ショートカットの貼り付け］をクリックします。

④［メモ帳］のショートカットがデスクトップ上に貼り付けられます。このショートカットをダブルクリックすると、［メモ帳］が起動します。

ショートカットの作成と起動

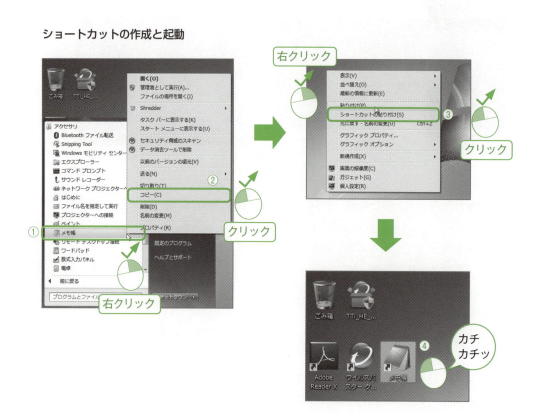

●タスクバーから起動　−タスクバーへの登録と起動−

　アプリケーションをタスクバーに登録（アイコンをピン留め）しておくと、そのアプリケーションを使用したいときにアイコンをクリックして起動できます。

Windows10 のタスクバー

Windows7 のタスクバー

| Column | タスクバーにアプリケーションを登録する |

アプリケーションをタスクバーに登録する方法を[メモ帳]を例に説明します。
　Windows10の場合は、[スタート]ボタンからプログラムメニューを開き、[メモ帳]を右クリックします。表示メニューから[その他]→[タスクバーにピン留めする]の順にクリックします。
　Windows7の場合は、同様に[スタート]ボタンからプログラムメニューを表示、[メモ帳]を右クリックして表示メニューから[タスクバーに表示する]をクリックします。

Windows10の場合

Windows7の場合
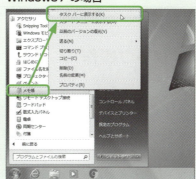

アプリケーションの終了

アプリケーションを終了してみましょう。終了の仕方には、次の2通りの方法があります。後者の[閉じる]ボタンの利用が手軽で簡単でしょう。[メモ帳]の終了を例に、それぞれの操作を示します。

● [ファイル]メニューから終了

ほとんどのアプリケーションの[ファイル]メニューには、アプリケーションの終了メニューが用意されています。これをクリックすることで終了することができます。

① [メモ帳]の[ファイル]メニューをクリックします。
② 表示されたメニューの中から[メモ帳の終了]をクリックします。[メモ帳]のプログラムが終了し、アプリケーション・ウィンドウがデスクトップ上から消えます。

● タイトルバーの[閉じる]ボタンから終了

アプリケーション・ウィンドウの「タイトルバー」の右端には、[閉じる]ボタンが付いています。このボタンをクリックして、アプリケーションを終了することができます。

① [メモ帳]のタイトルバーにある[閉じる]ボタンをクリックします。
② プログラムが終了し、アプリケーション・ウィンドウがデスクトップ上から消えます。

ウィンドウ操作

デスクトップ上に表示されたウィンドウの表示位置や縦横サイズは、自由に変更することができます。複数のアプリケーションを連携して使用するような場合には、デスクトップ上でそれぞれのウィンドウを見やすい位置や大きさに変更して操作すると効率的です。

ウィンドウの表示位置やサイズは手動で自由に変更できる以外に、ウィンドウを自動で整列させることもできます。

ウィンドウ表示位置の移動

マウスポインタをウィンドウ上段のタイトルバーの上に合わせ、そのままドラッグします。ウィンドウを目的の位置に移動したら、マウスのボタンをはなします。

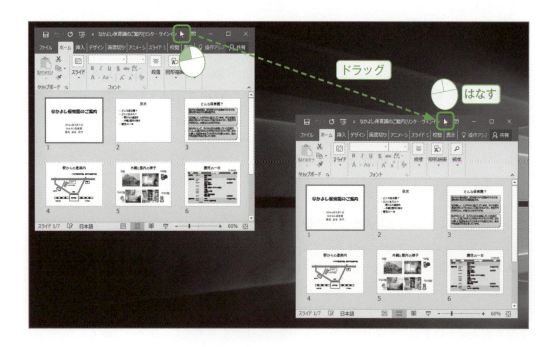

ウィンドウのサイズ調整 −拡大および縮小−

●横幅や縦幅（高さ）のサイズを変更

　ウィンドウの横幅を左右に拡大、または縮小します。マウスポインタをウィンドウの左辺または右辺に置くと、マウスポインタの形状が ⟺ に変わります。そのまま左右にドラッグします。

　ウィンドウの高さを変更したい場合は、マウスポインタをウィンドウの上辺または下辺に合わせます。マウスポインタの形状が ↕ のように変わったら、そのまま下または上に向かってドラッグします。

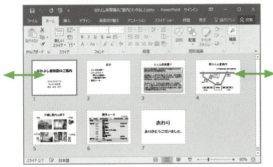

●ウィンドウの縦横のサイズの同時変更

　ウィンドウの四隅のいずれかにマウスポインタを位置付けると、マウスポインタの形状が ⤡ のような形に変わります。この状態で斜めにドラッグすると、ウィンドウの縦と横のサイズを同時に変更することができます。

ウィンドウ内の表示スクロール

　ウィンドウの縦または横のサイズが小さいために、ウィンドウ内のすべての情報を表示できない場合があります。そのようなときには、ウィンドウの右端または下段に画面のようなスクロールバーが表示されます。ウィンドウのサイズを拡大するとすべて表示されますが、サイズを変更できない場合には、スクロールバーをマウスで上下または左右にドラッグします。ウィンドウ内の画面をスクロールすることによって、すべての情報を見ることができます。

キーボード操作

キーボードでの入力操作

　キーボードのキーの構成については、先に説明したとおりです（p.29参照）。ここでは、下記のようなフルキーボードを例に入力操作について学びましょう。フルキーボードでの英数字、記号文字、全角文字（ひらがな、カタカナ、漢字）の入力操作について説明していきます。
　アプリケーションの起動で説明したWindowsのアクセサリソフト「メモ帳」（p.35参照）を使用して入力操作を行います。

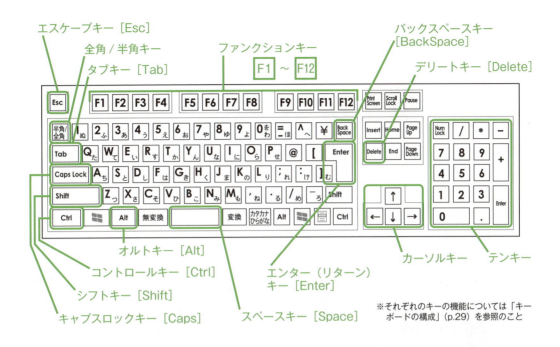

※それぞれのキーの機能については「キーボードの構成」（p.29）を参照のこと

　具体的な文字の入力操作の説明に入る前に、入力の際に必要な「日本語入力システム」の使い方について理解しておきましょう。

　文字の種類や半角／全角の選択などは、利用者が文字を入力する際に指定したり、切り替えたりします。Windows の日本語入力システムには、次ページの表のような５種類の入力モードが用意されており、モード一覧から選択指定できます。日本語入力システムは、タスクバーの右側に組み込んだり、「言語バー」としてデスクトップ上に独立表示することも可能です。なお、Winndows10 の場合、初期状態では言語バーではなく、タスクトレイに IME アイコンが表示されます（p.20 の画面参照）。なお、IME アイコンは、言語バーに変更することも可能です。

【Windows10 の場合】

タスクバーでのアイコン表示（タスクバーの右隅）　　　言語バー

【Windows7 の場合】

タスクバーでのアイコン表示（タスクバーの右隅）　　　言語バー

タスクバーまたは言語バーの「入力モードボタン」をクリックすると、モード一覧メニューが表示されるので、この中から任意の入力モードを選びます。選択されたモードには●印がつきます。それぞれの入力モードの意味と表示は、下表のとおりです。

入力モードの切り替えは、マウスを使って目的の入力モードをクリックすることで変更できますが、キーボードでも変更できます。キーボードの左上にある「半角／全角」キーを押すことで、「ひらがな」「半角英数」の入力を切り替え、また手前のスペースキーの左側にある「無変換」キーを押すことで「ひらがな」「全角カタカナ」「半角カタカナ」の切り替えを行うことができます。

Windows10 の場合

Windows7 の場合

入力モード

モード	意味	日本語入力システムバーの表示	
		Windows10	Windows7
ひらがな	ひらがなおよび漢字を入力	あ	あ
全角カタカナ	全角カタカナを入力	カ	カ
全角英数	全角英数を入力	A	A
半角カタカナ	半角カタカナを入力	ｶ	ｶ
半角英数	半角の英数字を入力	A	A

Column 日本語入力システム

「日本語入力システム」とは、キーボードからの文字の入力機能に加えて、「かな」または「ローマ字」で入力した文字列を漢字（かな混じり）などに変換してくれるソフトウェアのことです。パソコンで日本語を使うことができるのは、この日本語入力システムがあるからです。

Windows に付属の日本語入力システムは、「Microsoft IME」（マイクロソフトアイエムイー）といいます。略して MS-IME、IME などとも呼ばれます。本書ではこの IME を例に、入力方法の変更や切り替えの仕方などについて説明しています。

MS-IME 以外の日本語入力システムとしては、日本語ワープロソフト「一太郎」の「ATOK（エイトック）」、マッキントッシュの「ことえり」などが有名です。

日本語入力システムには、入力を補助するための便利な機能が用意されています。読み方のわからない漢字や記号を検索したり、よく使う単語を登録することで変換や入力の手間を省くことができます。こうした便利な機能を学習し、スキルアップをはかるとよいでしょう。

Column　Windows10のIMEアイコンで入力モードを切り替え

言語バーではなくIMEアイコンがタスクトレイに表示されている場合には、入力モードを右ボタンクリックします。メニューが表示されるので、この中から切り替えたい入力モードを選択します。

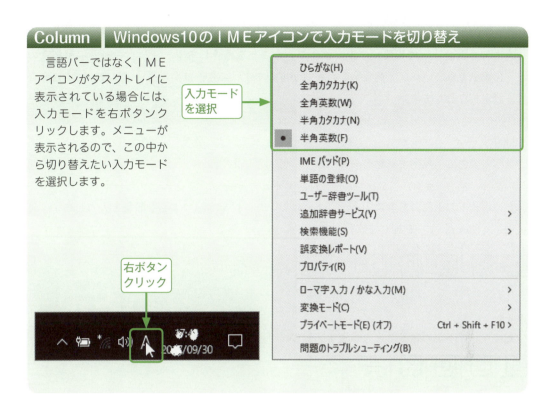

文字キーの入力

Windowsのアクセサリソフト「メモ帳」を起動して、次のような文字を入力しましょう。

❶英数字の入力

　入力モードが「半角英数」に設定されていることを確認します。言語バーの表示が ![A] のように表示されていれば「英数字」の入力が可能です。もし、ほかのモードになっている場合は、設定しなおします。

12300

　数字の入力は、数字キーかテンキーを使って入力します。

①キーボードの上段にある数字キー（またはテンキー）を下記のような順番で入力します。最後に［Enter］キーを押して改行します。

book

　英字キーを下記の順番に入力します。最後に［Enter］キーを押して改行します。

Yamada Taro

　先頭の文字のみ大文字で入力したい場合は、［Shift］キーを押しながら下記のように英字キーの［Y］や［T］を入力します。［Shift］キーから指をはなして、残りの文字を入力して改行します。

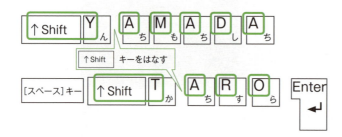

▶ すべての文字を大文字で入力したい場合は、［Shift］キーを押しながら［Caps Lock］キーを押します（［Caps Lock］のオン）。小文字入力に戻したい場合は、再度、［Shift］キーを押しながら［Caps Lock］キーを押します（［Caps Lock］のオフ）。

❷記号文字の入力

半角の記号文字を入力します。入力モードが「半角英数」の入力に設定されていることを確認します。言語バーの表示は A のようになります。

[2]

下記のような順番で入力します。最後に［Enter］キーを押して改行します。

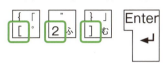

12,400

下記のような順番で入力します。最後に［Enter］キーを押して改行します。

▶ 数字の入力は、先に説明したようにテンキーを使用してもよいでしょう。

(100+200)

キーの左上に表示された記号を入力する場合は、［Shift］キーを押しながら下記のように入力します。( ) や + を入力するときに［Shift］キーをいっしょに押します。最後に［Enter］キーを押して改行します。

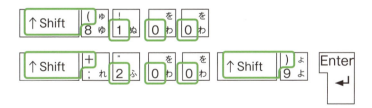

Column　ファンクションキーで半角文字に変換

入力モードが「ひらがな」の状態で全角の「英数字」「記号文字」を入力した場合は、確定前に［F10］キーを押すと半角文字に変換されます。

たとえば、12300を図のように全角で入力後、［F10］キーを押します。半角の12300に変換されます。

❸全角文字（ひらがな、カタカナ、漢字）の入力

　日本語を入力するには、「かな入力」と「ローマ字入力」の2通りがあります。本書では、「ローマ字入力」を使用して説明していきます。

・ひらがなの場合

　入力モードを「ひらがな」に設定し、英字キーを使用してローマ字で入力していきます。言語バーの表示は あ になります。

はな

ローマ字で下記のように入力します。［Enter］キーを押して確定します。

・カタカナの場合

　入力モードを「全角カタカナ」に設定し、英字キーを使用してローマ字で入力していきます。言語バーの表示は カ のようになります。

ソフト

ローマ字で下記のように入力します。［Enter］キーを押して確定します。

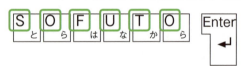

▶入力モードが「ひらがな」の状態で「全角カタカナ」を入力したい場合、英字キーで sofuto と入力後、［F7］キーを押します。「ソフト」に変換されたら［Enter］キーを押すと確定されます。

・漢字の場合

　入力モードを「ひらがな」に設定します。英字キーを使用してローマ字で入力した後に［スペース］キーまたは［変換］キーを押して「漢字」に変換します。もし、変換候補が複数ある場合には、［スペース］キーまたは［変換］キーを押し続けて、残りの変換候補を順番に表示していきます。目的の漢字が表示されたとき、［Enter］キーを押すと変換を確定できます。

花子

　「花子」と入力したいときは、下記のように英字キーで hanako と入力して［スペース］キーを押します。「花子」と表示されますが、もし、最初に「華子」など目的とは異なる文字が表示された場合、再度［スペース］キーを押していき、変換候補から「花子」を選択にします。［Enter］キーを押して確定します。

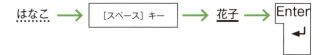

・その他「記号文字」の場合

【 】や①など、全角の記号文字を入力したい場合は、入力モードを「ひらがな」に設定した後、記号の呼び名をローマ字入力することで入力することができます。

たとえば、【 】であれば、「kakko」を入力し、[スペース] キーを押すと、画面のような文字候補が表示されます。この中から目的の文字を探して、【 】を選択クリックすると入力できます。「さんかく」や「まる」などでも試してみましょう。

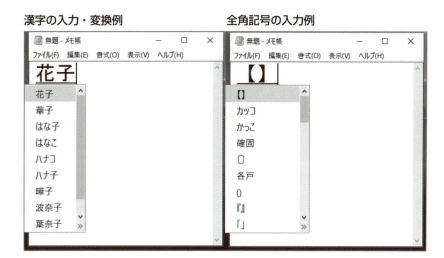

Let's Try! メモ帳を使って、次の「文字」を入力しましょう。

(1) [2] <3> 5/10 ¥3,000
hiyoko usagi   risu Software Hardware Icon
abc001@hoiku.ac.jp

いす　ハサミ　えんぴつ　ブランコ　はっぴ　パジャマ
ディスプレイ　コンピューター　ソフトウェア
保育園　登園　連絡帳　給食　午前　午後

システムの終了

起動していたアプリケーションを終了し、画面上から「ウィンドウ」が消えていることを確認した後、OSを終了します。

シャットダウン － OS の終了 －

画面の左下にある［スタート］ボタンをクリックします。Windows10の場合は、左下の電源ボタンをクリックして［シャットダウン］をクリックします。Windows7の場合は、右下の［シャットダウン］をクリックします。

Windows10 のシャットダウン

Windows7 のシャットダウン

▶ 通常は、シャットダウンすると本体の電源も自動的に切れるようになっていますが、起動中のアプリケーションがあったり、OSのアップデートがある場合など、シャットダウンが完了しないことがあります。場合によってはシステム障害の可能性もありますので、シャットダウン後の状態を確認してから席を離れるようにしましょう。

機器の電源の切断

周辺機器の電源を切断します。なお、本体の電源と連動して切れるような設定になっている場合は、電源スイッチの切断操作は不要です。

▶ 電源が切断されたことをきちんと確認しましょう。

Column　［サインアウト］（ログオフ）の選択

　一時的にパソコンの使用を中断するときは、電源を切る［シャットダウン］ではなく、認証を解除する［サインアウト］（ログオフ）を利用しましょう。使用していた人の作業が閉じられて［サインイン］（ログオン）画面に戻ります。再度、パソコンを使用するときは、［サインイン］（ログオン）画面で認証作業を行えばすぐに作業に戻ることができます。

　Windows10の場合は、［スタート］ボタンを右クリックして、表示されたメニューから［シャットダウンまたはサインアウト］→［サインアウト］の順にクリックします。

　Windows7の場合は、［シャットダウン］の右側の三角形のボタンをクリックして［ログオフ］をクリックします。

　なお、長時間使用しない場合は、シャットダウンする（電源を切る）ようにしましょう。

Windows10でのサインアウト

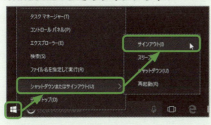

Windows7でのログオフ

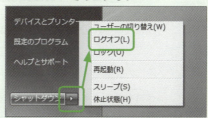

Column　本書での演習結果の保存先とアクセス方法

　本書のExerciseでは、演習の成果物（ファイル）を「ホームフォルダー」という仮想の場所に保存するように指示しています。「ホームフォルダー」とは、受講生みなさんそれぞれの専用の作業場所を示すニックネームです。先生から受け取るファイルを含めて、演習の作業に必要なファイルおよび演習結果のファイルをここに保存します。実体の場所は、学校のサーバーや、各自が用意したUSBメモリー、パソコン本体のローカルディスクなどになります。各Unitでの演習結果ファイルは、「ホームフォルダー」内にUnit名に対応するフォルダー（UNIT03、UNIT04など）を順次作成して、その中に保存します。

　「ホームフォルダー」のショートカットは、次のようにして作成します。

　サーバーを使用する場合は、先生の指示に従ってください。USBメモリーやローカルディスクの場合には、「ホームフォルダー」にしたい装置または、フォルダーをエクスプローラーで表示します。次にそれを右クリックして、表示メニューから［ショートカットの作成］を選択し、デスクトップ上に作成後、名前を「ホームフォルダー」に変更して完了です。

　「ホームフォルダー」内のファイルへのアクセスは、デスクトップ上のショートカットを使います。

　ファイルの作成（保存）時には、事前にUnit名のフォルダーを作成しておいて、保存用ダイアログボックスで保存先にこのショートカットを指定します。保存ファイルを読み込み時には、ショートカットをダブルクリックしてフォルダーを開いて参照します。

「ホームフォルダー」のショートカット

保育者の仕事

　保育者とは、だいたいは幼稚園や保育所（園）に勤務する免許や資格を持った人たちの総称です。ここでは、幼稚園や保育所に勤務する保育者の仕事の概略を説明します。仕事の説明をする前に、小学校に就学する前の子どもたちが通う、幼稚園と保育園の違いの基本的な部分を、次の表で示します。

	保育所（園）	幼稚園
関係法	児童福祉法、児童福祉施設の設備及び運営に関する基準	学校教育法、幼稚園設置基準
管轄	厚生労働省、都道府県知事、市町村	文部科学省、都道府県知事（私立）、都道府県教育委員会、市町村教育委員会
目的	保育を必要とする乳幼児を保育する（児童福祉法第39条）	幼児を保育し、適当な環境を与えて、心身の発達を助長する（学校教育法第22条）
対象	保育を必要とする乳児（満1歳に満たない者）、幼児（満1歳から小学校就学の始期に達するまでの者）	満3歳から小学校就学の始期に達するまでの者
保育内容	保育所保育指針	幼稚園教育要領
保育時間	8時間を原則とする（一日）。保護者の労働時間などにより保育所長が決める	4時間を標準とする（一日）。毎学年の教育週数39週を下らないこと
編成	保育者1人に対して、乳児：3人、3歳未満：6人、満3歳〜4歳：20人、満4歳以上：30人	1クラス35人

　この表からわかるように、保育所は児童福祉施設であり、そこで働く保育者を保育士と呼び、幼稚園は学校であり、そこで働く保育者を教諭と呼びます。また、幼稚園はおよそ3歳からの入園になり、入園の基準はありません。保育所は、0歳（産休開け保育を実施しているところは57日目）からの入所（園）であり、入所基準があるので誰でも入れるというわけではありません。保育の内容についての大きな違いは、保育所には3歳未満児のものがあるということです。3歳以上については、幼稚園教育要領に準じています。

　次に、保育者の1日の仕事の流れについて、幼稚園と保育所（園）を比較して示します。保育者は子どもと生活を共にしながら、その発達を支援することをおもな役割としています。生活を共にするということは、子どもと同じことを一緒にするだけではなく、日常の保育活動をするための日々の準備があります。とくに保育所は、保育時間が長いことから、いわゆる生活の部分に関する準備が多くなります。子どもたちと一緒にできる準備と、保育者がおもにする準備とがあります。子どもの様子を見ながら、準備をしたり、保護者へ

幼稚園と保育所の1日の流れと保育者のおもな仕事

幼稚園		時間	保育所（園）	
保育者の仕事	生活の流れ		生活の流れ	保育者の仕事
			出勤	保育士の手洗い、清拭、室内外の整頓
		7:00	順次登園	視診（健康観察）
清掃、環境を整える	出勤 順次登園	8:00	朝の遊び	長時間保育の引き継ぎ
園児を迎える	朝の遊び	9:00	↓	人数確認・人数報告
子どもの要求に応える 　（計画にそって柔軟に）	片付け・クラスの活動	10:00	クラスの遊び・活動	遊びの環境作り
食事の準備	食事の準備	11:00	排泄、手洗い、食事の準備 昼食	保育士の手洗い、身支度・食事の準備、清拭・配膳 昼食
昼食 昼食指導	昼食	12:00		
	休憩、遊びの続き、新しい取り組み		歯磨き、排泄、着替え	片付け、清拭、歯磨きの状況確認、午睡準備
降園指導	降園・クラスでの集まり	13:00	午睡	睡眠状態の把握、日誌等の記録、明日の準備
保育室の清掃		14:00	目覚め、排泄、着替え	布団を片付ける、着替えを手伝う、おやつの準備
明日の準備、打ち合わせ		15:00	おやつ 夕方の遊び	片付け、清掃
園内研修、環境の構成		16:00	順次 降園	迎えの人に1日の様子を伝える
記録の整理など		17:00 18:00 19:00	↓	人数確認、長時間保育への引き継ぎ、遊具の点検、室内外の整理、ガス・電気・施錠の確認

の対応をしたりします。幼稚園は、預かり保育をしているところは保育所（園）の生活と同じような流れになりますが、降園後は、比較的ゆったりと準備の時間を取ることが可能になります。

　新制度（平成27年4月）のもと、幼稚園と保育所の機能を併せ持つ施設として、幼保連携型認定こども園がスタートしました。認定こども園で働く保育教諭の仕事は、おおよそ両施設をあわせた内容と認定こども園ならではの配慮が加わります。

　保育時間の長時間化、会議・研修などの時間の確保、4、5歳児の午睡が行われなくなる傾向にあるなどの理由により、勤務時間のうち事務時間に占める割合が少なくなる傾向にあります。貴重な事務時間を有効に使う上でも、パソコンは多いに役立つことでしょう。

Part 1 パソコンのしくみを学ぼう

Unit 2 フォルダーとファイルになれよう

■学習内容
Unit2 では、「フォルダー」と「ファイル」の基本的な操作方法について習得します。具体的には、演習素材などが入っているファイルを先生から受け取り、そのファイルをもとに演習、その結果をファイルに上書き保存する、最後に、演習結果のファイルを先生に提出する、といった手順を模擬操作します。

■習得すべき事項
ドライブ名とフォルダーのしくみ／ファイルのしくみ／
フォルダーの操作／ファイルの操作
ファイルやフォルダーの検索

 ## ドライブ名とフォルダーのしくみ

具体的な操作の習得に先立ち、「ドライブ名」「フォルダー」「ファイル」について知っておきましょう。

ドライブ名

パソコンに接続されている装置を識別するための名前を「ドライブ名」といいます。Windows では、次の画面のようにアルファベット A、C、D などの後にコロン（:）を付けて、装置を識別しています。通常、システムを格納している HDD は「C:」または「C ドライブ」という名前で呼びます。

増設した外部装置の識別には、接続時点で空いているアルファベットが順番に割り当てられます。「ドライブ名」を利用者が設定することはできません。［コンピューター］アイコンをダブルクリックしてパソコンの中を開くと、装置のアイコンの横に（C:)や（D:)のようにドライブ名が表示されており、これで確認することができます。

次の画面では、ハードディスク装置として「C:」が内蔵され、着脱が可能な媒体の装置として「D:」と「E:」が接続され、さらに、「ネットワークドライブ」として、「Home」「DL」および「UP」の 3 個が割り当てられていることがわかります。「ネットワークドライブ」とは、サーバーなどパソコンとネットワーク接続されている装置に対して、あたかもパソコン本体のハードディスク（C ドライブなど）と同様に、「ドライブ名」を用いて簡単にアクセスできる機能

です。

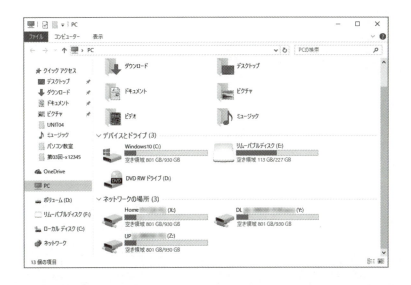

　なお、装置には媒体（メディア）を入れて使用します。上図では、「C ドライブ」にはハードディスクが付いています。内蔵型といって本体に組み込まれているので、媒体を目で見ることはできません。「D ドライブ」は DVD 装置なので、DVD 系の媒体（CD、DVD/R、DVD/RW など）がこの装置で使用できます。「E ドライブ」は USB インターフェースの装置です。USB メモリー、USB 型のハードディスク、USB 型のプリンターやスキャナーなどが接続できます。なお、媒体には名前（媒体名）を付けることができます。上図の「C ドライブ」の「Windows10」が媒体名です。通常、媒体の初期化という作業を行うときに設定しますが、後から別の名前に変更することもできます。

フォルダー名

　エクスプローラーを使って、さらに、装置の中を開いてみましょう。次ページの画面の左下は、USB メモリーを接続したパソコンの（[PC][コンピューター]）を開いたものです。このパソコンでは、「E:」が USB メモリー装置のドライブ名です。「BACKUP」が接続されている USB メモリーの媒体名です。

　このアイコンをダブルクリックして開いたのが画面の右上です。USB メモリーの中に、「園だより」という名前のフォルダーが表示されています。この「園だより」がフォルダー名です。フォルダーを新たに作る際、フォルダー名を設定します。あとから変更することもできます。

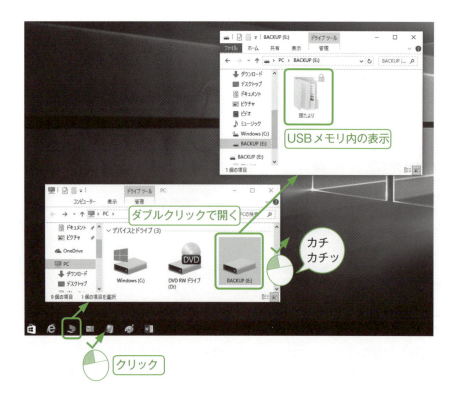

　フォルダー名には、中に保存するファイルやフォルダーの内容がわかりやすいような名前を付けましょう。中身がわかるフォルダー名にしておけば、ファイル整理をしているときに、誤って削除してしまうといったトラブルを避けられます。

　また、長期間、定期的に作成するようなファイル類を保存するような場合には、時期やバージョン情報を付与しておくとフォルダーを参照するときに便利です。たとえば、年度名、年月、世代番号といった規則性のあるものをフォルダー名の末尾、または先頭に付けるといったやり方です。この場合、ファイル名の付け方との整合性も考えて、適切な名前に決めるとよいでしょう。

　一例を示します。「なかよし保育園」では、毎月、「クラスだより」「給食だより」「保護者会だより」の3種類のたよりを発行しています。いずれもWord文書ですが、「給食だより」だけExcelシートもあります。そこで、フォルダーの構成案として、次のような二例を考えたとします。表中の下線付きの名称がフォルダー名、拡張子（docxとxlsx）付きの名称がファイル名です。どちらを選択するかは、日常、園内でたよりの扱いがどうなっているかを判断して、選択、または別案を考えるというのがよいでしょう。

案1	案2
20XX年度　なかよし保育園たより 　4月度 　　20XX-04クラスだより.docx 　　20XX-04給食だより.docx 　　20XX-04保護者会だより.docx 　　20XX-04献立表.xlsx 　5月度 　　20XX-05クラスだより.docx 　　20XX-05給食だより.docx 　　20XX-05保護者会だより.docx 　　20XX-05献立表.xlsx 　6月度 　　　︙	20XX年度　なかよし保育園たより 　クラスだより 　　クラスだより20XX-04.docx 　　クラスだより20XX-05.docx 　　　︙ 　給食だより 　　給食だより20XX-04.docx 　　献立表20XX-04.xlsx 　　給食だより20XX-05.docx 　　献立表20XX-05.xlsx 　　　︙ 　保護者会だより 　　保護者会だより20XX-04.docx 　　保護者会だより20XX-05.docx 　　　︙

ファイルのしくみ

コンピューターで作成したデータは、「ファイル」に格納します。フォルダーと同様、ファイルにも名前（「ファイル名」という）を付けます。

ファイル名の記述形式

ファイル名は、識別子と拡張子をピリオド「.」で結合して記述します。

識別子.拡張子

識別子は、ファイルの内容を識別するために付ける名前です。拡張子は、ファイルの種類を識別するためのもので、ファイルを作成したソフトウェアを識別できます。たとえば、Wordで作成した文書「園だより.docx」では、「園だより」が識別子で、「docx」が拡張子です。Excelで作成したスプレッドシート「住所録2005.xlsx」の場合は、「住所録2005」が識別子で、「xlsx」が拡張子です。

アプリケーションを起動してファイルを作成し、保存するときに識別子として名前を指定するとファイル名が決まります。拡張子は通常、アプリケーションが提示した一覧から選択します。たいていの場合は、既定値を選びます。

ファイル名の文字の長さには、次のような制限があります。また、ファイル名として使用できない文字の種類もまとめておきます。名前を付けるときには、使用できない文字を使ったり、文字数をオーバーしないように注意してください。

- ファイル名の長さ　　　　：半角250文字以内、全角125文字以内
- ファイル名に使えない文字：\ / :, ; * ? ~ < > |

拡張子 −ファイルのタイプ−

拡張子は、ファイルの種類を識別するためのもので、通常、Word 文書の docx、Excel スプレッドシートの xlsx などのように、ファイルを作成したソフトウェアの識別を表しています。画面上でファイル一覧などを表示する場合も、対応するソフトウェアのアイコンが表示されるので、視覚的にもわかりやすくなっています。

ファイルのアイコンをダブルクリックすると、そのファイルを作成したソフトウェアが起動されるのも、このしくみによるものです。Windows における代表的な拡張子には、下表のようなものがあります。

なお、拡張子は、利用者が自由に設定・変更することができますが、すでに一般的に使用されているものと重複してしまうと混乱を起こすことになるので、注意してください。

よく使われる拡張子一覧

拡張子	内容
.txt	テキスト形式のファイル(メモ帳で作成したファイルなど)
.docx .doc	Wordの文書ファイル
.jft .jtd .jfw	一太郎の文書ファイル
.csv	項目ごとに,で区切られたテキストファイル
.xlsx .xls	Excel のスプレッドシートファイル
.pptx .ppt	PowerPointのプレゼンテーションファイル
.bmp	ビットマップファイル(画像ファイル)
.gif	GIF ファイル(画像ファイル)
.jpg	JPEG ファイル(画像ファイル)
.pdf	PDF 形式のファイル
.htm	HTML 形式のファイル

▶ PDF：Portable Document Format の略。Adobe Systems 社によって開発されたファイル形式です。コンピューターの機種や環境に影響されず、同一の文書表示ができます。

▶ HTML：HyperText Markup Language の略。Web ページを記述するための言語です。文書の論理構造や見栄えなどの記述や、画像や音声、動画、他の文書へのハイパーリンクなどを埋め込むことができます。

ファイル情報の表示 −エクスプローラー−

ファイル名を含めたファイルに関する情報は、エクスプローラー(ブラウザーのインターネットエクスプローラーとは異なるので注意) と呼ばれるソフトウェアで表示ができます。エクスプローラーは、[コンピューター]などのアイコンをダブルクリックすると自動的に起動します。また、[スタート] メニュー→ [アクセサリ] からも起動できます。

下の上段の画面はファイルを［大アイコン］で表示しており、ファイルの内容がよくわかります。下段の画面は［中アイコン］での表示ですが、これでもファイルが Word 文書であることはわかります。通常は、このようなスタイルでフォルダーの中を表示しています。

エクスプローラーの［表示］タブをクリックして、［レイアウト］グループから目的の表示スタイルをクリックします。なお、表示スタイル一覧の右下の［詳細］アイコン（ ▾ ）をクリックすると、すべての表示スタイルを表示することができます。

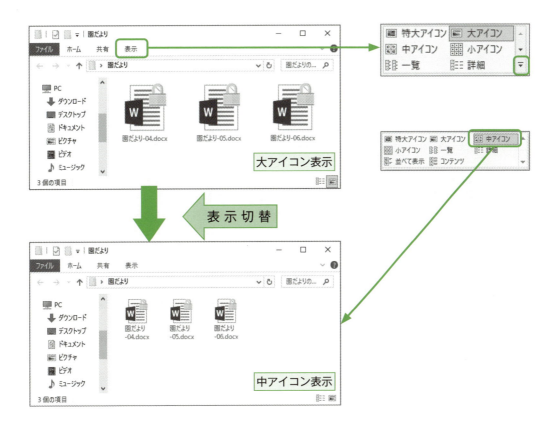

しかし、どちらの表示もアイコンだけなので、ファイルサイズや作成日時などはわかりません。こうしたファイルの詳細な情報を表示したいときには、上のメニューの中から［詳細］をクリックします。次のような表示に変わります。

先頭の「名前」はファイル名です。次に、「更新日時」は、そのファイルを作成・更新した日時です。「種類」は、そのファイルを作成したアプリケーションの種類です。「サイズ」は、ファイルの容量です。

Column　ファイルの厳密な識別記述

1つのフォルダーの中には、同じ名前のファイルを複数作ることができないので、識別はファイル名だけで十分です。しかし、装置内の異なるフォルダーの中には、同じファイル名のファイルが存在することがあります。そこで、システムとしては、ファイルを厳密に識別するために、「フルパス」と呼ばれる形式が使われています。

フルパスは、そのファイルが保存されている場所（保存先）を示した「パス指定」とファイル名を結合して作成します。これによって、ファイルを一意に決定することができます。人の識別において、日常生活で近しい人たちとの間では、姓または名前だけで十分ですが、正式には住所と氏名で識別するのと同じ構造です。ワープロソフトなど、アプリケーションでファイルを保存する際には、「保存先」と「ファイル名」の2つの情報をもれなく指定するようにしてください。

◎パス指定の記述形式
・媒体の直下にファイルが保存されている場合　　　［装置名：¥］
・フォルダーを作成して、その中に保存している場合　［装置名：フォルダー名¥…¥］
　　　　　　　　　　　　　　　　　　　　　　　　（…はフォルダーが階層化のとき）

Column　拡張子を表示するには

システムの初期状態では、ファイル名の拡張子は表示されていませんが、エクスプローラーの画面で下記の操作をすると、拡張子が表示さるようになります。

Windows10の場合	Windows7の場合
［表示］タブをクリックし、［表示／非表示］グループの［ファイル名拡張子］にチェック☑を付ける	［整理］タブをクリックし、［フォルダーと検索のオプション］を選択する。表示されたダイアログボックスで［表示］タブをクリックし、［詳細設定］の［登録されている拡張子は表示しない］のチェックを外す(☑を□にする)

フォルダーの操作

フォルダーは、内蔵 HDD や外部記憶媒体（USB メモリー、CD、DVD、HD など）内の直下、すでにあるフォルダーの中などに階層的に作成することができます。本書では、次のフォルダー構成を例に説明していきます。

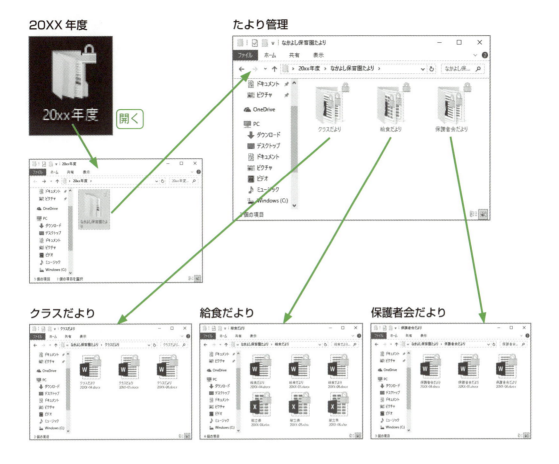

フォルダーの作成

　既存のフォルダーまたはドライブの中に、ファイル類を保存するためのフォルダーを作成します。たくさんのファイルを保存する場合、だれかにファイルを渡す場合、フォルダー構成を変更する場合などに使用します。新たに作成した時点では、フォルダーの中身は空ですが、コピー（複写）や移動操作によって、フォルダーの中にファイル類を保存できます。フォルダーを新たに作成する操作手順は、次のとおりです。

　最初に、作成場所であるフォルダーまたはドライブをエクスプローラーで開き、以下に示す方法で作成します。

❶エクスプローラーのリボンを使う方法

　Windows10 の場合は、［ホーム］タブをクリックし、表示リボン内の［新しいフォルダー］をクリックします。Windows7 の場合は、エクスプローラーのメニューの中から［新しいフォルダー］をクリックします。

Windows10 の場合　　　　　　　　Windows7 の場合

「新しいフォルダー」という名前が付いたフォルダーが作成されます。その名前を消して、用途に応じた適切なフォルダー名に変更します。変更操作の手順は、次図のとおりです。

「新しいフォルダー」は名称欄が反転表示されて編集可能状態になっています。[BS] キー（または [DEL] キー）で名称を消すことができます。その後、名称欄に付けたい名称（下図では「20XX 年度」）を文字入力します。入力が終わったら [Enter] キーを押すか、欄外の空いているところをクリックするとフォルダー名が確定されます。

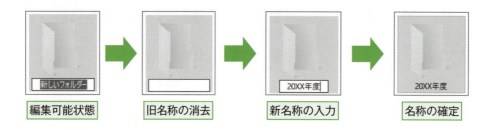

❷ マウスの右ボタンメニューを使う方法

　作成場所のフォルダーまたはドライブをエクスプローラーで開き、ウィンドウ内の空いているところで右ボタンをクリックします。表示メニューの中から、[新規作成]をクリックします。次に表示されたメニューの中から [フォルダー] をクリックします。「新しいフォルダー」という名前のフォルダーが作成され、このフォルダー名を適切な名称に変更します。

　ここでは、USB フラッシュメモリーの中にフォルダーを作成する例で説明します。

①パソコンに接続した USB メモリー（ドライブ名「BACKUP」）を開き、フォルダーの空いているところでマウスの右ボタンをクリックします。
②表示メニューから [新規作成] をクリックし、次に表示されたメニューから [フォルダー] をクリックします。「新しいフォルダー」というフォルダーが作成されます。この後のフォルダー名変更の操作手順については、p.63 を参照してください。

なお、エクスプローラーのリボンを使った操作は、OSが変わるたびに方法が異なる可能性があります。②の右ボタンを使った操作はOSが違ってもほぼ同じなので、こちらのやり方を推奨します。

フォルダー名の変更

フォルダー名を別の名称に変更します。フォルダー名の変更方法は、次のとおりです。

❶リボンのアイコン・メニューを使う方法

名前を変更したいフォルダーをエクスプローラーで表示し、リボンのアイコンを使って、フォルダー名の変更指示をします。

Windows10の場合は、フォルダーのアイコンをクリックして選択し（①）、［ホーム］タブをクリックします（②）。表示されたリボンから［名前の変更］をクリックします（③）。

Windows 7の場合は、フォルダーのアイコンをクリックして選択し（①）、メニューバーの［整理］をクリックし（②）、表示されたメニューの中から［名前の変更］クリックします（③）。

Windows 7 の場合

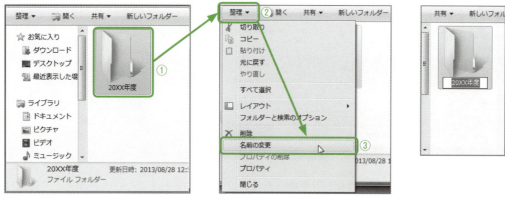

　フォルダーの名称欄が編集可能状態となります。元の名称を変更し、空いているところをクリックして確定します。

「20XX 年度」を「20YY 年度」に変更

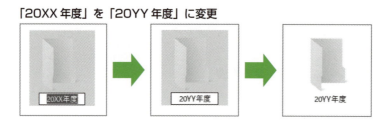

❷マウスの右ボタンメニューを使う方法

　名前を変更したいフォルダーをエクスプローラーで表示し、フォルダーのアイコン上で右ボタンクリックします（①）。表示されたメニューの中から［名前の変更］をクリックします（②）。名称欄が反転し、変更が可能な状態になります（③）。名前の変更の操作手順については、p.63の❶を参照してください。

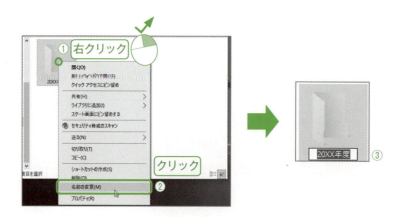

❸フォルダー名を直接編集する方法

　名前を変更したいフォルダーをエクスプローラーで表示し、フォルダー名の上にマウスカーソルを移動して、軽くクリックします。名称欄が反転し、変更が可能な状態になります。以降の操作は、p.63の❶に同じです。

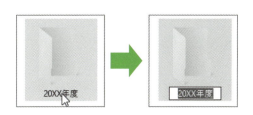

フォルダーのコピー（複写）と移動

　元のフォルダーを、中身を含めてそのまま残した状態で、別のフォルダーまたはドライブに複製を作ることを「フォルダーのコピー」といいます。同じフォルダーが2つできます。また、類似の操作で、元のフォルダーを消去して、別のフォルダーまたはドライブにまるごと移すことを「フォルダーの移動」といいます。

　「フォルダーのコピー」は、ファイルのバックアップを保存したり、ファイルを他人に渡す場合などに使います。「フォルダーの移動」は、ファイルの整理やフォルダーの構成変更などに使います。コピーや移動の方法は複数ありますが、ドラッグ＆ドロップによる操作の場合、移す場所によっては結果が異なるので注意が必要です。

フォルダーのコピー（同じものができる）

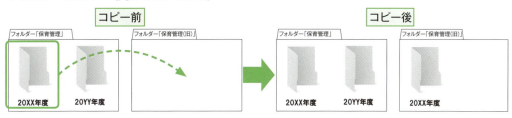

フォルダーの移動（元の場所からフォルダーは消去される）

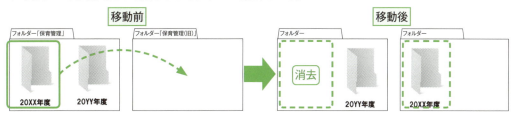

❶リボンのアイコン・メニューを使う方法

コピー元とコピー先のフォルダーをエクスプローラーで表示します。

【Windows10 の場合】

コピーの場合、コピー元のフォルダーをクリックして選択し（①）、［ホーム］タブをクリックします（②）。表示されたリボンで［コピー先］をクリックし（③）、コピー先のフォルダーまたはドライブを指定した後（④）、［コピー］をクリックします（⑤）。これでフォルダーがコピーされます（⑥）。

移動の場合、移動元のフォルダーをクリックして選択し、［ホーム］タブをクリックします。表示されたリボンで［移動先］をクリックし、移動先のフォルダーまたはドライブを指定した後、［移動］をクリックします。

次の例では、フォルダー「保育管理」内のフォルダー「20XX 年度」を USB メモリー（ドライブ名：BACKUP）にコピーしています。

フォルダーを USB メモリにコピー

コピー元

コピー先

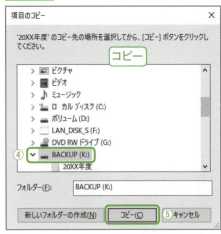
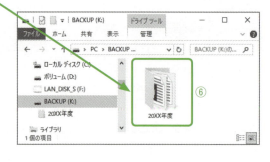

【Windows7 の場合】

　コピー元のフォルダーをクリックして選択し（①）、メニューバーの［整理］をクリックして表示されたメニューの中から［コピー］をクリックします（②）。次に、コピー先のエクスプローラーのウィンドウに切り替え（③）、［整理］をクリック、［貼り付け］をクリックします（④）。これでフォルダーがコピーされます（⑤）。

　移動の場合は、コピー元で［コピー］ではなく［切り取り］をクリックします。

フォルダーを USB メモリにコピー

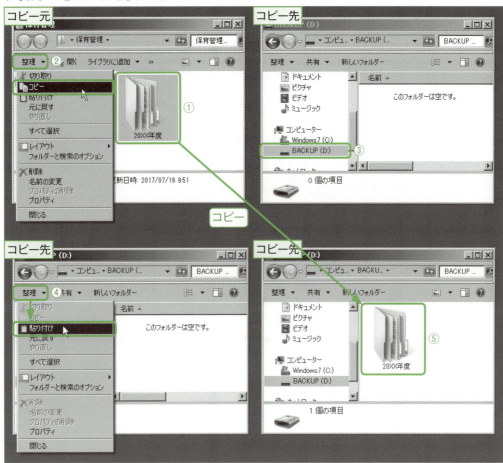

❷**マウスの左ボタンでドラッグ＆ドロップを行う方法**

　コピー元のフォルダー（またはドライブ）とコピー先のフォルダー（またはドライブ）をエクスプローラーで並べて表示します。コピー元のフォルダーをコピー先にマウスの左ボタンでドラッグ＆ドロップします。

　なお、この操作では、同じドライブ内で行った場合には「フォルダーの移動」に、異なるドライブ間の場合は「フォルダーのコピー」になるので、使用時には注意して操作してください。

　［Ctrl］キーを押しながらドラッグ＆ドロップすると、常にコピーになります。

ドラッグ＆ドロップでフォルダーをコピー

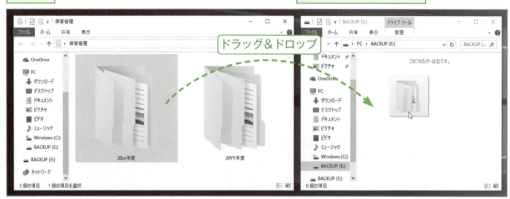

❸マウスの右ボタンメニューを使う方法

　コピー元のフォルダーまたはドライブとコピー先のフォルダーまたはドライブをエクスプローラーで並べて表示します。最初に、コピー元のフォルダー上で右ボタンをクリックし(①)、表示されたメニューから、［コピー］をクリックします（②）。

　次に、コピー先のフォルダー内で右ボタンをクリックして（③）、表示されたメニューから［貼り付け］をクリックします（④）。

　移動したい場合は、移動先のフォルダー上で右クリックして、メニューから［切り取り］をクリックします（②）。

マウスの右ボタンメニューでのコピー

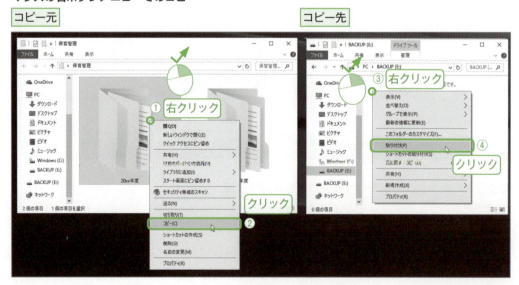

フォルダーの削除

　指定されたフォルダーおよび、その中に含まれるすべてのフォルダーとファイルを消去します。「フォルダーの削除」操作についても、フォルダーのコピー等の操作と同様、「エクスプローラーのリボンを使う方法」や「マウスの右ボタンメニューを使う方法」などがあります。ここでは、最もやさしい［Del］キーによる削除方法を説明します。

　削除したいフォルダーが入っているフォルダーまたはドライブをエクスプローラーで表示します。フォルダーのアイコンをクリックして、キーボードの［Del］キーを押します。削除の確認画面では［はい］をクリックします。なお、パソコンの設定内容に応じて、フォルダーは完全に消去されるか、または［ごみ箱］に移動されます。［ごみ箱］に移動されたフォルダーを完全に消去したい場合は、ごみ箱を空にする操作が必要になります。

　ここでは例として、USB メモリー内のフォルダーを削除します。

①フォルダー「20XX 年度」が入っているドライブをエクスプローラーで開き、フォルダー「20XX 年度」をクリックして選択します。
②キーボードの［Del］キーを押します。
③削除するかどうかの確認画面が表示されるので［はい］をクリックします。
④これでドライブ内からフォルダー「20XX 年度」が削除されます。

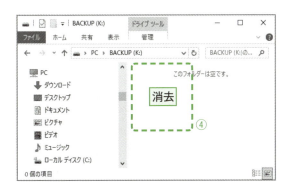

ファイルの操作

ファイルの操作方法を解説します。基本的に、操作方法はフォルダーと同じです。

ファイルのコピーと移動

フォルダーまたはドライブ内のファイルを別のフォルダーまたはドライブに複製を作ることを「ファイルのコピー」といいます。同じファイルが2つできます。同様の操作で、元のファイルを消去して別のフォルダーまたはドライブに移動することを「ファイルの移動」といいます。

「ファイルのコピー」は、ファイルを更新する前にバックアップをとったり他人に渡す場合などに使います。「ファイルの移動」は、ファイルの整理などに使います。操作方法は、フォルダーの操作と同じです。具体的な手順については、p.65の「フォルダーのコピーと移動」の説明ページを、フォルダーをファイルに読み替えて参照してください。

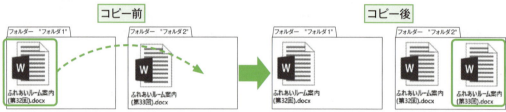

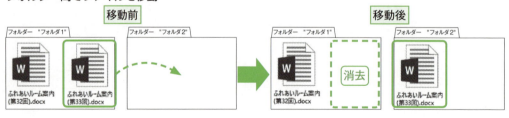

ファイルの削除

ファイルをフォルダーなどの中から削除（消去）します。ファイルが不要になったとき、ファイルやフォルダーを整理するときに使用します。操作方法はp.69の「フォルダーの削除」と同じです。フォルダーをファイルに読み替えて参照してください。フォルダーの削除では、その中に入っているファイル類がすべて削除されますが、ファイルの削除では、選択したファイルだけを削除します。用途に応じて使い分けてください。なお、削除したファイルは、基本的には復活できないので、削除の際は注意して操作しましょう。

ファイル名の変更

　ファイルの名前（ファイル名）を別の名前に変更します。操作方法は、フォルダー名の変更操作と同じです（p.63 参照）。

> **Column**　複数のファイルやフォルダーをまとめて選択する方法
>
> 　エクスプローラーで表示しているファイルやフォルダーを、次の操作でまとめて選択することができます。5つのファイルが入っているフォルダーを例に説明します。
>
> ●対象アイコンをドラッグ操作で囲む
> 　囲まれた範囲内の3個のファイル（f2からf4）が選択されます。
>
>
>
> ●[Ctrl] キーを押しながらアイコンをクリックする
> 　離れた場所にあるファイルを選択したい場合は、[Ctrl] キーを押しながら目的のファイルをクリックします。クリックしたファイル（f1、f2、f5）が選択されます。
>
>
>
> ●[Shift] キーを押しながら最後のファイルをクリックする
> 　連続した複数のファイルを選択したい場合は、先頭のファイルをクリックした後、[Shift] キーを押しながら最後のファイルをクリックします。連続した f2、f3、f4 が選択されます。
>
>
>
> ●すべてのファイルを選択する
> 　リボンのメニューを使用する場合、Windows10 では、[ホーム] タブをクリックし、[選択] → [すべて選択] の順にクリックします。Windows7 では、[整理] メニューから [すべて選択] をクリックします。
> 　また、ショートカットを使用する場合は、[Ctrl] キーを押しながら [A] キーを押します。
>
>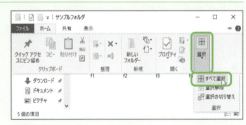
>
>

ファイルやフォルダーの検索

ハードディスクおよび外部記憶媒体の中にあるフォルダーやファイル群の中から、特定のファイルまたはフォルダーを検索します。ここでは、ファイルを例に検索方法について説明しますが、フォルダーの場合も操作は同じです。検索には、エクスプローラーを使用します。

ファイルやフォルダーの検索では、次のような検索キーが指定できます。

①名前（ファイル名またはフォルダー名）
②ファイルの大きさ（サイズ）
③ファイル作成日時

名前を指定して検索

ファイル名（またはフォルダー名）を指定して検索します。フルネームまたは名前の一部だけを検索キーに指定します。

たとえば、p.61で使用したファイルの構成図を例にすると、「クラスだより-20xx-05.docx」という名前のWord文書の検索は、フルネームを指定する以外に「クラス」「-05」「20xx」といった名前の一部だけを指定することも可能です。

「20XX年度」フォルダーのアイコンをダブルクリックして、エクスプローラーを起動します。表示されたウィンドウの上部バーに、「20XX年度の検索」と表示された入力ボックスがあります。このボックスの中に検索キーを入力すると、そのキーに合致するものを「20XX年度」フォルダー内から検索してくれます。

●フルネームで検索

「20XX年度」フォルダーを開いて、エクスプローラーを起動します。検索キー入力ボックスに、識別子のフルネーム「クラスだより-20xx-05」を入力して［Enter］キーを押すと、該当するファイルが表示されます。

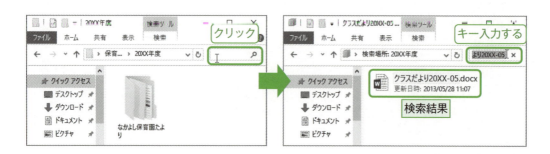

●部分名で検索

①検索キーとして「クラス」を入力します。各月のクラスだよりのファイルなど、名前に「クラス」が含まれるものがすべて表示されます。

②また、検索キーとして「-05」を入力すると、5月のクラスだよりだけでなく、5月作成のファイル群がすべて表示されます。

ファイルのサイズを指定して検索

　ファイルの容量（サイズ、大きさ）を指定して検索する方法です。あるサイズより大きい（あるいは小さい）ファイルの有無を調べたいときや、名前がはっきりしないが、おおよその容量がわかっている場合などに便利です。

①空の状態で入力ボックスをクリックすると、検索キーの種類を選ぶためのメニューが表示されます。ここでは［絞り込み］の［サイズ］をクリックします。

②メニューが表示されるので、探したいサイズの範囲を選んでクリックします。

③指定したサイズの範囲に合致するファイル一覧が表示されます。

ファイルの作成日時（更新日）を指定して検索

　ファイルを作成（あるいは更新）した日時情報で検索する方法です。最近作成したファイルを知りたい、今年作成したファイルを知りたいなど、特定の期間内に作成したものを探す場合などに便利です。

①サイズ指定の場合と同様に、入力ボックスになにも入力しない状態でクリックします。検索キーの選択メニューが表示されるので、［絞り込み］の［更新日］を選択してクリックします。
②具体的な日時の範囲を選択するためのダイアログボックスが表示されます。
③任意の更新日を選択すると、該当するファイルが一覧表示されます。指定した検索キーに一致するものが見つからなかったときには、その旨のメッセージが表示されます。

ファイル一覧の並べ替え

エクスプローラーでファイルやフォルダーの一覧を表示する際、キーを指定することで表示順序を変更することができます。多数のファイルやフォルダーが入っている場合などに便利な機能です。並べ替えのキーには、次の項目があります。

① **名前**（アルファベット昇順／降順など）　③ **更新日時**（新しい順／古い順など）
② **サイズ**（大きい順／小さい順など）　　④ **種類**（ファイルの種類順）

並べ替えたいファイルが入っているフォルダーをエクスプローラーで開きます。ウィンドウ内のなにもない場所で右クリックして表示されるメニューから［並べ替え］をクリックします。並べ替えのキーが表示されるので、任意のキーを選択してクリックすると、選択したキーで並べ替えが行われます。

▶ ③の「更新日時」は、Windows7のエクスプローラーでは「日付時刻」と表示されます。

Column　詳細表示画面の項目名で並べ替える

エクスプローラーのウィンドウ表示を［詳細］にすると（p.59参照）、ウィンドウ上部に項目名のバーが表示されます。これをクリックすることで各項目を昇順、降順などで並べ替えることができます。
　たとえば、［名前］をクリックすると、初期状態の昇順を降順に並べ替え、［サイズ］をクリックすると、サイズの大きい順と小さい順を切り替えて並べ替えることができます。

Let's Try! フォルダー、ファイルの操作練習をしよう

　学校の演習室での実習環境を模擬した操作練習をします。あなたの学籍番号を a12345 とします。学校のサーバー上に［ホームフォルダ］がない人はデスクトップに読み替えてください。［ダウンロードフォルダ］および［提出フォルダ］については、先生の指示に従ってください。この練習問題では、ファイル名に拡張子を付けていません。フォルダー名およびファイル名での英数字や記号文字（- など）はすべて半角文字です。入力時の半角と全角の切り替えに気をつけてください。学校の実習時、ファイル名に拡張子が付いた状態で演習している人は、末尾に docx を付与して読み替えてください。

●練習 1　［ホームフォルダ］に新たなフォルダー作成

　「第 01 回 -a12345」という名称のフォルダーを［ホームフォルダ］の中に作成しなさい。

●練習 2　ファイルのダウンロード（コピー）

　［ダウンロードフォルダ］の中にフォルダー「練習問題 A」があり、フォルダーの中には、次の 2 つのファイルが入っています。

　　　課題 1-annnnn　　　課題 2-annnnn

　練習 1 で作成したフォルダー「第 01 回 -a12345」の中にフォルダー「練習問題 A」をダウンロードしなさい。もし、［ダウンロードフォルダ］からフォルダーのコピーが禁止の設定になっている学校の場合は、「練習問題 A」という名称のフォルダーを［ホームフォルダ］内の「第 01 回 -a12345」の中に作成し、その中に 2 つのファイルを別々にダウンロードしてください。

●練習 3　ファイル名の変更

　ダウンロードしたファイル名の末尾（5 けた）をあなたの学籍番号に変更しなさい。

【例】「課題 1-annnnn」を「課題 1-a12345」、「課題 2-annnnn」を「課題 2-a12345」にします。

●練習 4　ファイルの提出（コピー）

　［ホームフォルダ］内のフォルダー「第 01 回 -a12345」を［提出フォルダ］にコピーしなさい。［提出フォルダ］内にフォルダーおよびファイルが入っていることを確認しなさい。

●練習 5　USB メモリーにファイル類をバックアップ保存（コピー）

　USB メモリーをパソコンに接続して、その中に［ホームフォルダ］内のフォルダー「第 01 回 -a12345」をコピーしなさい。USB メモリーがない場合は、練習 5 をスキップします。

●練習 6　本書内の UNIT での演習結果を保存するフォルダー作成

　［ホームフォルダ］の中に下記のフォルダーを作成しなさい。

　　　UNIT03 〜 UNIT10　　　8 個のフォルダー

Part 1 パソコンのしくみを学ぼう

Unit 3

■学習内容
Unit 3 では、マウスとキーボードを使って入力操作を習得していきます。まずは、キーボード操作の練習として「メモ帳」を使用し、一通りの文字入力を行います。次に、[描画ツール] と PowerPoint を使用していろいろなイラストを描きながら、マウス操作を学びます。

マウスとキーボードになれよう

■習得すべき事項
キーボード操作トレーニング
マウス操作トレーニング

 ## キーボード操作トレーニング

　まず、キーボードからの文字入力と、文章として入力した文字列の基本的な編集操作を習得します。Unit1 でも説明しましたが、日常、私たちが使用する文字にはいくつかの種類があります。英数字、記号文字、ひらがな、カタカナ、漢字です。これらの文字をキーボードから一通り入力できるようになることが最初の目標です。

　入力のスピードについては、キーが見つからなくて自分自身がイライラすることのないレベルに到達すれば十分です。早く入力しようとして、入力を間違えるよりは、ゆっくりでも正確に入力することを心がけましょう。

　文字入力の操作演習には、Windows のアクセサリソフトの「メモ帳」を使用します。

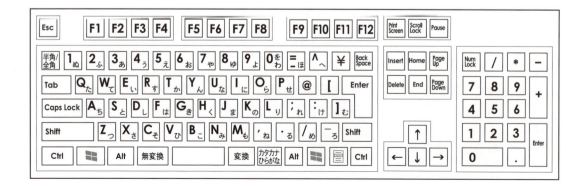

「メモ帳」の起動

　Windowsに標準で搭載されている「メモ帳」を起動します。「メモ帳」の起動については、Unit1で学んだとおりです。スタートボタンを使用する基本的な起動方法と、ショートカットを使った手軽な起動方法の2通りを思い出して、起動の手順を復習してみましょう。忘れた人は、Unit1の「アプリケーションの起動」のp.35を参照してください。

▶ **［タスクバー］または［スタートメニュー］への表示登録**
　使用頻度の高いアプリケーションの場合には、ショートカットを使う方法のほかに、タスクバーやスタートメニューに登録しておくと便利です。

「メモ帳」の機能と使い方

　「メモ帳」は、その名前のとおり、文字列だけからなる文書（この文書のことを「テキスト」と呼びます）を作成するアプリケーションです。ワープロソフトのような高度な文書作成・編集機能はありませんが、ちょっとした文章を作成するには便利です。

　「メモ帳」は、ウィンドウ全体が文字入力のキャンバスであり、白い紙に相当します。この中に、縦棒の形をしたポインタ（カーソルと呼びます）が点滅しています。カーソルは文字の入力位置を示しており、［矢印］キー（←→↓↑）またはマウスの移動によって位置を変えることができます。

❶文字の入力

　文字の基本的な入力方法は、すでにUnit1で確認したとおりです。「メモ帳」では、入力した文字は、カーソルの点滅している位置から入力順に挿入されていきます。適宜、入力モードを設定、変更しながら、キーボード上のキーを選んで文字を入力していきます。

　行末などで改行したいときは、［Enter］キーを押します。［Enter］キーだけを連続して押すと、空行がその数だけ続くことになります。

入力モード（Windows10）　　　　　入力モード（Windows7）

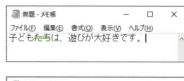

❷入力した文字の削除

　入力した文字（または文字列）を削除したい場合は、以降に示すいずれかの方法で行います。

a．［Delete］キーでの文字削除

　削除したい文字（または文字列）の左端にカーソルを位置付けます。［矢印］キーまたはマウスを使用してカーソルを移動します。［Delete］キーを押して文字を削除します。キーを1回押すと、カーソルの右側の1文字が削除されます。文字列の場合は、文字の数だけ削除を繰り返します。

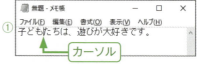
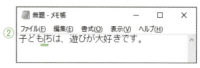

＜"子どもたち"の"たち"を削除＞
① "た"の左端にカーソルを移動します。
② ［Delete］キーを1回押します。"た"が削除されます。
③ 同様に［Delete］キーをもう1回押し、"ち"も削除します。

b．［BackSpace］キーでの文字削除

　削除したい文字（または文字列）の右端にカーソルを位置付けます。［矢印］キーまたはマウスを使用して、カーソルを移動します。［BackSpace］キーを押して文字を削除します。キーを1回押すと、カーソルの左側の1文字が削除されます。文字列の場合は、文字の数だけ削除を繰り返します。

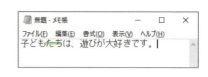
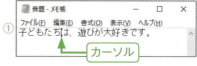

＜"子どもたち"の"たち"を削除＞
① "ち"の右端にカーソルを移動します。
② ［BackSpace］キーを1回押します。"ち"が削除されます。

| Column | マウスを使って文字列をまとめて削除 |

キーボードだけでなく、マウス操作でも文字列を削除できます。削除したい文字列の左端にカーソルを置き、マウスのドラッグで削除したい文字列を反転させます。この状態で、[Delete]キーまたは[BackSpace]キーを押すと、文字列が一度に削除されます。

画面例では、「ごっこ」をマウスのドラッグで反転表示しています。この状態で[Delete]キーまたは[BackSpace]キーを押すと、文字列が削除できます。

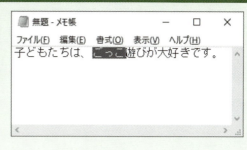

③同様に[BackSpace]キーをもう1回押し、"た"も削除します。

❸文字列の訂正

訂正したい文字を[Delete]キーで削除した後、その位置から新しい文字を入力していきます。

＜"ごっこ"を"園庭での"に訂正＞
①"ごっこ"の左端にカーソルを移動します。[Delete]キーを3回押します。
②画面のように"ごっこ"が削除されます。
③この位置から"園庭での"を入力します。訂正が終了します。

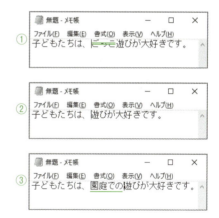

❹作成したテキストのファイル保存

ここまでの文字入力の演習結果を残すために、以下の手順で作成したデータをデスクトップへ一時的に保存してください。

①「メモ帳」の[ファイル]メニューから[名前を付けて保存]をクリックします。
②ダイアログボックスが表示されるので、保存先に[デスクトップ]を指定（クリック）します。
③ファイル名に「メモ.txt」を指定します。

④ ［保存］ボタンをクリックします。これでデスクトップ上にメモ.txtという名前のファイルが保存されます。

▶ 保存する場所とファイル名が正しく設定されていることを常に確認しましょう。

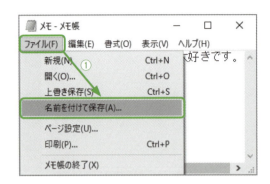

❺ 「メモ帳」の終了

ファイル保存が終わり、「メモ帳」を終了するには、ウィンドウの右上にある［閉じる］ボタンをクリックするか、または［ファイル］メニューから［メモ帳の終了］をクリックします。

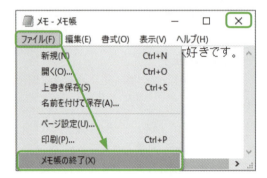

Exercise.1　文章の入力練習をしてみよう

「メモ帳」を使って文章入力の練習をしてみましょう。ここでは、Unit1の応用として、下記の例文による文章入力操作を実践してみましょう。

例文は、保育所実習に行った際の実習生の最初のあいさつ文の一部です。

```
<Memo>7/1
パンダ組のみなさん、こんにちは！
私の名前は木嶋佳子（きじまけいこ）です。
今日から2週間パンダ組15人のみんなと一緒に遊んだり給食を食べたり、
仲良しになりたくて、〇〇短期大学からやってきました。
みんなはどんな遊びが好きですか？
私は、ドッジボールが大好きです！
みなさん、いっぱい遊びましょう。
```

▶ 実際には、例文にあるように自分の名前にふりがなを入力したり、「〇〇短期大学」と入力したりすることはありませんが、ここでは記号文字入力の練習のため行っています。

1 文章の入力

「メモ帳」を起動したあと、次のように操作して文字を入力していきます。

▶ ここでは、入力モードの確認のため言語バーを使用していますが、Windows10では初期状態ではIMEアイコンが表示されます。IMEアイコンでの入力モードの設定はp.45を参照してください。

①「入力モード」が［半角英数］であることを確認してから、"<Memo>7/1"と入力します（以下、［半角英数］入力の際は同様です）。 最後に［Enter］キーを押して改行します（改行の際は以下同様です）。

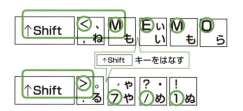 

② 次に入力モードを［全角カタカナ］に設定し、英字キーを使用してローマ字で"パンダ"と入力します。

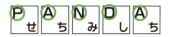 

▶ ここでは、全角カタカナの入力練習のため、入力モードを［全角カタカナ］に変えましたが、通常、［ひらがな］の状態で［スペース］キーで変換するか、［F7］キーでカタカナに変換する方法のほうが一般的です。

③ 次に「入力モード」を［ひらがな］に設定し、"ぐみ"と入力し、［スペース］キーで漢字に変換します。

▶ 一回で目的の漢字に変換できなかった場合は、［スペース］キーを押して変換候補の一覧から選択します。

④続けて"のみなさん、こんにちは"と入力します。文末に"！"を入力して改行します。

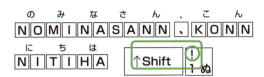

⑤次に"私の名前は"と入力し、"木嶋"を［スペース］キーで漢字に変換し、該当する漢字を［Enter］キーで確定します。同様に、"佳子"も入力します。

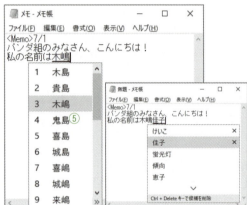

⑥"（きじまけいこ）です。"を入力して改行します。

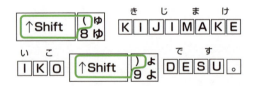
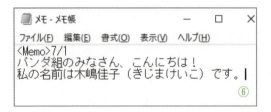

⑦"今日から2週間パンダ組15人のみんなと一緒に"を入力します。"2"と"15"は［半角英数］で入力します。

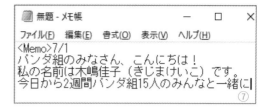

⑧ "遊んだり給食を食べたり、"と入力して改行します。"仲良しになりたくて、"と入力します。

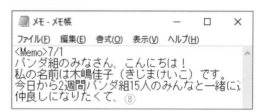

⑨ "○"を入力します。記号文字は、"まる"と入力し、[スペース]キーで変換して入力することができます。

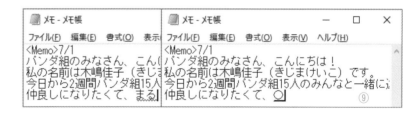

⑩ ⑨同様に"○"を入力し、"短期大学からやってきました。"を続けて入力後、改行します。

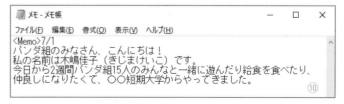

⑪ "みんなはどんな遊びが好きですか？" を入力し、改行します。"私は、ドッジボールが大好きです！" と入力後、改行し、"みなさん、いっぱい遊びましょう。" と入力すれば完成です。

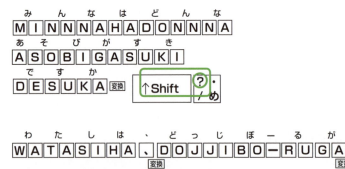

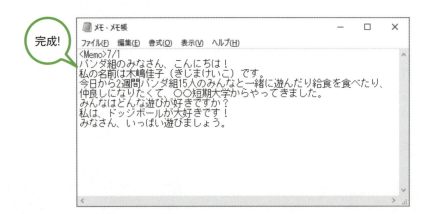

2　作成したテキストの保存

①入力した文書に名前を付けてファイル保存します。

　　・保存する場所：デスクトップ
　　・ファイル名　：memo.txt

②「メモ帳」を終了します。

Let's Try! いろいろな文字・単語・文書を入力し、キーボード操作の練習をしよう

❶アルファベット 26 文字（半角）を入力しよう。
　アルファベット a〜z までの 26 文字を連続して入力してみましょう。

❷名前を入力しよう。
　自分・家族・友人 5 人の名前を「カタカナ（全角）」「ひらがな」「ローマ字」「漢字」の 4 種類、入力してみましょう。
　　例）ヤマダタロウ　　　やまだたろう　　　Yamada Taro　　　山田太郎

❸下記の英文（動物園遠足のお知らせ）を入力しよう。

> The children are enjoying the beautiful fall days of November and are having a good time playing with their friends. This letter is to notify you about our field trip. We are going to the zoo to enjoy the different animals. We hope everyone will come.
> 　　Date: Friday, November 22nd
> 　　Meeting place: The south exit of Minato station
> 　　Meeting time: 9:00 a.m.
> 　　Things to bring: Lunch, thermos, picnic blanket, towel, snacks

〈「動物園遠足のお知らせ」の訳文〉

> 鮮やかな紅葉の 11 月をむかえ、子どもたちはみんな元気に楽しく遊んでいます。さて、遠足のお知らせです。動物園へ行って、いろいろな動物を見てこようと思います。全員が参加できることを願っています。
> 　　日時：11 月 22 日（金曜日）
> 　　集合場所：みなと駅南口
> 　　集合時間：9 時
> 　　持ち物：お弁当、水筒、レジャーシート、タオル、おやつ

❹下記の保育に関する文章を入力しよう。

> 　乳児期のある特定の期間にのみ起こる原始反射（新生児反射）や原始行動を基礎に、運動機能は発達すると考えられる。以下に述べる原始反射は、大脳皮質の神経細胞が成熟して皮質以下をコントロールするようになると抑制され、反射としては出現しなくなる。その意味では未熟さの現れだが、一方、大脳皮質よりも下に位置する脳脊髄神経系がそれなりにできていることを示すものでもある。したがって、原始反射がいつまでも出る場合とともに、全く出ない場合にも何らかの障害が考えられる。
> 原始反射には以下のようなものがある。
> ①モロー反射（びっくり反射）
> 　仰臥位で、耳元で手をたたくとか、まくらをはずすなどの刺激を与えると、乳児は四肢を伸ばして広げ、抱きつくような動作をする。3〜4 か月ころには消失する（"モロー反射"Moro は、人の名前）。

引用　3：赤松直子・久富陽子『保育の英会話』（萌文書林）
　　　4：巷野吾郎他『保育の中の保健』（萌文書林）

マウス操作トレーニング

Unit1で述べたように、マウス操作の基本は「クリック」、「ダブルクリック」、「ドラッグ」の3つです。さまざまな場面でこれらを使い分けて操作し、OSやアプリケーションとの対話やデータ入力などを行います。ここでは、［描画ツール］とPowerPointを使って、お絵描きという操作をしながら、マウスを自在に使えるようになりましょう。少なくとも、ぎこちなさはなくなるレベルに到達してもらいたいと思います。

［描画ツール］は、基本図形を組み合わせて、イラストのような図形を描くツールです。Word、Excelなど、ほとんどのOfficeソフトで使用できます。本Unitの演習用としては、初心者にとって最適と考えて選びました。

本Unitでは、マウス操作の習得だけでなく、［描画ツール］の機能の理解と図形描画の操作手順について具体的に習得してください。最初は、説明に書かれている操作の仕方をまねながら覚えていきましょう。しかし、いつまでも操作方法を機械的に暗記するのではなく、操作の類似性や共通性、なぜそのような操作をするのかといったことなどを考えながら、習得を進めてください。そうすることで、細かな操作方法の説明がなくとも自然に適切な操作ができるようになり、ほかのアプリケーションを使う場合にも応用できるようになります。

図形描画の準備

Unit3での演習に先立って、必要な知識と操作の方法について説明します。

PowerPointの「白紙スライド」を使って、簡単な図形を描きます。1枚のスライドに1個の図形を描くことにします。できあがった図形群のスライドをまとめて、図形ライブラリのようにしてファイルに保存します。ここで作成したスライド（図形）を以降のPartで利用します。

❶ PowerPointの起動

［スタート］ボタンから起動（具体的な手順についてはp.35参照）または、デスクトップ上のショートカットを起動します。

❷白紙スライドの準備

次の手順で、白紙スライドを用意します。PowerPoint起動後の初期状態では、タイトルスライドが1枚入っています。このスライドを削除して、白紙スライドを1枚挿入します。

① PowerPointを起動して「新しいプレゼンテーション」のテンプレートを選択するとタイトルスライドが表示されます。左側の［プレビュー］タブでタイトルスライドのプレビューをクリックして、［Delete］キーを押します。これでスライドなしの状態になります。
② ［ホーム］タブの［スライド］グループにある［新しいスライド］をクリックします。表示されたスライド一覧から［白紙］を選んでクリックします。

③白紙スライド（スライド1）が挿入されます。これで準備完了です。［描画ツール］を使って、このスライドの中に図形を描画します。

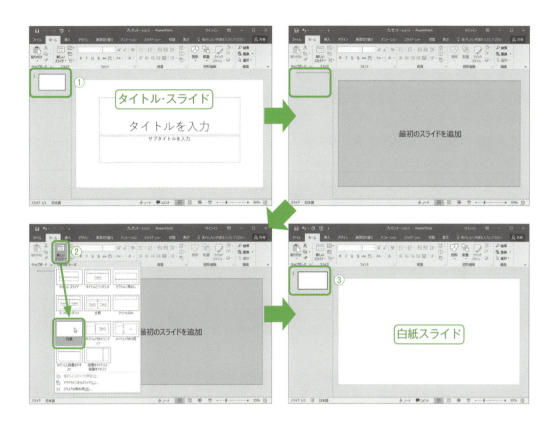

［描画ツール］の機能と操作方法

　［描画ツール］は、文書内などに簡単なイラストを作図できる機能です。Word、Excel、PowerPointなどOfficeソフトの［挿入］タブから［図形］ボタンを選んで呼び出して使用します。

　［描画ツール］はDrawソフト（ベクターグラフィックスエディタともいいます）です。さまざまな基本図形が用意されており、これらを編集、加工、組み合せることによって、リアルなイラストや高度な図形も描画することができます。また、描画した絵は、複数の図形の組み合わせとして管理されているので、あとから変更なども容易にできます。

　図形を描画するときのおおまかな手順は、次のとおりです。

①［描画ツール］を呼び出します。
②最終的な図形を構成するパーツ群をデザインします。
③各パーツを［描画ツール］で作成します（用意されている基本図形群を選択し、変形、彩色など編集）。
④パーツ群を結合、さらに編集して最終目的の図形に仕上げます。

図形を構成するパーツ群のデザイン

［描画ツール］には、線、四角形、円などの基本図形群、ブロック矢印群、フローチャート群など、作図部品がたくさん用意されています（下の図参照）。目的の図形を作成するために、どの部品群を使って、どのように加工するか、彩色はするか、どのように組み合わせればよいか、などをデザインします。たとえば、後述の Exercise.2 でのひよこの絵の場合、頭、目、胴体、足などがパーツになります。各パーツを作るために必要な作図部品を決めて、どのように加工するかを考えます。

とくに、類似パーツが複数あるような場合には、母体となるパーツおよび、ほかのパーツの作成には注意が必要です。たとえば、形状、色などが同じで、中に入っている文字列だけが異なるような図形がいくつもあるような場合には、最初にベースとなるパーツを完成させます。その後、必要な個数分だけ図形をコピーし、コピーした図形の中にそれぞれの文字列を入力して完成させるといった手順が、最も効率的な方法です。個別にバラバラで作っていくと、手間がかかるだけでなく、最終的にできあがった図形に不揃い感が出てくるので、最初にきちんとデザインしてから作成作業を行ってください。

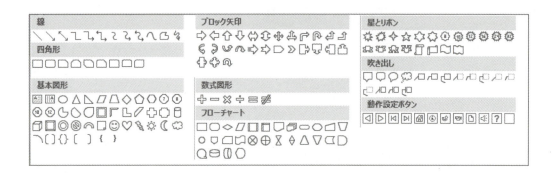

パーツの描画

パーツのデザインが終われば、いよいよ描画作業です。

●描画したい図形の選択

［描画ツール］を呼び出すとともに、描画したい図形を選択します。油絵や水彩画を描くときに、最初に筆を選ぶのと同じです。

［挿入］タブをクリックし、［図］グループ内の［図形］ボタンをクリックします。または、［ホーム］タブの［図形描画］グループの中にある［図形］ボタンをクリックしても同じです。この中から目的の作図部品を選択してクリックします。

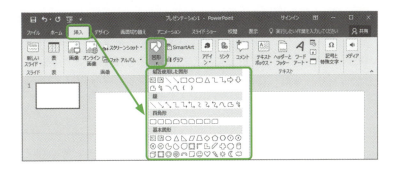

● Office で提供されている図形の種類

［描画ツール］には、次のような作図部品群が標準で備わっており、これらの中から描画したい図形を選択します。

図形の種類	説　明
線	線だけで構成している図形。直線、線の端に矢印の付いた直線、コネクタ、曲線、フリーフォームなどがあります。線の種類には、実線、破線などがあり、線には色も付けられる
四角形	正方形、長方形がある。さらに、直角、丸角、切り取りなど形状のタイプで、さらに分かれる。既定値では、四角形のまわりに枠線が付いているが、取り除くこともできる。枠線の種類および色は、前述の「線」と同じ。四角形の内側に色付け（塗りつぶし）でき、グラデーションの設定、模様などのテクスチャ貼り付けもできる
基本図形	円・だ円、三角形、ひし形などの図形がある。文字だけの図形（「テキストボックス」という）も含まれている[*1]
ブロック矢印	上下左右を示すブロック形の矢印。「四角形」と同様に、枠線の設定、塗りつぶしができる
数式図形	数式の中でひんぱんに使用される＋、－など数種類の記号がある[*1]
フローチャート	フローチャートを描くための図形群。フローチャートで使用する図形が一式ある。「線」の中にあるコネクタと組み合わせて、フローチャートを描くことができる[*1]
星とリボン	数種類からなる星形とリボン形の図形。それぞれ数種類ずつ用意されている[*1]
吹き出し	吹き出しの形をした図形。角の形状が数種類ある[*1]
動作設定ボタン	スライドの移動などに使用するためのボタン形の図形で、種類がいろいろある[*1]

＊1：「四角形」と同様に、枠線の設定、塗りつぶしができます

● 図形の描画と加工（形とサイズ決め）

　大半の図形が、種類を選択してマウスを上下左右にドラッグすると、目的の図形を描画できます。図形の大きさは、ドラッグ時の縦横サイズで決まります。ここでは、直線と四角形をおもな例にして、各図形の描画および加工のしかたについて説明していきます。みなさんも操作練習のウォーミングアップのつもりで、一緒に図形描画を行ってください。さきほど挿入した「白紙スライド」（スライド1）の中に図形を描画していきます。

　なお、スライド画面にグリッド線を表示しておくと、図形の描画がしやすくなります。［表示］タブをクリックして［グリッド線］にチェックを入れると、スライドに格子状の線が表示されます。

a. 線の描画

　「線」の描き方について、直線を例に説明します。

直線の描画

① ［ホーム］タブの［図形］をクリックして［線］グループにある直線のアイコン（左側）をクリックします。

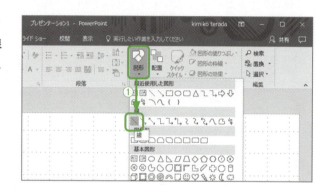

② スライドの中で、直線の始点と終点をドラッグ操作で指定します。マウスのボタンを離したときに直線が描画されます。

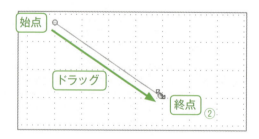

直線のサイズ、向きの変更

① 直線の長さ、向きなどを変更したいときには、終点（または始点）の上にマウスカーソルを移動します。カーソルの形状が に変わったところで上下左右にドラッグ操作します。

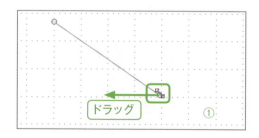

②終点（または、始点）の位置が変わります。

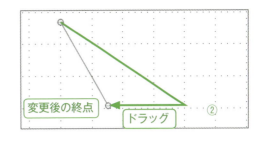

直線の移動（クリック＆ドラッグ）

直線をクリック＆ドラッグ（クリックと同時にドラッグ）します。

直線のサイズと向きは同じで、位置が平行移動します。

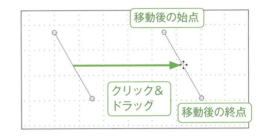

直線の複写（[Ctrl] キーを押しながらドラッグ　または　コピー＆貼り付け）

①［Ctrl］キーを押しながら直線をクリック＆ドラッグします。元の直線はそのままで、同じ直線がドラッグ先のマウスを離した位置にもう1つ素早く描画されます。ドラッグ＆ドロップを繰り返すと何本も連続してコピーできます。

元の直線をクリックしてコピー＆貼り付け操作で直線を複写した後に、コピーした直線を目的の位置に移動しても、結果は同じです。

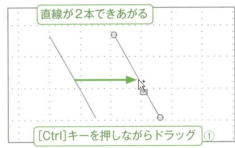

線の削除（クリック＆［Delete］キー）

①さきほど複写した直線をクリックして、［Delete］キー（または、［BackSpace］キー）を押します。

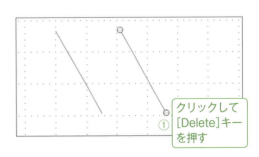

②直線が削除されます。

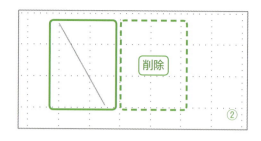

線の選択（ドラッグして範囲選択）

　線をクリックすると選択できますが、線の数がたくさんあるときには面倒です。ドラッグ操作で、複数の線をまとめて選択することができます。1回の操作で手早く範囲内にある線がすべて選択できます。まとめて移動、複写および削除などを行うときに便利です。

① 10本の直線の内、左側の5本をドラッグ
　操作で囲みます。

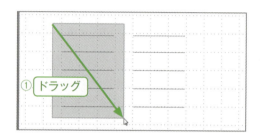

②囲まれた5本の直線が選択されます。

b. 線の書式設定（［描画ツール］の［書式］タブ）

　線のサイズ、太さ、色、種類など、「線」への書式の設定、変更方法について、説明します。線の書式設定には、［描画ツール］の［書式］タブを使用します。線をクリックして［描画ツール］を呼び出し、次に［書式］タブをクリックします。書式設定用のツール群がリボン上に表示されます。［図形のスタイル］グループの［図形の枠線］をクリックし、書式設定のメニューを表示させた後に、下記の操作を選択します。

　　線の色　：［テーマの色］から選択
　　線の太さ：［太さ］の選択
　　線の種類：［実線／点線］の選択
　　始点、終点に矢印を付与・除去：［矢印］を選択

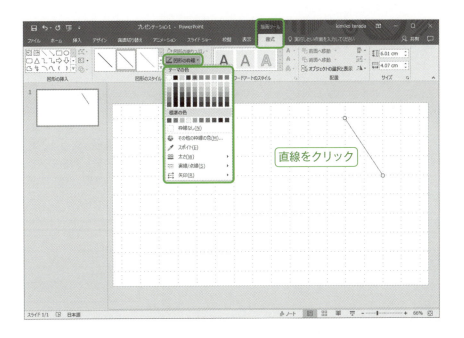

線の色

　設定したい色を［テーマの色］に表示された中から選びます。目的の色が表示されていない場合は、［その他の枠線の色］をクリックします。さらに詳細な色の一覧が表示されるので、その中から選択します。なお、直近に使用した色は、［図形の枠線］ボタンの左端に表示されています。同じ色を続けて使用したいときには、ボタンの左端をクリックすると、素早く適用されます。

線の太さ、線の種類、矢印の設定・除去

　それぞれ次の表に示した種類があり、これらの中から選びます。

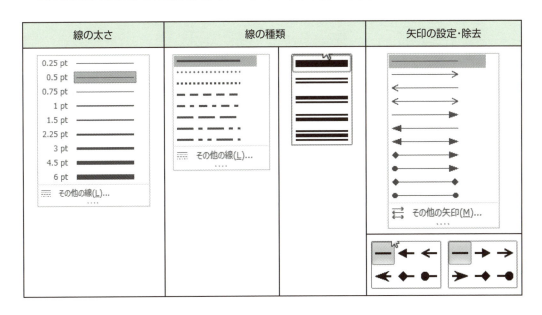

Let's Try! いろんな書式の直線を描こう

　スライドをもう1枚追加して（スライド2）、その中にいろいろな種類の直線を描いてください。次の操作で新しいスライドを追加します。

　［スライド］グループの［新しいスライド］（▼）をクリックしてスライドの一覧を表示します。［白紙］スライドを選んでクリックします。これで2枚目のスライドが追加されます。この中に直線を描いてください。左側のスライド・サムネイルをクリックすると、編集対象のスライドを選択できます。直線をコピー（複写）して、右図のように線の太さ、種類（実線、点線、二重破線）、矢印の設定（片側、両端）および色を変えてください。

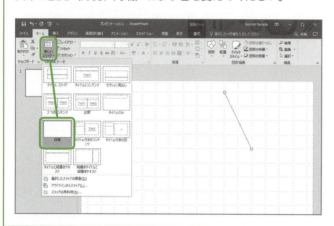
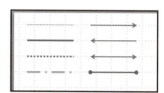

c. 曲線およびフリーフォームの描画

　直線に続いて、なめらかな曲線やフリーフォームの描き方を説明します。線の種類の中から［曲線］を選択して、曲線の角の位置をクリックしていくと、それらの点をもとに下図例のようなベジエ曲線が描けます。

曲線の描画

① ［ホーム］タブの［図形］ボタンをクリックして図形の種類一覧を表示し、その中から［線］グループの［曲線］をクリックします。

②スライド上で、大きくWの文字を書くように4カ所をクリックした後、終点（5カ所目）ではダブルクリックします。
曲線が描画されます。

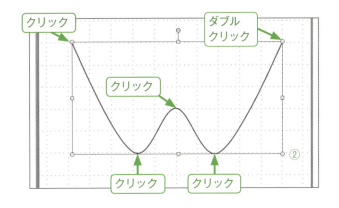

フリーフォームの描画

①［線］グループの［フリーフォーム］をクリックします。

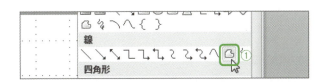

②始点、5カ所の頂点順番で6カ所をクリックし、最後に終点をダブルクリックします。山形の角が頂点です。各点を直線で結んだ線図（左図）が描画されます。

③始点と終点を重ねると、右図のような塗りつぶし図形になります。

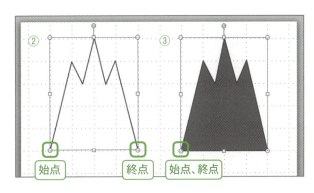

| Column | コネクタの利用 |

右の例図（矢印部分）のように、構成や流れを示す図などを描くときにコネクタを使います。図形を移動したときなど、コネクタも連動して自動再配置されるので便利です。

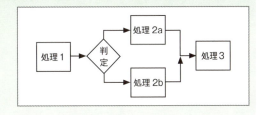

d. 平面図形の描画

線のほかに、四角形、円形などの平面図形の部品群がたくさん用意されています。四角形を代表例に、二次元の平面図形の描き方について説明します。

四角形の種類

四角形には、角の形状が異なる（直角、角丸、角切り取り）次のような種類があります。

長方形を例に、四角形の描画操作を示します。ほかの図形（基本図形、ブロック矢印など）も同様の操作で描画できます。

長方形の描画

新たなスライド（スライド3）を追加して、その中に長方形を描いてください。

① ［図形描画］グループの［図形］ボタンをクリックし、表示された図形一覧の中から［正方形／長方形］タイプをクリックします。
② スライドの中をドラッグ（左上から右下）します。既定値の書式（本書の例では、枠線が濃青、青の塗りつぶしに設定）による長方形が描画されます。

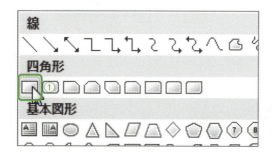
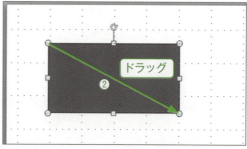

図形の拡大・縮小

長方形を例に、図形の拡大・縮小操作について説明します。長方形の四隅および、上下左右の線上にマウスのカーソルを位置付けてからドラッグ操作すると、図形を拡大および縮小できます。

〈横方向に拡大・縮小〉
① 左右の辺の上にマウスのカーソルを移動し、右または左にドラッグします。四角形が左右に拡大します。
② 左辺上にマウスのカーソルを移動し、右にドラッグします。次に、右辺上にマウスのカーソルを移動し、左にドラッグします。四角形が左右内側に縮小します。

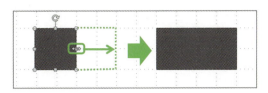 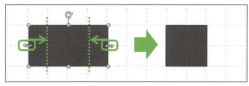

〈縦方向に拡大・縮小〉

①上辺上にマウスのカーソルを移動し、上にドラッグします。次に、下辺上にマウスのカーソルを移動し、下にドラッグします。四角形が上下外側に拡大します。

②上辺上にマウスのカーソルを移動し、下にドラッグします。次に、下辺上にマウスのカーソルを移動し、上にドラッグします。四角形が上下内側に縮小します。

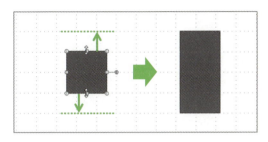 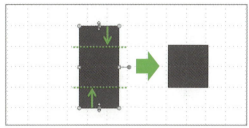

〈斜め方向に拡大・縮小〉

①左上隅にマウスのカーソルを移動し、斜め左上にドラッグします。次に、右下隅にマウスのカーソルを移動し、斜め右下にドラッグします。四角形が上下左右外側に拡大します。

②上辺上にマウスのカーソルを移動し、右斜め下にドラッグします。次に、右下隅にマウスのカーソルを移動し、左斜め上にドラッグします。四角形が上下左右内側に縮小します。

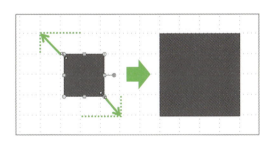 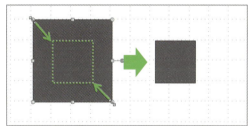

e．平面図形の書式設定

平面図形の塗りつぶし、枠線の色、種類など、書式の設定方法について説明します。

図形の内側の彩色（塗りつぶし）

平面図形の内側を彩色（塗りつぶす）することができます。塗りつぶすには、［描画ツール］［書式］タブの［図形のスタイル］グループの中にある［図形の塗りつぶし］ボタンをクリックします。表示された色一覧の中から目的の色を選んでクリックします。図形の内側が指定色

に変わります。

〈長方形の塗りつぶし例：黄色に塗りつぶし〉
① p.96の拡大・縮小で使用した長方形をクリックします。
②［描画ツール］の書式タブをクリックします。
③［図形のスタイル］グループの［図形の塗りつぶし］をクリックします。
④表示された色一覧から［黄色］を選んでクリックします。
⑤長方形の内側が黄色に変わります。

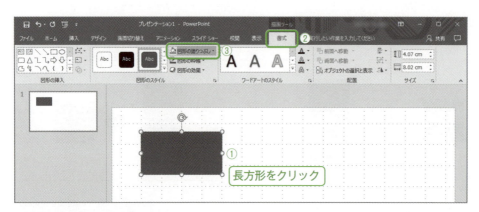

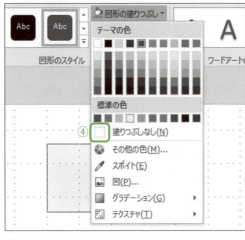

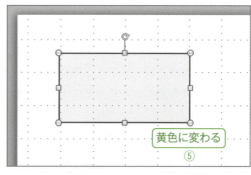

▶ **1クリックで塗りつぶし**
　［図形の塗りつぶし］ボタンの左端には、前回の設定色が表示されています。同じ色を設定するときには、ここをクリックします。

図形の枠線の書式（色と線種）設定

　図形の枠線の色や種類など、書式を変更・設定できます。線の書式設定と同様に、［図形の枠線］ボタンを使用します。

〈枠線の色〉

　［図形のスタイル］グループの中にある［図形の枠線］ボタンをクリックします。表示された色メニューの中から目的の色を選んでクリックします。図形の枠線の色が変わります。

◎長方形の枠線の色設定例（前ページの長方形の枠線を赤色に変更）

①長方形をクリックし、［図形のスタイル］グループの［図形の枠線］をクリックします。
②表示された色一覧から赤色をクリックします。
③長方形の枠線が選択した赤色に変わります。

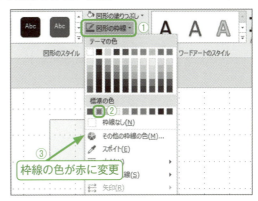

〈その他書式：枠線の太さ、種類〉

　［図形］グループの中にある［図形の枠線］ボタンをクリックします。表示されたメニューの中から［太さ］［実線・点線］をクリックして、枠線の種類や太さを決めます。

◎長方形の枠線の太さ設定例

①長方形をクリックし、［図形の枠線］ボタンをクリックします。
②書式種別メニューの中から［太さ］（▼）をクリックし、太さの種類を選択（ここでは 4.5pt）クリックします。
③長方形の枠線の太さが 4.5pt に変わります。

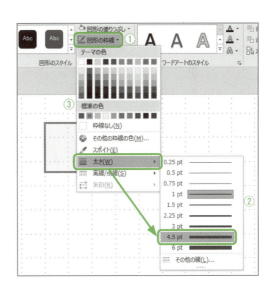

図形の模様設定：グラデーションやテクスチャの貼り付け

　図形の内側は、単一の色で塗りつぶす以外に、グラデーションをかけたりテクスチャを貼り付けたりすることができます。［図形のスタイル］グループの中にある［図形の塗りつぶし］ボタンをクリックして、表示されたメニューの中から［グラデーション］または、［テクスチャ］をクリックします。

◎長方形の塗りつぶしにグラデーション設定例

①目的の長方形をクリックして、[描画ツール]の[書式]タブを開き、[図形の塗りつぶし]ボタンをクリックします。
②表示されたメニューから[グラデーション]を選択、グラデーションのタイプを選択します。
③長方形にグラデーションが設定されます。

[その他のグラデーション]をクリックすると、色数の追加など詳細設定ができます。

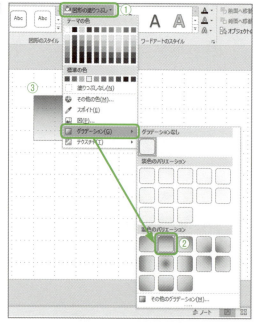

◎長方形の塗りつぶしにテクスチャ設定例

①上図グラデーションの付いた長方形をクリックして、[描画ツール]の[書式]タブで[図形の塗りつぶし]ボタンをクリックします。
②表示されたメニューから、今度は、[テクスチャ]をクリックし、テクスチャ一覧から「しずく」を選択クリックします。
③長方形にテクスチャが貼り付けられます。

[その他のテクスチャ]をクリックすると、画像ファイルから貼り付けなどができます。

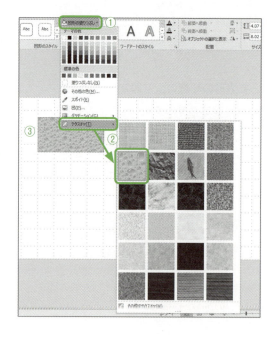

図形内への文字入力と書式設定

　図形の中に文字を挿入するには、目的の図形を右ボタンクリックして表示されるメニューから[テキストの編集]を選択し、点滅するカーソル位置からキーボードで入力します。文字の書式設定（フォント、サイズ、色等）については、[ホーム]タブの[フォント]グループを使用します。さらに、図形内での文字の配置（縦書き、上下左右詰め、中央揃えなど）の設定には、[描画ツール]の[テキスト]グループにある[文字列の方向]、[文字の配置]ボタンを使用します。

◎操作例

新たなスライド（スライド 4）を 1 枚追加して、「タイトル」という文字列が中に入っている長方形を描きます（右図参照）。

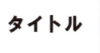

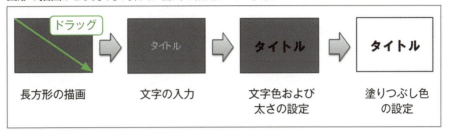

〈図形内の文字の配置と方向〉

図形内に文字を入力した後は、文字列の配置（縦配置と横配置）および方向を設定します。それぞれの配置タイプには、次の種類があります。

縦配置： 上、上下中央、下
横配置： 左揃え、中央揃え、右揃え、均等割り付け
方向 ： 横書き、縦書き、右 90 度回転、左 90 度回転ほか

これらの設定は、文字列の入った図形を選択した状態で、［ホーム］タブの［段落］グループの各ボタンで行います。

縦配置：［ホーム］タブの［段落］グループの［文字の配置］
横配置：［ホーム］タブの［段落］グループの各ボタン
方向 ：［ホーム］タブの［段落］グループの［文字列の方向］

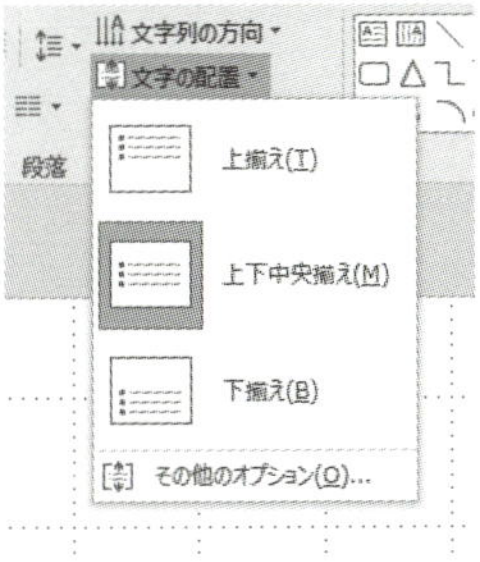

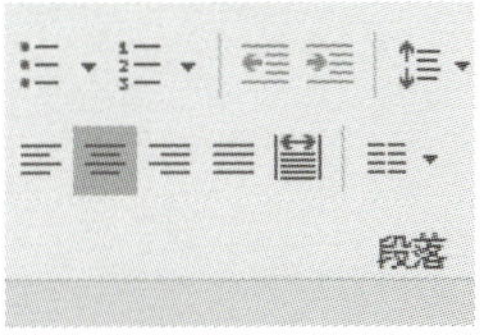

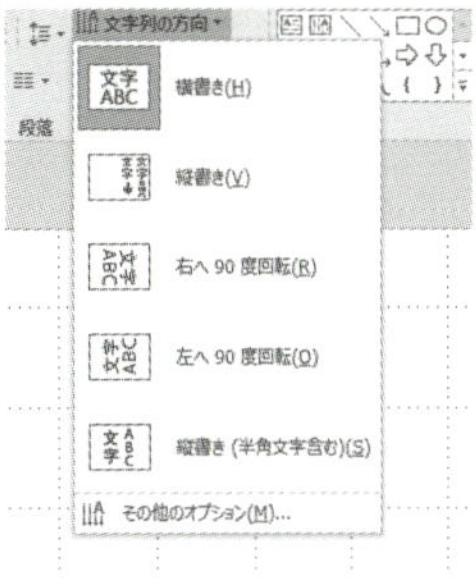

図形の影付け、立体化……必要に応じて

その他の効果として、図形の影付けおよび3Dスタイル化があります。図形に効果を付けるには、図形をクリックして選択状態にし、[描画ツール]→[書式]タブの[図形のスタイル]グループ内にある[図形の効果]ボタンを使用します。ボタンをクリックして表示されたメニューの中から、設定したい影の種類や立体形式を選択すると、図形に影付けや3Dスタイル化ができます。

影付けの例

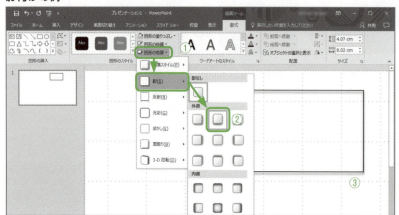

3Dスタイルの例

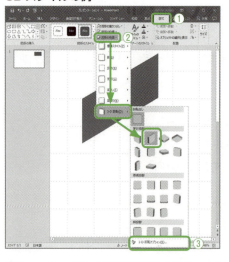
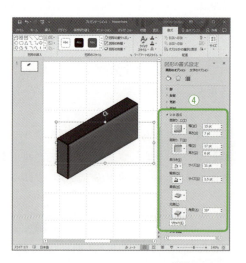

▶ PowerPoint2010の設定画面は少し異なります。

図形の回転

作成した図形は、あとから回転させることができます。[描画ツール]の[書式]タブの[配置]グループ内にある[回転]ボタンを使用すると、右90度回転、左90度回転、上下反転、左右反転などを行えます。また、マウスの操作で任意の角度に回転させることもできます。

◎回転の例

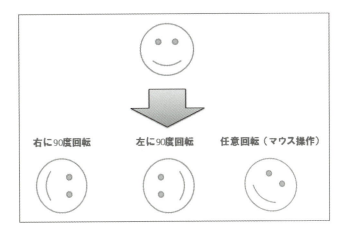

<左右反転・上下反転>
　図形をクリックし（①）、[書式]タブの[回転]をクリックします（②）。表示されたメニューから回転の種類を選んでクリックします（下図の左側を参照）。

<任意角度の回転>
　図形をクリックすると上部に回転操作用のハンドルが現れます（①）。マウスカーソルをハンドルに合わせて左右に回転させると、図形も一緒に回転します（下図の右側を参照）。

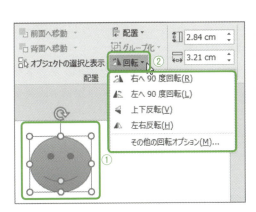
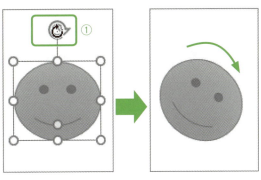

Let's Try!　スマイルマークを描いて回転してみよう

　新たにスライド（スライド5）を追加します。その中に上図のようなスマイルマーク（基本図形）を描き、これを上下反転させなさい。

f. 文字（テキスト）だけの図形描画

文章など文字だけで構成する図形を描けます。横書きと縦書きの2種類があり、横書きの場合には［テキストボックス］を、縦書きの場合には［縦書きテキストボックス］を使用します。どちらもボックスの中に文字を入力すると、自動的に横書きまたは縦書きになります。

テキストボックスの描画

［ホーム］タブの［図形描画グループ］内の［図形］ボタンを使用します。［テキストボックス］または［縦書きテキストボックス］をクリックし、スライドの中でドラッグしてテキストボックスを作成します。ボックスに文字を入力したあと、ドラッグ操作で縦横サイズを調整します。新たなスライド（スライド6）を追加し、下図のテキストを入力してください。

縦書き

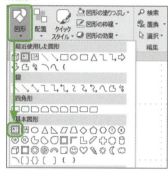

横書き

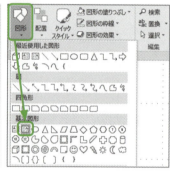

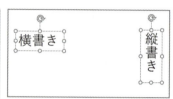

テキストへのかんたん飾り付け（［クイックスタイル］の利用）

文字に対して、影や立体化などの装飾を施すことができます。目的のテキストボックスをクリックし（①）、［描画ツール］の［書式］タブをクリックします（②）。［ワードアートのスタイル］グループの中に［クイックスタイル］のアイコンがあります（③）。用意されているスタイル群の中から好みのものを選ぶだけで、文字列への飾り付けがかんたんに行えます（④）。

かんたん飾り付け

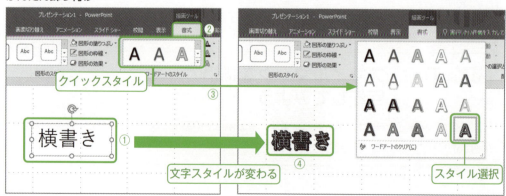

g. 図形の形状変更

　一度描いた図形は、後から別の形状に変更することができます。たとえば、長方形の図形を角丸スタイルの長方形に変えるとか、だ円に変えるといったことが可能です。形状を変更するには、［図形の変更］ボタンを使用します。

　［描画ツール］の［書式］タブをクリックして、［図形の挿入］グループにある［図形の編集］ボタンをクリックすると、表示されたメニューの中にあります。形状を変更したい図形をクリックし、［図形の変更］ボタンをクリックします。図形部品の一覧が表示されるので、変更したい図形を選んでクリックすると変更されます。目的の形状が一覧の中になかった場合は、［図形の編集］ボタンをクリックしたときに表示されるメニューから［頂点の編集］ボタンを選択して、手動で図形の頂点を細かく操作して形状を変えることもできます。

　ここでは、例として長方形をだ円に変更してみます。

◎図形の形状変更例

　新たなスライド（スライド7）を追加し、その中に長方形（塗りつぶし）を描きます。

①描画した長方形をクリックして選択状態にします。
②［描画ツール］の［書式］タブにある［図形の編集］ボタン→［図形の変更］ボタンの順にクリックし、表示された部品一覧の中から［楕円］をクリックします。
③長方形が楕円に変更されます。

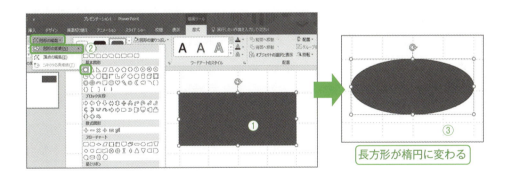

長方形が楕円に変わる

Column｜操作を元に戻したり、やり直す

　［クイックアクセスツールバー］のアイコンを使って、入力操作を元に戻す（アンドゥ）及び、やり直し（リドゥ）ができます。

・アンドゥ
　1回クリックごとに一つ前の操作状態に戻ります。何回でも戻ることができます

・リドゥ
　アンドゥを続けて戻りすぎたときに、1回クリックごとに一つ先に進み、やり直すことができます

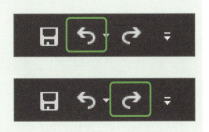

h. 平面図形の移動、コピー（複写）、削除

丸や四角形などの平面図形も線と同様の操作で、図形の移動、コピー（複写）および削除ができます。

操作の種類	操作法
移動	図形をクリック＆ドラッグする。 または、移動元の図形をクリックし、[ホーム]タブの[クリップボード]グループにある[切り取り]ボタンをクリックしたあと、移動先の位置で[貼り付け]ボタンをクリックする。 2個以上の図形をまとめて移動したいときには、対象図形を選択[*1]してドラッグ操作を行う
コピー（複写）	コピー元の図形をクリックし、[ホーム]タブの[コピー]ボタンをクリックする。コピー先の位置で[貼り付け]ボタンをクリックする。 または、[Ctrl]キーを押しながら図形をドラッグし、コピーしたい位置でマウスを離す。連続して複数の図形をコピーしたいときは、これを繰り返す。 2個以上の図形をまとめてコピーしたいときには、対象図形を選択[*1]してから[コピー]＆[貼り付け]操作を行う
削除	図形をクリックして、[Delete]キー（または、[BackSpace]キー）を押す。 2個以上の図形をまとめて削除したいときには、対象図形を選択[*1]して[Delete]キー（または、[BackSpace]キー）を押す

＊1：対象部品の外側をマウスで囲むようにドラッグ操作または、[Shift]キーを押しながら、対象部品を順番にクリックします

パーツの結合

できあがった複数のパーツを組み合わせて、より複雑な図形を作ることができます。パーツの組み合わせ操作では、図形の重ね合わせとグループ化が重要になります。

●図形の重ね合わせ

重ねる図形の前後の順序関係を決めます。2つの図形間での前後関係を決め、これを複数の図形に対して繰り返すことで、3個以上の図形の前後関係を確定することができます。図形の重ね合わせには、[配置]グループにある[前面へ移動]または[背面へ移動]ボタンを使用します。

どの図形も作成時の既定で「先に作成したほうが後ろ」として順序関係が設定されています。最終的な順序が既定のままでよければ、変更の必要はありません。しかし、順序を逆にしたい場合は、[前面へ移動]または[背面へ移動]を使って、前後関係を逆転させます。

たとえば、図形1と図形2を重ねたときに、順序関係が、「図形1が図形2の後ろ」であったとします。そこで、「図形2が図形1の後ろ」になるようにしたいときは、前面にある図形2をクリックして、[背面へ移動]を選択すると順序が入れ替わります。あるいは、図形1をクリックして、[前面へ移動]を選択しても同じ結果になります。

◎図形の重ね合わせ操作例1

新たにスライド（スライド8）を追加して、次の操作をしてください。

①先に赤色の円を描き、その後、黄色の円を描いて上に重ねます。
②下にある赤い円をクリックして選択状態にします。
③［配置］グループの［前面へ移動］ボタンをクリックし、表示されたメニューから［前面へ移動］をクリックします。
④赤い円が前面に移動し、黄色の円の上に表示されます。

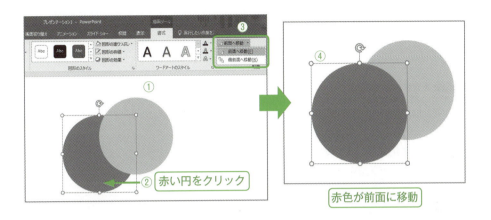

◎図形の重ね合わせ操作例２

新たにスライド（スライド9）を追加し、その中に次の操作をしてください。

①先に赤色の円を描き、次に黄色の円を描いて重ねます。最後に青色の円を描いて一番上に重ねます。
②赤色の円をクリックして選択状態にし、［前面へ移動］ボタンを２回クリックします。または、［最前面へ移動］をクリックしても同様に操作できます。
③赤色の円が一番上に表示されます。

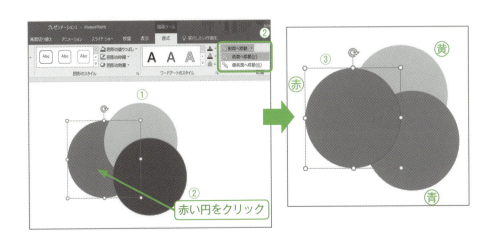

●図形のグループ化

　どの図形も基本的には独立しているため、複数のパーツでできている図形を移動する場合、選択した図形しか移動できません。まとまった形ですべてをきちんと移動させるには、図形群がひとかたまりとなっていると便利です。また、完成図として図形を管理する場合も、ひとかたまりになっていると便利です。こうした用途を実現してくれるのが図形の「グループ化」です。

　グループ化したい図形群をすべて選択し、［配置］グループにある［グループ化］ボタンをクリックすると、1つの図形として移動やコピーなどの操作が可能になります。元に戻したい時は、グループを解除します。

▶ **複数の図形を選択する方法**
　一度に複数の図形を選択したいときには、［Shift］キーを押しながら対象の図形を順番にクリックします。クリックした図形がすべて選択されます。

◎図形のグループ化操作（3つの円をグループ化）

　さきほど使用した3つの円を利用します。

① ［Shift］キーを押しながら3つの円をすべてクリックして選択します。また、3つの円をマウスのドラッグ操作で範囲選択します。
② ［書式］タブの［配置］グループにある［グループ化］ボタンをクリックします。
③ 3つの円が結合されて1つの図形になります。

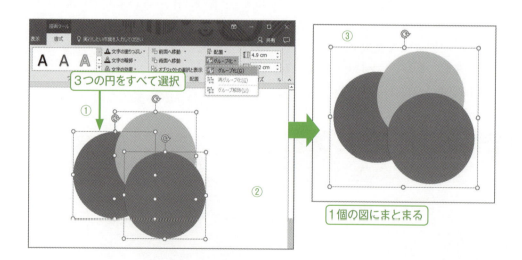

描画ツール操作演習
「かんたんなイラストを作成しよう」

PowerPoint のスライドの中に、次のようなイラスト図形を描いてみましょう。

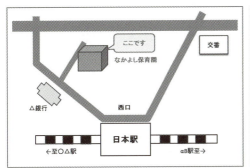

Exercise.1　　　　　　Exercise.2　　　　　　Exercise.3

Exercise を始める前に

① ［白紙］スライドを挿入して、その中にイラストを描いてください。スライドのサイズ等は既定値でかまいません。
② 1枚のスライドに1つのイラストを描いてください。別のイラストを描くときには、そのつど［白紙］スライドを新たに挿入してください。
③ できあがったイラスト（スライド集）をファイルに保存してください。

- 保存先　　：「ホームフォルダ」内の UNIT03 フォルダー（p.51 および p.153 参照）
- ファイル名：イラスト Lib.pptx

　スライドが1枚完成するつど、演習結果をファイルに保存（新規保存または上書き保存）してください。例として、「ホームフォルダ」（p.51 参照）にファイルを新規保存する手順を以下に示します。
p.75 の Let's Try の練習6で、「ホームフォルダ」内には演習 Unit ごとの保存フォルダー（UNIT03 〜 UNIT10）が作成済みとします。作成していない場合は、まず「ホームフォルダ」内に本 Unit 用の「UNIT03」フォルダーを作成してください。また、デスクトップには「ホームフォルダ」へのアクセス用ショートカットが作られているものとします。
　PowerPoint の［ファイル］タブをクリックし（❶）、表示されたメニューから［名前を付けて保存］をクリックします（❷）。［参照］をクリックすると、［名前を付けて保存］ダイアログボックスが表示されます（❸）。ウィンドウ左側のフォルダー表示から［デスクトップ］を探してクリックします（❹）。
　右側に表示された一覧からホームフォルダーアクセス用のショートカット（次図では、［ホー

ムフォルダ・ショートカット]）を探し、ダブルクリックしてフォルダーを開きます。「ホームフォルダ」内のフォルダー一覧が表示されます（❺）。この中から「UNIT03」を選択してダブルクリックします（❻）。保存先フォルダー UNIT03 が表示されます（❼）。最後に、ファイル名（イラスト Lib.pptx）を入力して［保存］ボタンをクリックします（❽）。これで、ファイルが UNIT03 フォルダーの中に保存されます。保存後には、必ずフォルダーを開いて保存を確認してください。

ファイルの保存操作では、保存先フォルダーとファイル名の設定および、ファイルが確かに保存されていることのチェックを忘れずに行ってください。

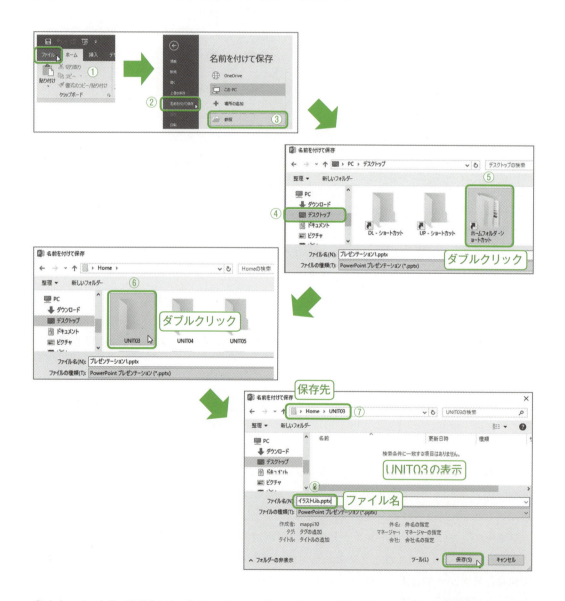

▶本書では、大学の演習室など、「ホームフォルダ」がサーバーに作られているケースを想定し、また、常に同じ場所に保存するような場合には、フォルダーアクセス用のショートカットを利用するのが便利なのでこの方法を紹介しました。しかし、④で保存先のフォルダーを直接指定しても結果は同じですので、状況に応じて操作手順を選択してください。

④ここで作成したイラストを、Part2 以降の演習で使用します。保存した PowerPoint ファイルを開いて、スライドの中のイラストをコピー（コピー&貼り付け）してください。その際に、イラスト全体をグループ化してからコピーしてください。グループ化しないでコピーすると、イラストの形状がくずれてしまう、パーツの欠落を起こすなどにつながることがあります。貼り付ける前にはかならずグループ化して1つの図へ統合することを忘れないでください。

▶ 図形や画像、テキストなど複数のオブジェクトをまとめて1つのまとまり（グループ）とすることを「グループ化」といいます（p.108 参照）。

● Exercise で使用するタブおよびボタン群

・[ホーム] タブ

　PowerPoint を起動したとき、またはスライド内の図形が1つも選択（クリック）されていないときに表示されます。

① 新しいスライド：新たなスライドを挿入します。Exercise の開始ごとに挿入してください。
② [図形]：ここをクリックして、新たに描画したい図形部品を選択します。なお、[挿入] タブにも同じボタンがありますので、適宜どちらかを選んでください。
③ [配置]：スライド内の図形群の順序操作、グループ化、配置揃え、回転操作などに使用します。

・[描画ツール] の [書式] タブ

　すでに描画済みの図形を修正・編集する場合に、この操作を行ってください。
　図形をクリックすると [描画ツール] が表示されます。次に、[書式] タブをクリックしてから、下記のコマンドボタンを選択してください。

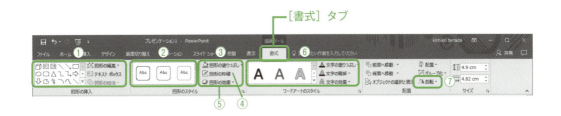

① ［図形の挿入］の図形部品：ここをクリックして、描画したい図形部品を選択します。
② ［図形のスタイル］：スタイルのひな型がいろいろあります。手軽なスタイル選択用です。
③ ［図形の塗りつぶし］：図形の塗りつぶし（色、模様など）設定に使います。
④ ［図形の枠線］：線および、平面図形の枠線の書式設定に使います。
⑤ ［図形の効果］：図形の影付け、3Dスタイル化に使います。
⑥ ［ワードアートのスタイル］：テキストの飾り付けに使います。
⑦ ［回転］ボタン：図形を回転させます。

Exercise.1　保育園の案内図を描こう

「なかよし保育園」の道案内図を描いてみましょう。

案内図は、基本図形をほぼそのままの形で組み合わせて作ります。描画する図形の選択、スライド内への配置、サイズ調整、塗りつぶし設定、図形への文字入力、文字のフォント／色／サイズ設定、同じ形の図形のコピーなど、図形描画の基本操作を習得する演習になっています。

・描画の手順
　①駅および線路図の描画
　②道路の描画
　③建物の描画

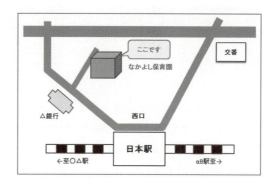

1　PowerPointの起動

PowerPointを起動します。タイトルスライドが1枚表示され、編集モードになります。タイトルスライドを削除して、新たに［白紙］スライドを挿入します（p.86参照）。

2　案内図の描画

次のa.～c.の順に、描画します。

a. 駅および線路図の描画……長方形、テキストボックス

スライドの下段の位置に、線路と駅を描きます。

① ［ホーム］タブで［図形］ボタンをクリックし、［正方形／長方形］を選んでクリックします。ドラッグ操作で、横長の線路の外枠を描きます。

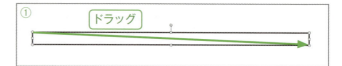

②線路の上に駅用の長方形を描きます。

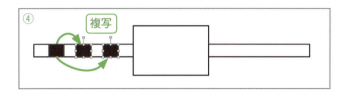

③線路の上に小さな四角形（高さは線路に同じ）を描き、［黒］で塗りつぶします。

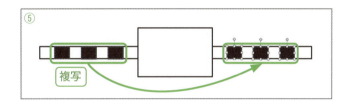

④③で描いた四角形を複写して、線路の上に2つの四角形を貼り付けます。

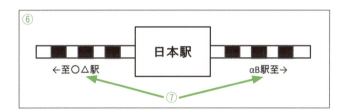

⑤3つの四角形をまとめて（［Shift］キーを押しながらマウスクリック）［コピー］し、駅の右側に［貼り付け］後、配置を調整します。

⑥駅の四角形の中に駅名"日本駅"を入力し、次の書式を設定し、位置を調整します。
・フォント：MS ゴシック
・フォント色：黒
・フォントサイズ：24 pt

⑦［テキストボックス］を選択して四角形を描き、その中に「←至○△駅」を入力し、次の書式を設定します。
・塗りつぶし、枠線：ともになし
・フォント：MS ゴシック
・フォント色：黒
・サイズ：18pt

これを駅の右側に複写し、中の文字を「αβ駅至→」に書き変えます。

Part 1 パソコンのしくみを学ぼう

> **Column** 演習操作での図形の線や色が説明と異なる場合
>
> 使用しているパソコンにインストールされている PowerPoint の既定値に応じて、新たに描画された図形の塗りつぶし色、枠線の色／太さなどが異なります。その図形をクリック後、[塗りつぶし] を白色、[枠線] の色を黒色、太さを 1.5Pt または 2.25Pt に設定してください。以後、同様の操作を繰り返してください。なお、既定値を変更することもできます。先生の指示に従ってください。

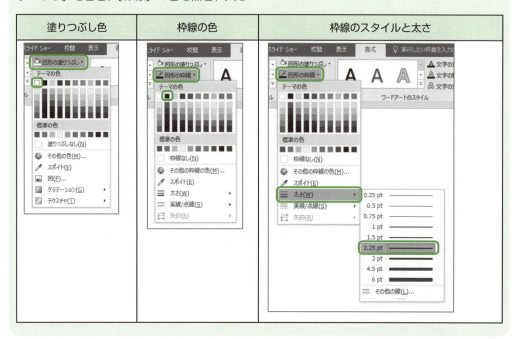

b. 道路の描画……線（直線、フリーフォーム）

① [ホーム] タブの [図形] ボタンをクリックして [線] を選択し、マウスドラッグ操作で、横に線を引きます。

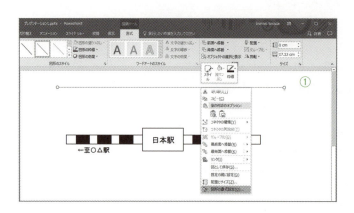

②直線を右ボタン・クリックし、「図形の
書式設定」作業ウィンドウを表示させま
す。
次の書式を設定し、ウィンドウを閉じま
す。
・線の色：35％灰色
・線の幅：30pt

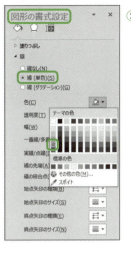

③1本の道路が完成します。

④［線］から［フリーフォーム］を選択し、
始点から終点まで5箇所をマウスクリッ
クして、道路の線を引き、②と同様の操
作で線に次の書式を設定します。
・線の色：35％灰色
・線の幅：20 pt

⑤［直線］ボタンを選択し、マウスドラッ
グ操作で、道路の途中から入り込んでい
る小道の線を引き、線に次の書式を設定
します。
・線の色：35％灰色
・線の幅：15 pt

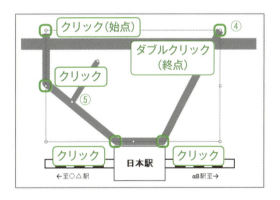

c. 建物の描画……直方体、十字形、正方形／長方形、テキスト・ボックス

⑥ ［基本図形］の［十字形］を選択して、銀行の図を描き、［塗りつぶしの色］を［黄緑色］に設定します。

⑦ ［直方体］を選択して、保育園の図を描き、［ベージュ］で塗りつぶします。

⑧ ［長方形］を選択して、交番を描き、［図形の効果］から［影］［外側］を選択して、影を付けます。［塗りつぶしの色］を［白色］に設定します。

⑨ 銀行の図形をクリックします。上部の緑の丸にマウスポインタを位置付けて、道路の向きと同じになるように図形を回転させます。

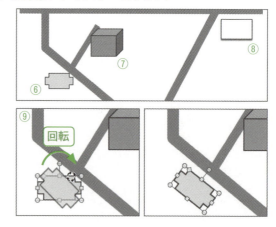

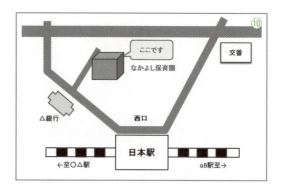

⑩ 「交番」の文字を入力します。「←至○△駅」のテキストボックスを複写して、「△銀行」、「なかよし保育園」、「西口」を描きます。「なかよし保育園」の文字色は赤色にして、「西口」は太字にします。［角丸四角形吹き出し］を選択して、建物表示用の図形を描き、「ここです」を入力し、次の書式を設定します。

- ・塗りつぶし：黄色
- ・枠線の色：赤色
- ・フォント：MS ゴシック
- ・フォント色：赤色
- ・サイズ：18pt

以上で完成です。

3 ファイル保存とPowerPoint終了

できあがったスライドを「ファイル」に保存します。

- ・保存先　　：「ホームフォルダ」内の「UNIT03」フォルダー
- ・ファイル名：イラストLib.pptx

▶ なお、「UNIT03」フォルダーが「ホームフォルダ」の中にない場合は、ここで作成してからファイルを保存してください。

Exercise.2　うさぎを描こう

次に、右の図のような「うさぎ」を描いてみましょう。うさぎの絵は、だ円など丸みを帯びた図形を用いて、図形のコピーや回転を繰り返して描きます。ここでは、曲線、フリーフォームの描画、図形のコピーおよび、回転／反転操作を習得する演習になっています。

・描画の手順
　　①耳の描画
　　②顔の描画
　　③枠、目、鼻、口、ほほとヒゲ

1　Exercise.1 で保存したファイルを開く

デスクトップ上にあるホームフォルダー用のショートカットをダブルクリックして、フォルダーを開き、続けて「UNIT03」フォルダーを開きます。Exercise.1 で保存したファイルのアイコンが表示されるので、これをダブルクリックして、PowerPoint を起動し、ファイルを開きます（①）。「保育園の道案内」スライドが表示され、編集モードになります。そこで、新たに白紙スライドを挿入します（②）。この中に、うさぎの絵を描きます。

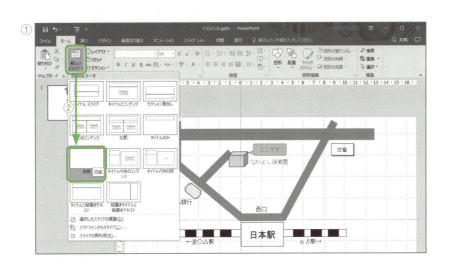

2 うさぎの描画

a. 耳の描画

① ［線］グループの［曲線］を選択して、始点から終点までの6つの点をクリック（終点はダブルクリック）して、右耳の絵を描きます。

② 図をクリックして、次の書式を設定します。
- ・塗りつぶしの色：ベージュ
- ・枠線の色：赤
- ・太さ：4.5 pt

うさぎの右耳の外側ができます。

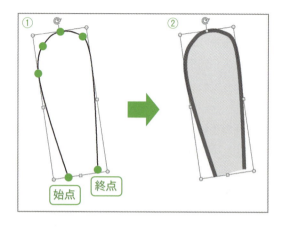

③ ［基本図形］の［だ円］を選択して、耳の内側に描画します。

④ 次の書式を設定した後、上部の ⟳ を左にドラッグして回転します。傾きが耳と平行になったところで止めます。
- ・塗りつぶしの色：桃
- ・枠線：なし

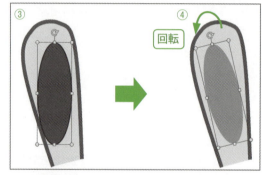

⑤ 耳の外側と内側の図形を範囲選択（ドラッグ）して、［配置］グループの［グループ化］をクリックします。2つの図形が1つにまとまりました。

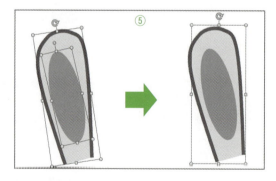

⑥ グループ化した耳の図形を右側に複写（［コピー］＆［貼り付け］）して、左耳を描きます。

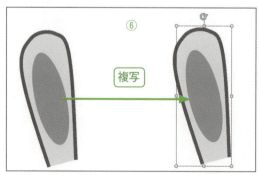

⑦左耳を反転します。左耳をクリックし、[書式] タブの表示メニューから [回転] ボタンをクリックします。[左右反転] をクリックします。これで、両耳が完成しました。

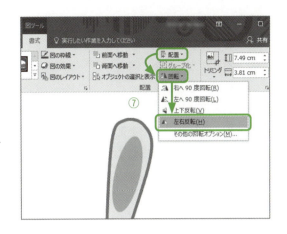

b. 顔の描画

① [基本図形] の [だ円] を選択して、マウスのドラッグ操作で耳の下に顔の枠を描き、耳の外側と同じ書式（塗りつぶし、枠線）を設定します。
- **塗りつぶしの色**：ベージュ
- **枠線の色**：赤
- **枠線の太さ**：4.5pt

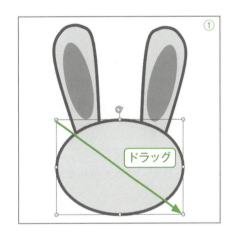

② [楕円] を選択して、顔の中に目の枠を描き、次の書式を設定します。
- **塗りつぶしの色**：黒
- **枠線**：なし

目の色が黒色に変わります。

③右目を複写して、左目を描きます。必要に応じて、目を移動させ顔の中の微妙な位置調整をします。

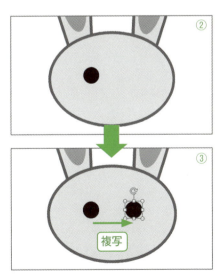

④［基本図形］の［三角形］を選択して、目の下に鼻を描き、次の書式を設定します。
- **塗りつぶしの色：茶色**
- **枠線：なし**

三角形を［上下反転］、鼻のサイズ／配置を調整します。次に、［曲線］を選択して、口を描きます。線の色は、鼻と同じにします。

⑤［基本図形］の［だ円］を選択して、目の下にほほを描き、次の書式を設定します。
- **塗りつぶしの色：ローズ**
- **枠線：なし**

［曲線］を選択して、上のヒゲを描きます。線の色は、鼻と同じにします。上のヒゲを複写して、少し左側に回転して下のヒゲを作ります。

⑥右側のほほとヒゲを範囲選択（ドラッグ）して、右側に複写します。

⑦さらに、それを左右反転します。これで、左側のほほとヒゲができあがります。

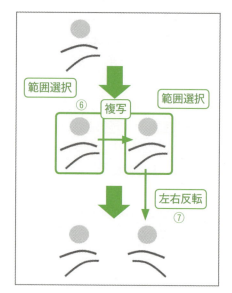

⑧これで、うさぎの絵が完成です。

3 「ファイル」の上書き保存とPowerPointの終了

クイックアクセスツールバーの［上書き保存］ボタン（FDアイコン）をクリックしてファイルを上書き保存し、PowerPointを終了します。（ツールバーの右端×をクリック）。

Exercise.3　ひよこを描こう

Exercise.3では、右図のような2種類のひよこを描いてみましょう。共に同じ形状のひよこですが、左側は単色、右側はグラデーションを使っています。右側の絵のほうが、よりリアルなひよこに見えます。

Exercise.1およびExercise.2の演習で、基本的な描画操作は習得しました。ここでは、最後の仕上げとして、色合いの設定と、図形の重ね合わせ操作に関する演習です。

・描画の手順
　①単色の「ひよこ」の描画
　②各パーツを描画
　③パーツの重ね合わせ（順序設定）
　④グラデーション設定

1 Exercise.2で保存したファイルを開く

デスクトップ上にある「ホームフォルダ」用のショートカットをダブルクリックして、フォルダーを開き、続いて、「UNIT03」フォルダーをダブルクリックします。

保存しているファイルのアイコンが表示されるので、これをダブルクリックして、PowerPointを起動し、ファイルを開きます。

2 白紙スライドの挿入

新たなスライドとして、白紙スライドを挿入します。この中にひよこの絵を描きます。白紙スライドの挿入操作については、Exercise.2を参照してください。

3 単色のひよこの描画

ひよこは、次表に示す図形パーツで構成しています。

項番	パーツ名称	図形	塗りつぶし	枠線色	備考
1	頭	円形	黄色	なし	
2	目　白目 　　黒目	円形 円形	白 黒	なし なし	
3	くちばし	三角形	黄色	なし	上下2種類、回転要
4	胴体	だ円	黄色	なし	回転要
5	尻尾	三角形	黄色	なし	回転要
6	足　足首 　　足先	線 星5	なし 茶色	茶色 黒	2本

※各パーツのサイズについては、見た目での比率で決めてください

図形パーツの形状と重ね合わせの順序関係は次図のとおりです。

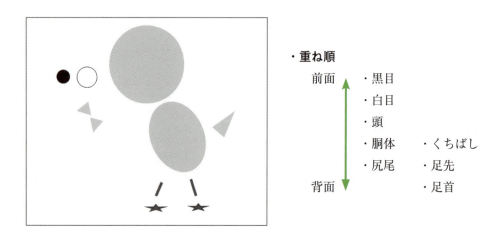

このような構造の図形を作成するには、2通りの方法があります。

第1の方法は、背面のパーツから順番に描画していくやり方です。適度なところでグループ化することによって重ね合わせを単純化することができます。第2の方法は、すべてのパーツをばらばらに作成して、最後に各パーツの順序関係を正しいものに変更しながら重ね合わせていきます。以降の手順説明では、第1の方法で行います。

a. 尻尾の描画

［基本図形］の［二等辺三角形］を選択して、尻尾の三角形を描き、前ページの表に示した書式や色を設定します。次に、尻尾はやや右上がりになっているので、右回転します。

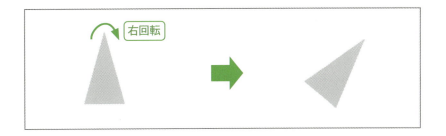

b. 足の描画

　足首を描画した後、足先を描画して、最後に2つを重ねてグループ化します。

① ［直線］を選択して、右足首を描画（書式も設定）します。
② できあがった右足首をコピーして、配置、サイズを調整して左足首を描画します。
③ 右足首の下に［星5］を選択して、足先を描画（書式も設定）します。配置、サイズを調整して、右足を完成させます。
④ 同様の操作で、左足を完成させます。
⑤ 右足、左足それぞれをグループ化します。

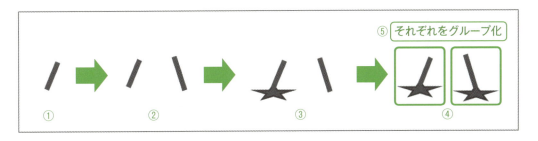

c. 胴体の描画

① ［だ円］を選択して、胴体を描画し、足の上に配置します。
② 書式（塗りつぶしなど）を設定します。
③ 図形を左回転して、胴体を完成させます。

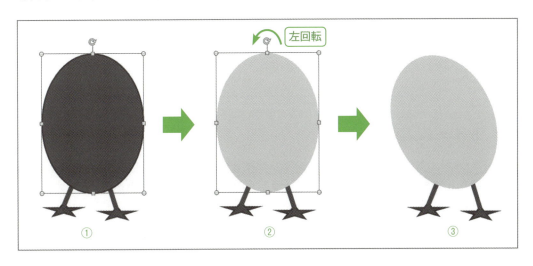

d. くちばしの描画

①胴体の上に、[二等辺三角形]を選択して、描画します。
②書式を設定して、配置、サイズを調整します。
③図形を左回転して、上くちばしを完成させます。
④上くちばしを複写して、下くちばしを描画し、上くちばしと合わせます。サイズ、配置、回転操作をして、上下のくちばしを完成させます。

e. 頭と目の描画

①これまでに作成したパーツの上に[だ円]を選択して、[Shift]キーを押しながらドラッグして円形の頭を描画(書式も設定)します。
②さらに、その頭の中に円形の目を白目、黒目の順に描画します。
これで単色のひよこが完成です。

4 グラデーションの設定

　頭、くちばし、胴体、尻尾にグラデーションを設定します。
　頭の図形の中でマウスの右ボタンをクリックします。表示メニューの中から[図形の書式設定]をクリックして、作業ウィンドウを表示します。
　ここで、黄色と茶色による二色のグラデーションを設定します。

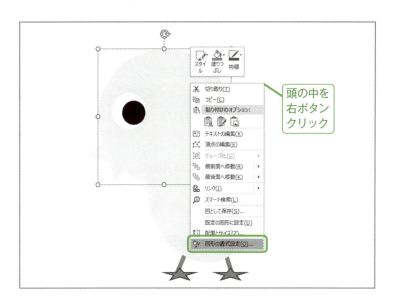

　［塗りつぶし］で［グラデーション］にチェックを付け、グラデーションの一方の分岐点をクリックして、黄色を設定します。グラデーションの種類は、ここでは［放射］を選んでいます。

　同様に、もう一方の分岐点をクリックして、茶色を設定します。

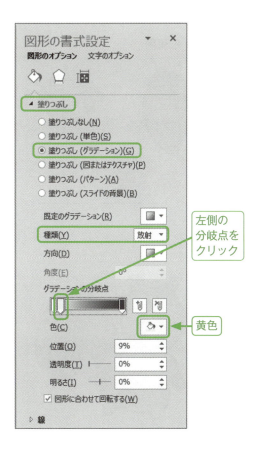
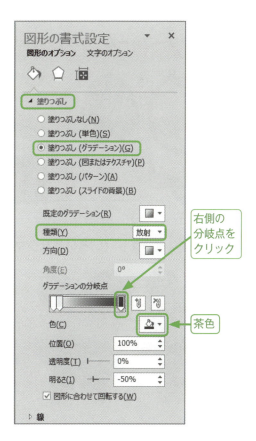

残りの胴体、くちばし、尻尾をクリックして、同様の操作で、それぞれのスタイルのグラデーションを設定します。

なお、すべて同じスタイルのグラデーションを設定する場合には、これらの図形をまとめて選択（[Shift] キーを押しながらクリック）し、グラデーション設定すれば、1回の設定操作で行うことができます。

5 「ファイル」の上書き保存とPowerPointの終了

クイックアクセスツールバーの [上書き保存] ボタン（FDアイコン）をクリックしてファイルを上書き保存し、PowerPointを終了（ツールバーの右端 X をクリック）します。

Let's Try! いろいろな図形を描いてみよう

Excercise1 〜 3 での演習操作を参考にして、下図のイラストを描いてください。図形の大きさ、色などは自由に設定してください。

❶ 曲線、フリーフォーム、グラデーション、テクスチャを利用

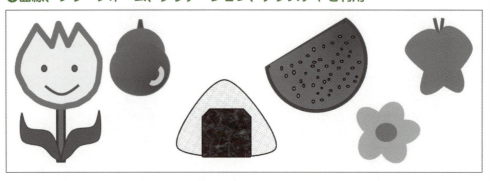

❷ やや複雑なイラスト（いろいろなクマさん人形とリス）

ワープロソフトの機能と操作を学ぼう

おたよりなどの園で配布する文書を作ろう！

Part2では、ワープロソフトのWordを使って文書作成の基本を習得します。サンプルは、実際に保育の現場で使われている文書を使用するので、実践でも役立ててください。

このPartで学ぶこと

Part2では、保育の現場で実際に使用している文書をサンプルにして、コンピューターで作成する電子文書の構成、ワープロソフトなど文書作成ソフトが備えている標準的な機能と基本的な操作方法について学習します。

1 知識の習得

① 文書の構成要素の理解
② 書式 …… ページ書式、文字書式、文章書式
③ ワープロソフトの基本機能

2 操作スキルの習得

① Wordの起動と終了
② 文書の作成・編集操作
　文書の書式設定、ヘッダー／フッターの設定
　文字の書式設定、文字列の編集、文章の書式設定
　画像の挿入・貼り付け、簡易表の作成、簡易図形の作成
③ 文書のファイル保存と読み込み
④ 文書の印刷

本書で使用するMicrosoft Office Systemについて

本書では、Microsoft社のMicrosoft Office Systemアプリケーション（以後、Officeと略す）であるOffice 2016を操作演習の説明に使用しています。Officeは、文書作成処理など、日常のオフィス業務で利用するソフト群がパッケージ統合されたものです。Officeには、Word（ワープロソフト）、Excel（表計算ソフト）、PowerPoint（プレゼンテーションソフト）、Access（データベースソフト）、OneNote（デジタルノート）、Outlook（電子メールなどのコミュニケーションソフト）などが含まれています。本書では、Word、ExcelおよびPowerPointを使用しています。

なお、Office 2010や2007、2013でも操作方法に大きな違いはありません。適宜、読み替えてください。

Introduction 1 ワープロソフト

　大学においても、案内や通知など日常的に利用される一般文書のほか、レポートや論文などさまざまな専門分野の文書が日々作成されています。また、将来、保育の仕事に携わるようになると、保育の現場に即した文書を扱うようになり、コンピューターを活用して、これらの文書を高品質かつ効率的に作成できることが求められます。

> 各種帳票（申請・申告、届けなど）、通知書、クラブの部員募集、出席簿、イベント案内、カタログ／パンフレット、大学案内、教科書／テキスト、報告書（実験レポート等）、設計書、論文（卒業論文、学位論文）、説明書／マニュアル、学校新聞、シラバス（紙版、電子版）、ホームページ　など

文書作成の手順

　ワープロソフトで作成する文書も、基本的には手書きで文書を作成するのと手順は同じです。ワープロソフトでは、文書内への文章などの挿入・移動、文字の飾り付け（フォントやサイズ変更）、配置設定（段落、揃えなど）など、文書の変更がいつでも容易に行えます。そのため、文書作成の途中で仕上がりイメージを細かく気にする必要はなく、思い付くところから作成を進められるという点が手書きの場合と比較して大きな利点です。したがって、文章をある程度作成（入力）してから、イラストや図表を入れ、最後に文字や文章の書式設定や全体の調整を行って仕上げるという手順が比較的むだの少ないやり方です。

　「新たな文書を作成する」場合、「すでに作成済みの文書を更新するまたは、すでに作成済みの文書を再利用して別の文書を作成する」場合でのワープロによる文書の作成手順は、図のようになります。本書での文書作成の手順も基本的にはこの手順で進めます。

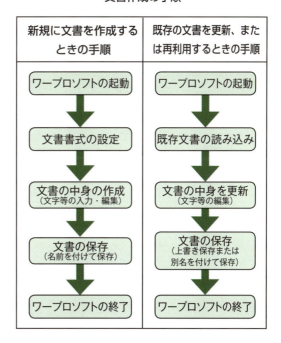

文書作成の手順

Introduction 2 文書の構成

　日常的に利用する文書の多くは、次のような要素で構成されています。これらについてワープロソフトを使って効率よく作成できること、上手に組み合わせ、編集して、文書を完成できるようになることが初心者の最初の目標です。

```
分類1：　テキスト（文字）、表、図形、画像、数式など・・・構成要素
分類2：　表紙、目次、本文、索引など・・・ページの分類
分類3：　編、章、節、項、段落など・・・構造の分類
```

テキスト（文章などの文字データ）

　文書の中心的な構成要素は、主に文字データ（テキスト）であり、テキストにはさまざまな書式が付けられます。まずは、文字の書式を理解して書式付きテキストを作成できるようになりましょう。

書式が付いた文字列の例

書式の種類	例
文字フォント	Century　　　明朝体です　　　ゴシック体です
文字サイズ※	10.5 ポイントです　　12 ポイントです 20 ポイントです
文字スタイル 文字飾り	**太字です**　　*斜体です*　　***太字斜体です*** 下線付きです　　下線付きです　　三重取り消し線付きです　　網掛けです
文字色	黒色です　　灰色です　　緑色です
ルビ	山田太郎（やまだたろう）
文字列の配置	左揃え　　　　　　中央揃え　　　　　　右揃え
均等割り付け	２０××年×月×日 な　か　よ　し　保　育　園
段落／ インデンテーション （インデント）	1. □□□□□□□□□□ 　□□□□□□□□□□□□□□□□□□□□□□□□□□□□ 　1-1　□□□□□□□□□□ 　　（1）□□□□□□□□□□ 　　□□□□□□□□□□□□□□□□□□□□□□□□□□
段組み	一段組み　　　二段組み　　　三段組み

※通常、ワープロソフトで文書作成する場合、文章中の文字サイズは 10.5pt が標準（既定値）になっています

表（簡易表）

　Officeには、表計算ソフト「Excel」とは別に、簡易な表を作成できる［表ツール］があります。

　右のように文字、数値だけで構成されるような単純な表を文書に入れたいときは、Wordの中で［表ツール］を使って作成するのが便利です。

　ただし、複雑な表や計算式を多く含んだ表、台帳形式の表などは、後述のExcelで作成する方がよいので、上手に使い分けてください。［表ツール］の詳細な使い方については、Unit5を参照してください。

簡易表の例

クラス名	年齢	担任	人数
きりん組	5歳児	佐々木	20名
ぱんだ組	4歳児	田村	22名
ひつじ組	3歳児	小川	19名
うさぎ組	2歳児	田中	20名
りす組	1歳児	佐藤	15名
ひよこ組	0歳児	中村・飯島	10名

図形（簡易図形、イラスト）

　Officeには、前述の［表ツール］と同様に、簡単な図形を作成する機能［描画ツール］があります。すでにUnit3でPowerPointのスライドの中で作成する演習を行ってもらいました。

　この［描画ツール］を利用して、右図のような図形やイラストをWord文書の中で描くことができます。

簡易図形の例

画像（写真など）

　Officeには、デジカメで撮った写真、画像編集ソフトや「ペイント」で作成した画像、Webページなどにある画像などを文書の中で編集できる［図ツール］があります。Word文書の中でも、画像を読み込んで好みのスタイルに仕上げることができます。

画像の例

数式

　Officeには、次のような数式を記述するためのツール［数式ツール］があります。［数式ツール］は、すべてのOfficeで使用できます。

数式ツール

Microsoft Wordの操作

Part 2 ワープロソフトの機能と操作を学ぼう

　Wordを使用してワープロソフトの機能を習得します。Unit4～5での操作演習の前に、ここではWordの使い方について説明します。

　初心者が習得すべきワープロソフト機能は、次表に示すとおりです。

習得すべきワープロソフトの機能

1. ワープロソフトの起動と終了 2. 文書の作成・編集操作 　(1) 文書の書式設定……ページ設定 　　① サイズ 　　② 余白 　　③ 行文字数、頁行数 　(2) ヘッダー／フッターの設定 　(3) 文字の書式設定 　　① 文字フォント 　　② 文字サイズ 　　③ 文字色 　　④ 代表的な文字スタイル／飾り 　　　(太字、斜体、下線) 　(4) テキストの編集 　　① テキストの削除 　　② テキストの移動 　　③ テキストの複写 　(5) 文章の書式設定 　　① 配置揃え(両端、中央、右、左) 　　② 均等割付 　　③ 段落 　　④ 段組み 　(6) 画像の挿入・貼り付け 　　① 画像ファイルから 　　② クリップアートから	③ 起動中の他ソフトから 　　④ 貼り付けた画像のサイズ変更 　　⑤ 貼り付けた画像の削除 　　⑥ 貼り付けた画像の複写 　　⑦ 貼り付けた画像の移動 　(7) 簡易表の作成 　　① 文書内に表を挿入 　　② セルのサイズ変更(横幅、高さ) 　　③ セルの結合 　　④ セルの分割 　　⑤ 罫線の設定 　　⑥ セルの色付け(塗りつぶし色) 　　⑦ 表の削除 　　⑧ 表の複写 　　⑨ 表の移動 　(8) 簡易図形の作成 　　① 作図と編集 　　② 図形の削除 　　③ 図形の複写 　　④ 図形の移動 3. 文書のファイル保存と読み込み 　(1) 初めての文書を名前を付けて保存 　(2) 既存の文書を更新して上書き保存 4. 文書の印刷

Wordの起動と終了

　Wordの起動や終了の方法にはいくつか種類があります。用途によって使い分けてください。

● Wordの起動

　Part1のp.35で説明した操作（デスクトップ上のWord用ショートカット、タスクバーのアイコン使用など）でWordを起動します。新規の文書を作成する場合は、起動画面で「白紙の文書」をクリックすると、Wordの新規作成画面が表示されます。ウィンドウ内の白紙のところに文章などを記述していきます。

● Word の終了

　Word を終了するには、ウィンドウ右上端の［閉じる］ボタン×をクリックします。

　なお、ファイルが保存されていない状態で終了しようとすると、下の画面のような確認メッセージが表示されます。保存が必要な場合は、［保存］ボタンをクリックすると上書き保存されます。別名で保存したい場合や保存先を変更したい場合などは、［キャンセル］ボタンをクリックし、改めて［名前を付けて保存］をクリックします。

　保存が不要な場合は、［保存しない］ボタンをクリックすると、Word が終了します。ファイル保存の操作方法については、p.153 を参照してください。

リボンの機能

　Office では、関連機能をタブごとにグループ化した「リボン」と呼ばれるインターフェースが採用されています。ここでは、リボンに整理された各タブの内容を解説します。

●コアタブ

標準で常に表示されている代表的なタブには、次の9種類があります。

タブの名前	説　明
ファイル	ファイルの読み込みや保存（新規保存と上書き保存）、ファイル情報、印刷、ヘルプ、Word終了などのメニューからなるリボン。このタブをクリックすると、Backstageビューと呼ばれる画面が表示され、上記メニューを選択できる
ホーム	表の作成や編集など、Wordで使用頻度の高いツールがまとめられたリボンで、ホームポジションのタブとして、Word起動時にはいつも最初に表示される。コピー、切り取り、貼り付けなどのクリップボード操作、文字フォント、段落などページ内の配置の設定機能、ページ内の検索など編集機能に関するボタン群がグルーピングされている
挿入	ページ内への挿入操作に関連したリボン。表紙など種々のページのひな型、改ページ、表、画像、図形など図関連、各種リンクの設定、種々のグラフ、テキスト関連、数式などを挿入するためのボタン群が入っている。ページ内に何かを挿入したいときに、このタブをクリックする
デザイン	文書の装飾的スタイルを一括して設定するリボン。文書を見映えよく整える機能がまとめられており、ワンタッチでスタイル設定ができる。Word2013以降のバージョンで追加されている。
レイアウト	印刷関連の機能が中心のリボン。ページの書式設定、印刷ページのレイアウト操作などの印刷制御関連のボタン群が入っている
参考資料	論文などを作成する際の支援機能がまとまったリボン。目次、脚注、引用文献と文献目録、図表、索引の作成に関するボタン群が入っている
差し込み文書	差し込み印刷関連の機能ボタンが集まっているリボン
校閲	文章の校正、コメント挿入、変更履歴、変更操作、文書の保護など校閲に関するリボン。複数の人と文書を共有する場合などに、校閲作業に便利な機能で構成されている
表示	文書の表示スタイルの切り替え、ルーラーやグリッド線などの表示、表示のズーミング、ウィンドウ制御など、画面の表示に関する機能が集まっているリボン

▶「レイアウト」タブは、Word2010 または 2013 を使用している場合は「ページレイアウト」になります。

●コンテキストタブ　－必要なときに自動的に現れてくるツール－

文書内に挿入されたオブジェクトが選択されたときにだけ表示されるリボンです。

- 写真やイラストなどの画像　　　　：［図ツール］タブ
- ［描画ツール］で作成した作図　　：［描画ツール］タブ
- ［表ツール］で作成した簡易表　　：［表ツール］タブ
- ［グラフツール］で作成したグラフ：［グラフツール］タブ
- ［数式ツール］で作成した数式　　：［数式ツール］タブ

　オブジェクトの挿入操作は、前述の［挿入］タブを使用します。挿入されたあとは、そのオブジェクトをクリックすると自動的に現れて、そのオブジェクトに対する操作が行われている間は表示されています。挿入したオブジェクトに対する編集などの操作をしたいときに、利用者がツールを呼び出さなくても自動的に呼び出してくれるという便利な機能です。

・コンテキストタブの表示例（［表ツール］の場合）

　次の画面に示すように、文書ページ内に作成した表をクリックすると、「ウィンドウ」上部に［表ツール］のリボンが表示されます。このリボンには、タブが2つあります。［デザイン］と［レイアウト］です。［デザイン］タブには、表のデザイン（罫線、塗りつぶしなど）や、スタイルの選択などの機能がまとまっています。［レイアウト］タブには、表の構造（行列操作）、セルの結合・分割、サイズや配置選択などを行うための機能で構成されています。

［表ツール］例：挿入した表をクリックしたとき

Column　Office2007のOfficeボタン

Office2010の前バージョンであるOffice2007の場合、ウィンドウの左上隅にあるOfficeボタンが［ファイル］タブに相当します。ファイルの保存や読み込み、印刷などを行うときには、このボタンをクリックします。Office2007を使用されている場合は、本書での［ファイル］タブの記述をOfficeボタンに読み変えて操作してください。

Officeボタン

文書の作成・編集操作

　それでは、実際に文書を作成していきましょう。まず、作成したい文書の書式を設定します。

●ページ様式の設定
・文書全体の書式設定

　最初に、用紙の大きさなど、文書全体のレイアウトを決めます。本文など中身を作成してから全体のレイアウトを決めることもできますが、最初に行うほうが効率的です。［レイアウト］タブ（Word2010および2013では「ページレイアウト」タブ）を選択し、さらに［文字列の方向］［余白］［サイズ］のグループを選択して値を設定します。

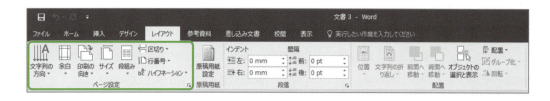

近年、「A4 縦」「横書き」のスタイルが一般的です。日常的に使用する A4 サイズ文書では、1 ページの行数は 30 行～40 行、1 行の文字数は 40 文字程度、余白は上下左右ともに 30mm 程度に設定しましょう。

必要最低限の設定を手軽に行いたい場合には、[ページ設定] グループに表示されている [文字列の方向]～[段組み] の各アイコンを使います。それぞれの既定値を画面の下に示します。

文字列の方向　　余白　　印刷の向き　　サイズ　　段組み

既定値

| 横書き | 上 35mm 下左右 30mm | 縦型 | A4 | 1 段 |

Column　画面に表示される文書の表示倍率

画面の表示倍率は、次の操作で設定・変更することができます。

・[表示] タブの [ズーム] グループのアイコンを使用

・[ズームスライダー] を使用
　スライダーを左右にマウス移動する

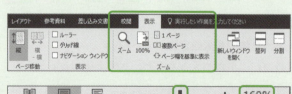

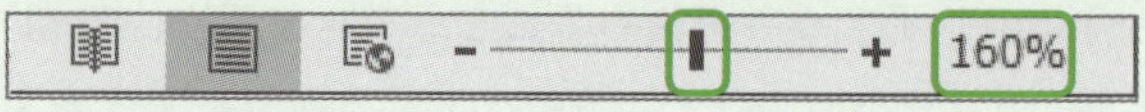

また、メニュー一覧から選ぶだけでなく、利用者の好みで細かく設定できます。［ページ設定］グループの右側にあるダイアログボックス起動ツール（ ）をクリックします。「ページ設定」ダイアログボックスが表示されるので、各タブをクリックして設定します。

※1行の文字数については、Wordの設定値に任せるのがよいでしょう

・上下余白部の利用……ヘッダー部とフッター部
　パンフレットのような簡易文書の場合にはあまり利用されませんが、ヘッダー、フッター機能を使用すると、文書管理番号（ページ番号）や校閲情報などを、本文枠の外側（余白部分）に設定することができます。複数のページからなる文書の場合は、設定したページ以降のすべてのページにヘッダーまたはフッターが表示されます。

ヘッダー、フッターの付いた文書の例

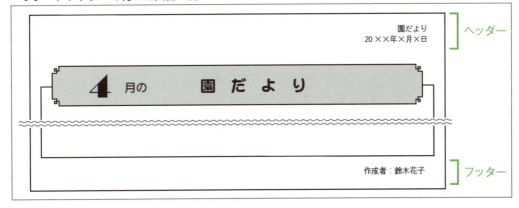

①ページ上部の余白内に入れる場合は、［挿入］タブをクリックし、［ヘッダーとフッター］グループから［ヘッダー］を選択します。表示されたパターンからスタイルを選んで、ヘッダー

情報（上部タイトル）を入力します。
②ページ下部の余白内に記述する場合は、[フッター]を選択し、表示されたパターンからスタイルを選んで、フッター情報（下部タイトル）を入力します。

もしくは、[挿入]タブをクリックし、[ヘッダー]（または[フッター]）をクリックし、表示されるメニューから[ヘッダーの編集]（または[フッターの編集]）を選択します。

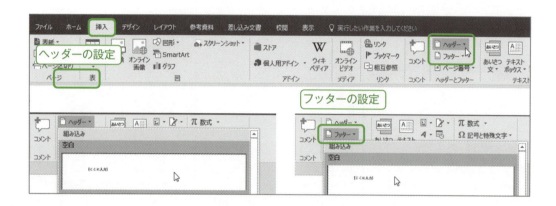

●記述項目、スタイル、配置の設定

ページ内の本文枠に記述する項目、様式および配置を決めます。通知文書など、その文書の発信先が多い場合には、記述項目に漏れがあると、作り直して再発行するなど影響が大きいので、事前にこれらの項目の記述標準（ガイドのようなもの）を用意しておきます。

・文書に盛り込むべき項目を決める

通知、案内などの発信文書では、次のような項目はほぼ必須なので、覚えておいてください。同種の文書を定期的に作成する場合は、ひな型（テンプレート）を作り、以降はそれを利用することでミスが少なく効率的です。

①発信日：特に指定がないときは、作成している日にする
②発信先：文書の発信先をもれなく明記する（代表名の設定でもかまわない）
③タイトル：目的にあった文書タイトルを考えて設定する
④発信者　：所属、肩書を含めて氏名まで明記する
⑤発信内容：発信目的（何を、だれに、なぜ）や詳細内容（いつ、どこで等）
⑥返信内容：何を、だれに、いつまでに返信するかについて

・上記項目に対する書式、配置を決める

各項目をどのようなスタイル（文字フォント、サイズ、色など）にするか、どこに配置するかを決めます。これらは慣習的に標準のようなものがあります。それに従うのがよいでしょう。
　たとえば、次のようなものが標準例の1つです。

上記①〜⑥の順番でページの上段から記述します。配置は、次のとおりです。

①発信日　　：　右詰め
②発信先　　：　左詰め
③タイトル　：　中央揃え
④発信者　　：　右詰め
⑤発信内容　：　右インデント付け又は中央揃えで列挙
⑥返信内容　：　同上

● **各項目の作成**

・**文字のフォント設定（変更）**

　入力した文字の書体、大きさ、色、強調など、フォントを設定（変更）するには、［ホーム］タブの［フォント］グループを使用します。

①対象文字列をマウスでドラッグします（文字が反転表示されます）。
②［ホーム］タブの［フォント］グループのボタンを使用して下記の設定を行います。

［フォント］、［文字サイズ］、［BIU］（太字、斜体、下線）、［A］（文字の色）など

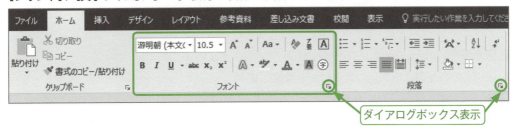

ダイアログボックス表示

・**文字列の配置**

　文字列の配置（左右や中央）や行間を調整します。自分で空白文字や改行文字を使って、配置を操作することもできますが、あとで余白の調整を行った場合などにページ全体の構造が崩れることがあります。再調整の場合でも設定が崩れないようにするためには、配置や行間の機能を使用しましょう。いずれも、［ホーム］タブの［段落］グループの中にある各ボタンを使います。

①左揃え　　：左端に揃える
②中央揃え　：中央に揃える
③右揃え　　：右端に揃える
④両端揃え　：左右の余白に合わせて配置
⑤均等割り付け：指定した幅で均等に配置
⑥行間隔の設定：表示されたメニューから間隔数を選択

横の配置と行間の設定

Column　ダイアログボックスによるフォントや段落の設定

フォントおよび段落のグループの右下隅には、ダイアログボックス起動ツールの呼び出しボタン（ ）があります。このボタンをクリックすると、下図のようなダイアログボックスが表示されます。これを使ってフォントや段落の設定を一括して行うことができます。

「フォント」ダイアログボックス

「段落」ダイアログボックス

◎配置例

発信文書の先頭部を下記のように配置設定します。

　　　発信先　：保護者の皆様　………………………「左揃え」
　　　発信日　：平成 XX 年 4 月 25 日　………………「右揃え」
　　　タイトル：第 32 回　ふれあいルームのお誘い …「中央揃え」
　　　発信者　：なかよし保育園　　園長　服部花子 …「右揃え」

① ［ホーム］タブをクリックし、配置を変更したい文字列（発信元）をマウスのドラッグで選択します。
② ［左揃え］ボタンをクリックします。
　同様の操作で、残りの文字列（タイトル、発信者）をそれぞれ配置設定します。

[配置設定前の文書]

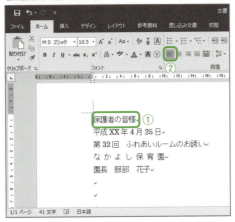 

[配置設定後の文書]

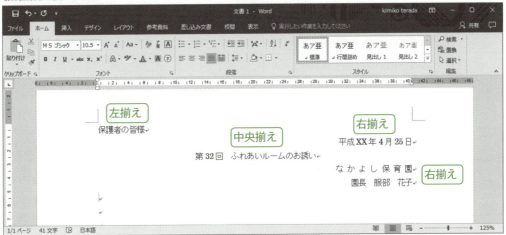

●テキストの編集（複写・移動・削除）

　テキスト編集の基本操作は、「複写（コピー＆ペースト）」、「移動（カット＆ペースト）」および「削除（切り取りまたはデリート）」の３つです。

　元のテキスト（文字や文字列）をそのまま残して、別の位置に同じテキストを挿入することを「テキストの複写」と言い、元のテキストを削除して別の位置に挿入することを「テキストの移動」と言います。複写の場合には、同じテキストを複数箇所に貼り付けることができます。

　複写・移動・削除の一般的な操作方法には、次の４つがあります。複写および移動は、いずれもクリップボード経由で行います。複写元（または移動元）のテキストをいったんクリップボードに移送したあと、クリップボードの中身を複写先（または移動先）に貼り付けるという２段階の操作です。そこで、複写操作を「コピー＆ペースト」、移動操作を「カット＆ペースト」といった言い方をします。

・［ホーム］リボンの［クリップボード］グループでのアイコン操作

141

- マウスの右クリックによるメニュー操作
- ドラッグ＆ドロップ操作
- ショートカットキー操作

操作の種類	テキストの複写	テキストの移動	テキストの削除
[ホーム]リボン操作	複写元のテキストを範囲選択（ドラッグ操作等）し、クリップボードグループの[コピー]をクリックする。文書内の複写先の位置をクリックして、[貼り付け]をクリックする	移動元のテキストを範囲選択し、クリップボードグループの[切り取り]をクリックする。文書内の移動先の位置をクリックして、[貼り付け]をクリックする	削除するテキストを範囲選択し、クリップボードグループの[切り取り]をクリックする
マウスの右ボタン操作	複写元のテキストを範囲選択し、マウスの右ボタンをクリックして表示されたメニューから[コピー]をクリックする。文書内の複写先の位置で右ボタンクリックし、表示されたメニューから[貼り付け]をクリックする	移動元のテキストを範囲選択し、マウスの右ボタンをクリックして表示されたメニューから[切り取り]をクリックする。文書内の移動先の位置を右ボタンクリックして、表示されたメニューから[貼り付け]をクリックする	削除するテキストを範囲選択し、マウスの右ボタンをクリックして表示されたメニューから[切り取り]をクリックする
ドラッグ＆ドロップ	複写元のテキストを範囲選択し、[Ctrl]キーを押しながら、複写先の位置までマウスカーソルを移動（ドロップ）し、複写先でマウスボタンを離す	移動元のテキストを範囲選択し、移動先の位置までマウスカーソルを移動（ドロップ）し、移動先でマウスボタンを離す	
ショートカットキー操作	複写元のテキストを範囲選択し、[Ctrl]キーと[C]キーを同時に押す。文書内の複写先の位置をクリックして、[Ctrl]キーと[V]キーを同時に押す	複写元のテキストを範囲選択し、[Ctrl]キーと[X]キーを同時に押す。文書内の移動先の位置をクリックして、[Ctrl]キーと[V]キーを同時に押す	削除するテキストを範囲選択し、[Delete]キーまたは[BackSpace]キーを押す

◎複写および移動操作の例（リボン操作）

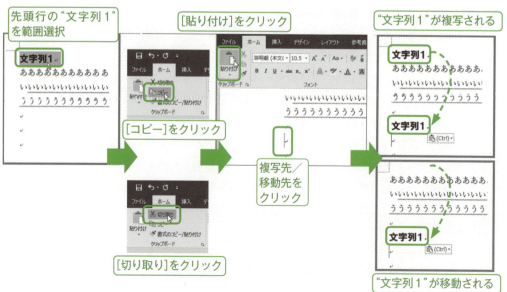

◎複写操作の例（右ボタン操作）

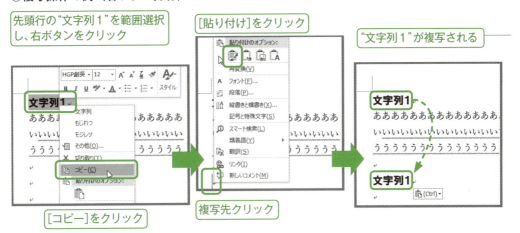

● 箇条書きと字下げ（インデント）

・[箇条書き] または [段落番号]

　通知文書や案内文書で、一般的に"記"〜"以上"の区間における記述や、ちらしなどを作成する際に、詳細項目を短い文字列で列挙するような場合の操作です。

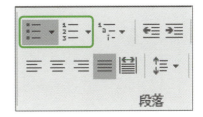

　[ホーム] タブの [段落] グループにある [箇条書き] または [段落番号] を使用します。項目の列挙では、項目番号（1.、2.……、①、②、……など）や記号（◆、◇、・など）の文字を行の先頭に付けます。

　たとえば、講演会の案内での次のような項目を考えます。

講演テーマ：	これからの保育
講　　　師：	○○保育園　園長　日本　太郎様
開催　日時：	平成 yy 年 m 月 d 日（土）10：30〜12：00
開催　場所：	△△大学　講堂

　上述の箇条書き項目を例に、先頭に段落番号または、行頭文字の追加操作を以下に示します。最初に、番号を付けないで箇条書き項目だけの4行分を記述し、範囲選択します。

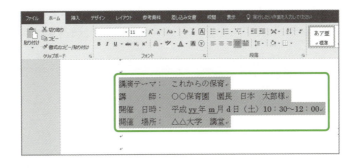

・段落番号の付与

　次に、[ホーム] リボンの [段落] グループにある [段落番号] アイコン（右端の▼）をクリックし、表示された番号タイプ一覧から好みのタイプを選択します。自動的に各項目の先頭に段落番号が付きます。

・行頭文字の付与

　同じ [段落] グループにある [箇条書き] アイコン（右端の▼）をクリックして、表示された文字群から好みの文字を選択します。今度は、各行の先頭にその文字が付きます。

段落番号の付与例

行頭文字の付与例（◆を選択）

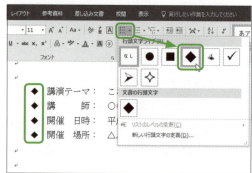

・行頭の位置調節……インデント

　段落に対して行頭を下げたり（字下げ）、行末を上げたり（字上げ）したい場合は、「インデント」機能を使います。

　[ホーム] タブの [段落] グループ内にある [インデントを増やす]、[インデントを減らす] を使用します。
字下げ（右側にずらす）したいときは、[インデントを増やす] を使い、字下げしたものを左側に戻したり、行末の位置を上げたいときは、[インデントを減らす] をクリックします。

　インデント設定操作の手順は、次のとおりです。

　位置調整したい行を範囲選択し、字下げ（または字上げ）したい文字数だけ [インデントを増やす]（または、[インデントを減らす]）アイコンをクリックします。

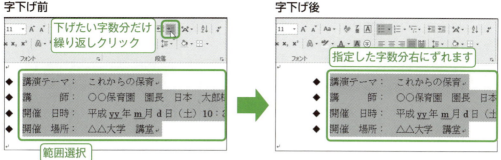

▶ 前述箇条書きに対して字下げする場合には、まず、［箇条書き］（または［段落番号］）設定を解除し、インデント操作を行ってから、再度、［箇条書き］（または［段落番号］）の設定をしてください。

● 段組み

　文書の段数の既定値は1ですが、2段以上の段組みを設定できます。［レイアウト］タブにある［ページ設定］グループの［段組み］を使用します。

　新たに文書を作成する場合など、最初に［レイアウト］リボンの［ページ設定］グループにある［段組み］または［余白］のアイコンを使用して段組みを設定してから文章などを入力していくと、設定どおりの段組みスタイルで文書ができ上がっていきます。最初に設定しなくても、文書作成の途中で別の段数に変更することもできます。また、最初はすべて1段で作成しておいて、あとから段落単位で段数を設定することもできます。

・最初から段数を設定する方法
◎操作例：［ページ設定］ダイアログボックスを使用
① ［余白］アイコンの▼、［ユーザー設定の余白］の順にクリックして、［ページ設定］ダイアログボックスを表示します。
② ［文字数と行数］タブを選択して、［段数］を設定します。文字数など詳細はWordにお任せで段組み設定ができます。

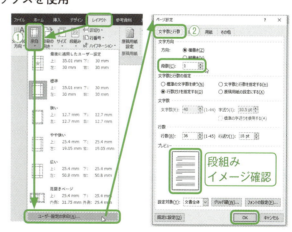

◎操作例：［段組み］アイコンを使用

① ［段組み］アイコンの▼をクリックすると、メニューが表示されます。
② 任意の段数を選択（1段〜3段）します。
③ 「段組みの詳細設定：をクリックすると、段数や段幅を自分で設定することもできます。

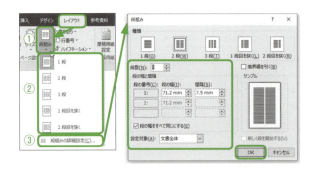

・あとから段数を設定する方法

　段組みを設定する範囲（段落など）を選択したあと、前述（最初から段数を設定する方法）の操作をします。選択した範囲に段数等が設定されます。

段組み前

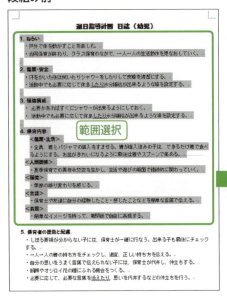

段組み後

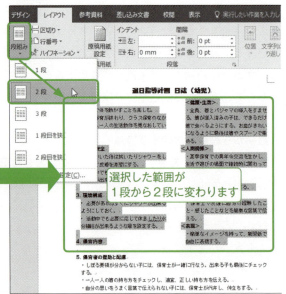

●ページ数の多い文書作成に便利な機能

・ページ番号を付ける

　ページの上部または下部に種々のスタイルでページ番号を付けられます。

　文書にページ番号を付けるには、［挿入］タブの［ヘッダーとフッター］グループにある［ページ番号］ボタンを使用します。

◎ページ番号設定例：ページ下部右端に番号付け

① ［ヘッダーとフッター］グループにある［ページ番号］ボタンをクリックします。
② ［ページの下部］をクリックします。
③ 目的のスタイル（ここでは右端の［番号のみ3］）を選択します。
④ ページの下部、右端にページ番号が付きます。

・目次の自動生成

　Wordには、目次を自動生成する機能があります。目次の中に表示したい見出し項目（編、章、節など）の行などに、［ホーム］タブの［スタイル］グループ内から選んだ「スタイル」（［見出し1］、［見出し2］など）を設定しておきます。文書ができあがってから、［参考資料］タブの［目次］ボタンを使用すると、自動的に目次を作成してくれます。

◎目次の自動生成例

① 事前に目次対象の見出しに対して、次のようなスタイル設定をしておきます。
　編の見出し（第一編、第二編）には［見出し1］のスタイルを設定し、章見出し（第1章～第3章）には［見出し2］のスタイルを設定します。
② 目次にしたいページの先頭行をクリックします。
③ ［参考資料］タブの［目次］ボタンをクリックします。
④ 表示された目次の種類を選択します。

147

⑤右のように目次が自動的に作成されます。

画像の取り込みと編集

　文書の中に画像を取り込んで貼り付けるには、次のような方法があります。ここでは、それぞれの取り込み操作の手順を概略のみ説明します。具体的な操作例については、Unit5の演習を参照してください。

①画像ファイルから読み込む
②クリップアートを取り込む
③Webページ上の画像を貼り付け
④ウィンドウ画面のキャプチャ

❶画像ファイルから読み込む

　パソコンやUSBメモリーなどに保存されている画像を読み込んで、文書内に貼り付けます。下記の手順（①～④）で行います。

①文書内の画像を貼り付けたい位置にカーソルを移動しクリックします。
②［挿入］タブをクリックして、［図］グループにある［画像］アイコンをクリックします。
③「図の挿入」ダイアログボックスが表示されます。貼り付けたい画像のファイル名を指定し、［挿入］ボタンをクリックします。
④文書内に貼り付けられた画像の縦横サイズをドラッグ操作で調整します。

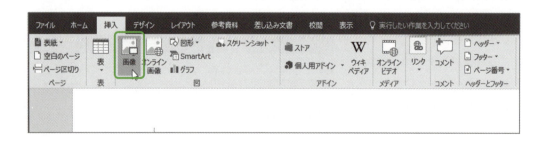

Column　画像形式について

　画像を作成したアプリケーションやデジタルカメラなどの違いによって、作成される画像の形式はさまざまです。保存された画像ファイルの形式は、ファイルタイプ（ファイル拡張子）によって分類されています。
　一般的な画像作成・編集ソフト、インターネット等で日常よく使われる画像形式の種類は、主に下表に示すようなものがあります。また、これら代表的な画像形式については、国際的にもほぼ標準化されており、一般的な画像作成・編集ソフトでは、保存時のファイルタイプとして、これらを選択できるようになっています。

◎画像形式の種類

画像形式名	拡張子	説明（特徴など）
JPEG	jpg	フルカラー画像が扱えて、画像圧縮されているので容量が小さいという利点がある。Webでの利用を含めて、画像形式の中で現状最も多く利用されている形式。圧縮率を利用者が指定して保存できるが、圧縮率を高めると画質が低下する。また、何度も編集保存を繰り返すと、画質の劣化を起こしてくるので注意が必要
GIF	gif	256色までしか出せない。容量はさほど大きくないが、現在では、写真など画質の良さを要求する画像には向かない。ホームページ等のボタンやGIFアニメーションなど、限られた場所で利用される
ビットマップ（または、Windowsビットマップ）	bmp	フルカラー画像が扱え、画像を構成するすべての点（ピクセル）に対して、固定長の情報を保持する。圧縮等による画質の劣化はないが、画像の容量がとても大きいのが欠点。現在では、あまり使われない形式
PNG	png	JPEG同様にフルカラーの圧縮型で、特徴もほぼJPEGに同じ。JPEGの後継として国際標準化された形式だが、現在もJPEGの普及率のほうが圧倒的に高い
PICT	pcz pct pic	Macintoshで使用されている画像形式で、フルカラーで圧縮型／非圧縮型がある。現在では、Windows上のOfficeから読み込み可能
RAW形式	さまざま	デジカメなど各機器で個別に特化した高画質の画像情報を有しており、極めて高解像度であるという利点はあるが、容量が極大なのが欠点。写真の専門家など、特定の利用者向けの形式。利用する場合は、JPEG等に変換して使うのが一般的

❷クリップアートを取り込む…利用に際しては、使用条件など要注意

　かつては、Officeの利用者が無償で使えるクリップアートという画像ライブラリが提供されていましたが、現在は廃止されました。Microsoft提供のライブラリ自体は廃止されましたが、インターネット上に公開されている画像を探して取り込むことができます。各アイコンをクリックすると、公開画像を検索するウィンドウが表示され、検索キーワードを入力すると関連画像の一覧が検索表示されます。この中から好みの画像を選択して、文書内に貼り付けます。

Wordのバージョン	取り込みに使用するリボンとアイコン
Word2013および2016	[挿入]タブの[図]グループにある[オンライン画像]アイコン
Word2007および2010	[挿入]タブの[図]グループにある[クリップアート]アイコン

ただし、検索される画像は、有償・無償さまざまなので、利用に際しては細かな確認（使用料、著作権など）が必須です。先生に相談するなどして、くれぐれも勝手に利用しないようにしてください。

❸ Webページ上の画像を貼り付け　－画像の著作権表示を必ず確認すること！－

Webページに表示されている著作権フリー画像を文書内に貼り付けます。ここでは、厚生労働省のページにあるマタニティマークの画像を例に解説します。

次の手順（①～⑤）で行います。

◎ Webページの画像貼り付け例

① 厚生労働省のサイトで「子ども・子育て支援」のページにアクセスします（http://www.mhlw.go.jp/stf/seisakunitsuite/bunya/kodomo/kodomo_kosodate/index.html）。画面右下部の「リーフレット一覧」から「マタニティマーク」をクリックします。表示されたページでさらに「マタニティマークのデザイン及び利用方法」をクリックします。

② コピーしたい画像の上で右ボタンをクリックして、表示されたメニューから［コピー］をクリックします。

▶ ここで［画像に名前を付けて保存］を選ぶと、ファイルに保存できます。
また、マタニティマークについては、同ページに用途別にダウンロード用データが用意されているので、好みのものをダウンロードできます。

③ 貼り付けたい文書を開いて貼り付け位置をクリックします。

④ ［貼り付け］ボタンをクリックします。

⑤ マークが文書内に貼り付けられるので、ドラッグ操作で画像のサイズを調整します。

Webページのウィンドウ

画像のページに移動

> **Column　著作権について**
>
> その画像の著作権がフリーであることを明示しているものだけを利用すること。著作権について何も書かれていない場合は、利用できないと解釈したほうがいいでしょう。また、学校等での教育利用が許されていても、学外での個人使用は許されないものも多いので注意してください。

❸ウィンドウ画面のキャプチャ

　モニターの画面に表示されているウィンドウなどのイメージそのものを画像として文書内に貼り付けます。この操作を「画面をキャプチャする」といいます。操作ガイドなどを作成したい場合に便利です。

・スクリーンショット機能を利用

　Wordには、画面のイメージを取り込むスクリーンショット機能が用意されています。下記に示す手順（①〜④）で行います。

①文書内の貼り付けたい位置にカーソルを移動します。
②［挿入］タブをクリックし、［図］グループの中にある［スクリーンショット］をクリックします。
③デスクトップ上のウィンドウ一覧が表示されるので、キャプチャしたいウィンドウを選んでクリックします。

④ウィンドウ全体または、矩形領域のイメージがカーソル位置に貼り付けられます。貼り付けた画像の縦横サイズをドラッグ操作で調整して終了です。

▶ ウィンドウ内の矩形領域を切り取ることもできます。

・Windows 標準の画面キャプチャ機能を利用

　スクリーンショット機能がない場合には、下表に示すWindows標準のキャプチャ機能が使えます。

取り込み対象	キャプチャ操作の手順
デスクトップ画面全体	キーボード上段の［PrintScreen］キーを押す
アクティブウィンドウ	［Alt］キーと［PrintScreen］キーを同時に押す

　キャプチャ画像はクリップボード上に保存されるので、そのままのイメージで文書内に貼り付ける場合は、貼り付けたい場所にカーソルを合わせ、［ホーム］］リボンの［クリップボード］グループにある［貼り付け］をクリックします。キャプチャ画像の一部（矩形領域）を切り取っ

151

て貼り付ける場合には、画像編集ソフト（Windows アクセサリの［ペイント］でも可能）で編集してから貼り付けてください。

❹簡易表の作成　－［表ツール］の利用－

文書内の任意のところに表を作成することができます。［表ツール］の具体的な操作方法については、p.168 を参照してください。

❺簡易図形の作成　－［描画ツール］の利用－

Word 文書内に簡単な図形を描画するには、［描画ツール］を使用します。

Part1 で操作演習したように、さまざまなパーツ（基本図形など）を編集・加工、組み合せることで、イラストや地図などの図形を描くことができます。［描画ツール］の具体的な操作法については、UNIT3 での演習を参照してください。

❻数式の作成　－［数式ツール］の利用－

［数式ツール］を利用すると、文書の中でさまざまな数式がきれいに記述できます。いろいろな分野の数式のひな型が数多く用意されており、パラメータに数値を埋め込むなどの簡単操作で、難しい数式も容易に作れます。論文作成などの場面で必要になったときに使ってください。

数式を記述したい箇所をクリックし、［挿入］リボンの［数式］アイコンをクリックすると、数式のデザインテンプレートの一覧などが数式ツールの［デザイン］タブに表示されます。

◎数式の入力の操作例（分数と上付き文字の例）

①デザインテンプレートの中から［分数］または［上付き／下付き文字］を選択します。
②表示された形式一覧から任意のものを選択します。
③入力枠が挿入されるので、升目に数字を入れて完成します。

分数テンプレート

上付き／下付きテンプレート

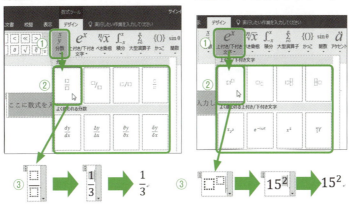

文書のファイルの保存

作成した文書を、ファイルとして保存します。文書を保存しておくと、次回からはその文書を呼び出すことによって、何度でも使用することができます。

❶初めて文書に名前を付けて保存

新たに文書を作成した場合には、文書名を付けて保存します。手順は次のとおりです。

保存する際のポイントは、「保存先」と「ファイル名」をきちんと指定することです。

◎新規ファイルの保存例

①［ファイル］タブをクリックし、［名前を付けて保存］→［参照］をクリックします。

②「名前を付けて保存」ダイアログボックスが表示されます。まず、「保存先」を設定します。ここでは､「ホームフォルダ」内の「第03回－a12345」フォルダーに保存することにします。

③ウィンドウ左側のフォルダー表示から［デスクトップ］を探してクリックします。右側に表示された一覧から［ホームフォルダ］アクセス用のショートカット（下図では､［ホームフォルダ・ショートカット］）を探し、ダブルクリックしてフォルダーを開きます。

④［ホームフォルダ］内のフォルダー一覧が表示されます。この中から「第03回-a12345」を選択してダブルクリックします。

⑤保存先フォルダー「第03回-a12345」が表示されます。

⑥次に、「ファイル名」を入力します。ここでは「保育レポート.docx」とします。

⑦ファイル名の入力が終わったら［保存］ボタンをクリックします。ファイルの保存後は、きちんと目的の場所に保存できたかを確認してください。

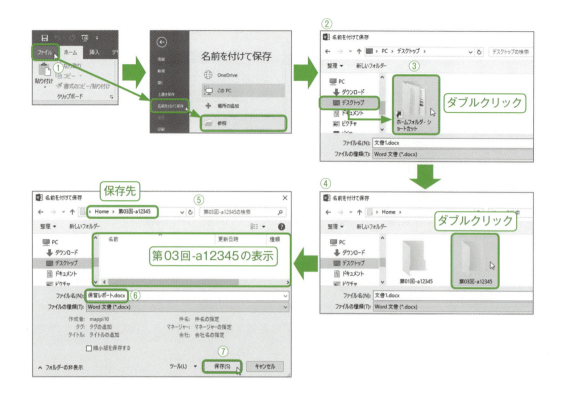

❷既存の文書を更新して上書き保存

　既存の文書を更新する場合には、その文書ファイルを読み込んでから文書の更新作業を行い、更新が終わったあとにファイルを［上書き保存］します。

◎文書の更新・保存例
①ファイルを開いて文書を編集します（ここでは先の「保育レポート.docx」を例にします）。
②文書の更新が済んだら、［上書き保存］をクリックします。
　これで更新した内容が上書き保存されます。

▶［ファイル］タブの［上書き保存］でも同様に操作できます。

▶文書のボリュームが多い場合（複数ページにわたるような文書）は、誤ってデータを消すことのないように、作成の途中で適度に文書の上書き保存を繰り返しましょう。

文書の印刷

パソコンに接続されている印刷装置（プリンター、複合コピー機など）で文書を印刷します。印刷装置の接続は、パソコン本体に直接接続する、または無線LANなどでネットワーク接続するという2つの方法がありますが、どちらでもかまいません。ここでは、Wordでの標準的な印刷操作の手順について解説します。

なお、印刷の指示はWordなどアプリケーションを経由して行いますが、最終的な印刷処理はプリンターなど印刷装置が行います。そのため、詳細な印刷オプション機能などは印刷装置の種類によって異なります。

▶ **印刷時の注意事項**
・印刷をする前にファイルの保存を行ってください。印刷時にはトラブルが起きやすいので、事前の保存を忘れないようにしましょう。
・印刷する前にプレビュー機能を使って印刷イメージを確認してください。プレビュー確認して問題がなければ印刷を実行しましょう。

①印刷したい文書ファイルを開いた状態で、[ファイル]タブをクリックし、[印刷]をクリックします。
②印刷の指示画面に切り替わります。印刷プレビューが右側に表示されるので、内容を確認します。問題があれば、再編集して印刷をやり直します。
③「プリンターの種類」「印刷範囲（ページ指定）」「印刷部数」などの設定をします。
④必要な設定が終わったら[印刷]ボタンをクリックします。これで印刷が開始されます。

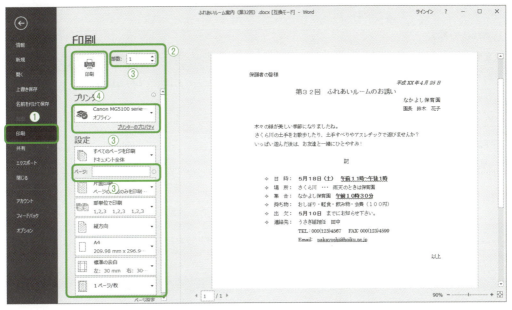

▶ プリンターなど印刷機器には、機種ごとにさまざまなオプション機能が付いています。それらを利用したい場合には、「印刷」メニューの中の「プリンターのプロパティ」をクリックして、表示された画面で設定をします。具体的な機能は、機種ごとに異なるので、ここでは詳細な説明は割愛します。

Part 2 ワープロソフトの機能と操作を学ぼう

Unit 4

■学習内容
Unit4では、ワープロソフト（Word）を起動し、実際に文書を作成してみましょう。ここでは、文章だけで構成されるかんたんなおたよりの作成を例に学習していきます。新規でおたより（文書）を作成する演習と、すでにあるおたより（文書）を再利用して別のおたより（文書）を作成する演習を行います。

かんたんなおたよりを作成しよう

■習得すべき事項
Wordの起動／文書の書式設定／文字の書式設定
文字の配置／作成した文書の保存／既存の文書の読み込み
文字の編集／Wordの終了

Exercise.1 文字だけのかんたんなおたよりを作ろう

下のような「ふれあいルームのお誘い」のおたよりを新しく作成します。作成の手順は、次のとおりです。

① Wordの起動
②文書のページ書式設定
③おたよりの文面作成
④文字列の配置設定
⑤文字の書式設定
⑥作成した文書の保存
⑦ Wordの終了

```
保護者の皆様
                                    平成XX年4月25日
         第32回　ふれあいルームのお誘い
                                    なかよし保育園
                                    園長　鈴木　花子

木々の緑が美しい季節になりましたね。
さくら川の土手をお散歩したり、土手すべりやアスレチックで遊びませんか？
いっぱい遊んだ後は、お友達と一緒にひとやすみ！

                    記

    ◇ 日　時：　５月１８日（土）　午前１１時～午後１時
    ◇ 場　所：　さくら川　…　雨天のときは保育園
    ◇ 集　合：　なかよし保育園　午前１０時３０分
    ◇ 持ち物：　おしぼり・軽食・飲み物・会費（１００円）
    ◇ 出　欠：　５月１０日　までにお知らせ下さい。
    ◇ 連絡先：　うさぎ組担任　田中
              TEL：000(123)4567　　FAX：000(123)4599
              Email：nakayoshi@hoiku.ne.jp

                                         以上
```

1 Wordの起動

デスクトップ上のWordのショートカットなどを使ってWordを起動します。

2 文書のページ書式設定 －[レイアウト]タブを使用－

最初に、この文書のページ書式を設定します。

[レイアウト]タブをクリックし、[ページ設定]グループの右下にある　（ダイアログボックス起動ツール）をクリックします。「ページ設定」ダイアログボックスが表示されるので、次のように書式を設定します。既定値と同じ場合には、そのままでかまいません。

▶ Word2013以前の場合は、[ページレイアウト]タブになります。

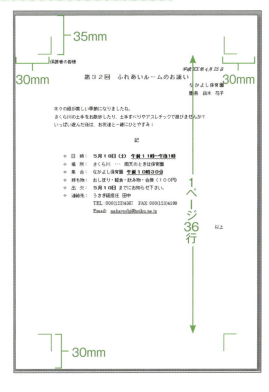

[用紙]タブ
・用紙：A4

[余白]タブ
・余白：上 35mm　　下 30mm
　　　　左 30mm　　右 30mm
・印刷の向き：縦

[文字数と行数]タブ
・文字の方向：横書き
・文字と行数の指定：行数だけを指定
・行数：36行

▶ 各Exerciseでは、ページ書式設定を最初に決めていますが、あとで変更することもできます。

3 おたよりの文面作成 －[ホーム]タブを使用－

作成する文章を入力します。右のように先頭行から順番に、「案内先」「文書の発信日付」「文書タイトル」「発信者名」「あいさつ文」「案内事項」と、おたよりの文面を入力していきます。

▶ Word で文面を入力していくと、右の下線部のように波線が表示されることがあります。これは Word の「文章校正」機能で、入力した文字の間違いなどを指摘するものです。波線の上で右クリックをすると用字用句の使い方を指摘してくれます。必要に応じて修正しましょう。なお、波線は印刷されません。

4 文字列の配置設定 －[ホーム]タブの[段落]グループを使用－

①発信日付をマウスで範囲選択し、[段落]グループの[右揃え]をクリックします。
②文書のタイトルをマウスで範囲選択し、[段落]グループの[中央揃え]をクリックします。
③保育園名と発信者名をマウスで範囲選択し、[段落]グループの[右揃え]をクリックします。
④それぞれが指示通りに配置されます。

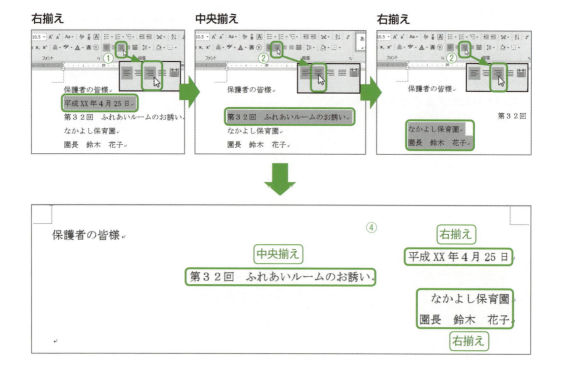

⑤案内文（3行）をマウスで範囲選択し、［インデントを増やす］を1回クリックします。
⑥文章が1文字分だけ右側に移動します。

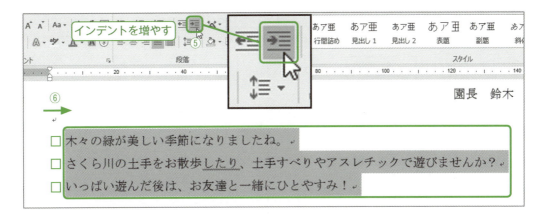

⑦①～③と同様の操作で、「記」を［中央揃え］に、「以上」を右揃えに設定します。
⑧「日時」から「連絡先」までの6行を範囲選択し、［箇条書き］をクリックして、［行頭文字］にひし形を設定します。
⑨続いて、［インデントを増やす］を3回クリックして3文字分だけ右にインデントを設定します。
⑩「TEL」と「Email」の行を範囲選択し、10文字分だけ右にインデントを設定します。

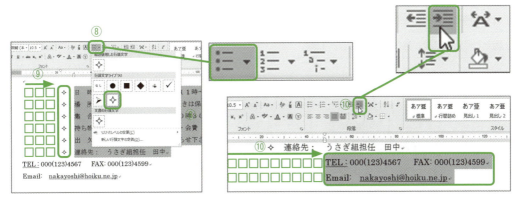

⑪最後に、保育園名を範囲選択し、文字幅が8文字の均等割り付けを設定します。［文字の均等割り付け］をクリックして、［文字の均等割り付け］ダイアログで［新しい文字列の幅］を8に設定し［OK］ボタンをクリックします。

⑫保育園名の文字列の幅が8字分に均等に割り付けられます。

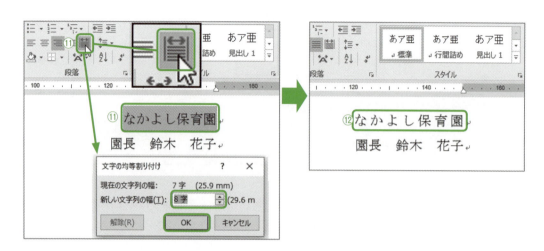

▶［文字の均等割り付け］ダイアログボックスで表示される幅の単位がミリメートルになっている場合には、その単位で指定するか、文字幅に単位を変更してください。［ファイル］タブを開き、［オプション］→［詳細設定］の順に選択して［表示］オプションの［単位に文字幅を使用する］にチェックを付けると、単位が文字幅に変わります。

5 文字の書式設定 －［ホーム］タブの［フォント］グループを使用－

ここでは、フォントの種類やサイズを指定していきます。使用するコマンドは、［ホーム］タブの［フォント］グループにまとめられています。

設定する対象や書式は、次の表のようになります。

対象項目	設定する書式	手順番号
発信日付	スタイルを［斜体］にする	①
文書タイトル	フォント書体を［MSゴシック］、フォントサイズを16ポイント、フォントの色を［青緑］、スタイルを［太字］にする	②～④
日付と時刻（日時、出欠）	フォント書体を［MSゴシック］、スタイルを［太字］にする	⑤、⑥
時刻と時間帯（日時、集合）	［下線］を付ける	⑦、⑧

使用する書式設定用アイコン／ボタン

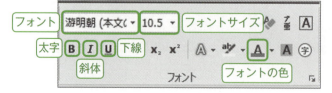

① 「発信日付」を範囲選択し、[斜体]（I）をクリックします。標準スタイルから斜体に変わります。

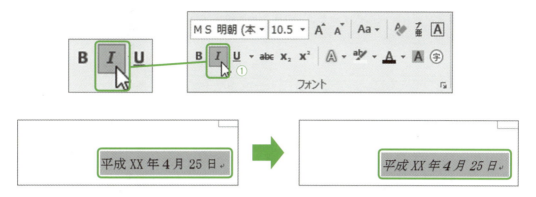

② 「文書タイトル」を範囲選択し、[フォント]ボックスの右端（▼）をクリックします。登録されているフォントの一覧が表示されるので、この中から［MSゴシック］を選択クリックします。
引き続き、「文書タイトル」を範囲選択した状態で、[フォントサイズ]ボックスの右端（▼）をクリックし、表示されたサイズ一覧から［16］を選択クリックします。

③ ［フォントの色］の右端（▼）をクリックし、表示された色一覧から［青緑］を選択クリックします。

④ 最後に、[太字]（B）をクリックします。

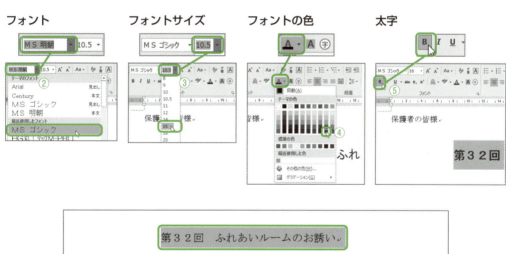

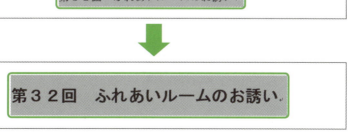

⑤「日時の日付」と「時間帯」および「出欠の時刻」を範囲選択します。
⑥ ②および④と同様の操作で、フォントを［MSゴシック］に、スタイルを［太字］に設定します。それぞれ別々に範囲選択して設定してもかまいませんが、［Ctrl］キーを押しながら２カ所の文字列を範囲選択すると、２つまとめて設定することができます。

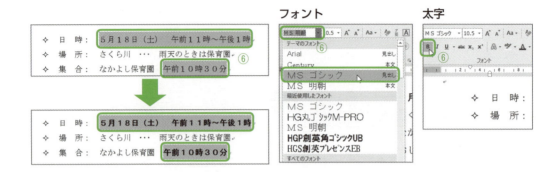

⑦「日時の時間帯」と「集合の時刻」を範囲選択します。
⑧［下線］（U）をクリックします。下線に設定されている線種（通常、細い実線）が付きます。別の線種に変えたいときは、右端（▼）をクリックして線種一覧を表示し、その中から選んでください。

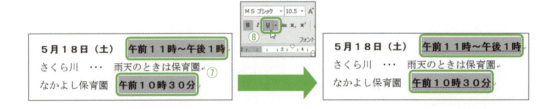

これで完成です。

6 作成した文書の保存 －［ファイル］タブを使用－

完成した案内文書を、次のような条件でファイルとして保存します。なお、保存する前にあらかじめ「UNIT04」フォルダーを作成しておいてください。

・保存先　　：「ホームフォルダ」内の「UNIT04」フォルダー
・ファイル名：ふれあいルーム案内（第32回）.docx

保存操作の手順いついては、p.153の操作例を参考にしてください。操作例でのフォルダー「第03回－a12345」を「UNIT04」に読み替えます。

① ［ファイル］タブを開き、［名前を付けて保存］をクリックします。
② ｢名前を付けて保存」ダイアログボックスが表示されるので、保存先とファイル名を指定します。
　保存先の設定では、｢ホームフォルダ」アクセス用のショートカットを使用します。
③ ［保存］ボタンをクリックしてファイルを保存します。
　ファイルが保存できたら保存先の「UNIT04」フォルダーを開き、「ふれあいルーム案内（第32回）.docx」が保存されていることを確認しましょう。

「名前を付けて保存」ダイアログボックス

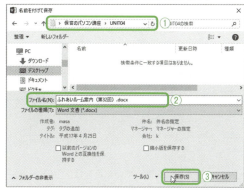

7　Wordの終了

文書の作成およびファイル保存が完了したので、Wordを終了します。

▶ タイトルバーの右端にある［閉じる］ボタン X をクリックします。

Exercise.2　作成したおたよりを利用して、次のおたよりを作ろう

　ここでは、既存の文書の再利用について演習します。同じ様式の文書を定期的に作成するような場合には、前回作成した文書を再利用するのが便利です。Exercise.1で作成した「第32回のおたより」を一部変更して、「第33回のおたより」を作成します。作成の手順は、以下のとおりです。

① Wordの起動と作成済みの「第32回のおたより」の読み込み
② おたよりの文面変更－文書の編集－
③ 変更箇所の確認チェック
④ 作成した「第33回のおたより」の保存とWordの終了

1　Wordの起動と『第32回のおたより』の読み込み

　エクスプローラーを使って目的のファイルを表示します。読み込みたいファイルのアイコンをダブルクリックすると、Wordの起動と同時にファイルを読み込みます。ここでは、さきに作成・保存した「ふれあいルーム案内（第32回）.docx」を利用します。「ホームフォルダ」内の「UNIT04」フォルダーを開き、「ふれあいルーム案内（第32回）.docx」をダブルクリックします。

▶ Wordをすでに起動している場合は、［ファイル］タブをクリックしてBackstageビューを開きます。［開く］をクリックし、「ファイルを開く」ダイアログボックスで目的のファイルを選択します。

2 おたよりの文面変更

Wordで開いた「第32回のおたより」を下記のように修正します。

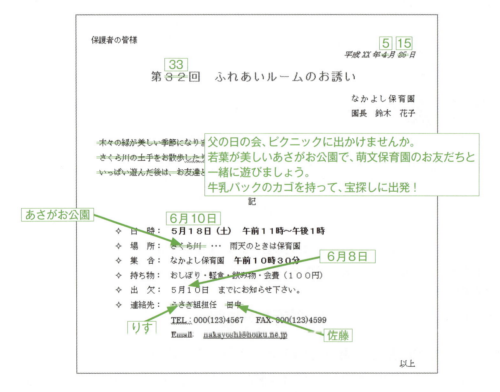

修正箇所の文字を削除したあとに、新しい文字を入力していきます。文字数が少ないところは、修正対象の文字を［Delete］キー（または［BackSpace］キー）で1文字ずつ削除します。案内文のように文字数の多いところは、文字列の上をドラッグして選択したあとに、［Delete］キーでまとめて削除します。

● [Delete] キーで右側の 1 文字を削除

ここでは、例として、[Delete] キーを使って 1 文字削除し、日付の 4 月を 5 月に修正します。

①「4」の左側をクリックしてにカーソルを位置付けたあと、[Delete] キーを押します。
②文字「4」が削除されます。
③そのあとに、文字「5」を入力します。

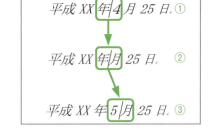

同様の操作で、回数、日付、名称などの変更箇所を修正していきます。

▶ [BackSpace] キーで左側の 1 文字を削除
同じ操作を [BackSpace] キーで行うこともできます。

●文字列をまとめて削除

長い文章などは、削除したい範囲を指定し、まとめて削除します。

①案内文の 3 行をまとめてドラッグして範囲します。
②選択後に、[Delete] キーまたは、[BackSpace] キーを押すと、範囲指定された文字列がまとめて削除されます。

削除した部分に変更した文章を入力し、フォントなどの書式を調整すれば完成です。

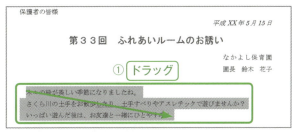

▶ 変更箇所の確認チェック
既存の文書を再利用して新しい文書を作成する際には、修正後に修正箇所に漏れがないことを常に確認してください。修正し忘れてもとのままで残ってしまい、あとで恥をかくということが少なくありません。要注意事項ですので、忘れないようにしてください。

3 作成した文書の保存と Word の終了

完成した「第 33 回のおたより」を別名でファイル保存して、Word を終了します。

・保存先　　：ホームフォルダー内の「UNIT04」フォルダー
・ファイル名：ふれあいルーム案内（第 33 回）.docx

文書ファイルの保存操作および Word の終了操作については、p.153 および Exercise.1 の 6. を参照してください。

保育を学ぼう ② 保護者向けに作成する資料

　保護者向けの資料として、このごろではデジタル情報が積極的に使われるようになりました。パソコンを使いこなすことで、文字や画像・動画などのさまざまなデータを手軽に編集することができます。おたよりなどの配布資料の場合、文章だけで示すよりも、写真やイラストなどの画像を添えたりしたほうが印象的になることが多いようです。クラス懇談会など、直接やりとりができる場では、ただ口頭で説明するのではなく、撮りためておいた画像や動画などを利用してPowerPointでプレゼンテーションすると、さらに効果的です。

　パソコンを活用するもうひとつの利点として、ゼロから作らなくても、以前に作成したものに「上書き」するだけで完成できるため、業務量を削減できるメリットがあります。ただし、上書きには思わぬ落とし穴があります。前年度と同じ日に開催される場合でも、曜日は異なることが多いものですが、そのような細かな変化を見落とし、古い情報を修正しないまま配布してしまうことがあります。いったん誤った情報が伝わってしまうと、あとから訂正しても混乱をきたすことが多いので、最初から誤りのない情報を発信するよう、ファイルを作成するプロセスで最善の努力をしましょう。

　そのための心得を挙げれば、第一に、配布直前に作成するのではなく、日数的に余裕をもって何度も見直しながら作成すること、第二に、第三者の目でチェックしてもらうこと、でしょう。

　次のものは、保護者向けに作成する代表的な資料ですので、参考にしてください。

○**園だより**

　月ごとに決められた日に発行します。その月の行事日程やお知らせ、その月の誕生児などが、題材としてよく取り上げられます。園によっては、保健だよりや献立表、通園バスの予定表なども含まれることもあります。園全体の業務がかかわってくるので、看護師や栄養士など他の専門職との連携もしっかりとり、内容に間違いのないようにします。

○**クラスだより**

　クラスの子どもたちの様子や保育者自身の思いや考えなど、各クラスの担任が比較的自由にテーマを選んで書いています。子どもたちのつぶやきや会話、スナップ写真、保育の中で気付いたことなど、普段の様子をこまめに記録しておくと、書きはじめがスムーズで、内容もまとめやすくなります。個人的なことを取り上げたり、踏み込んだ内容を書いたりすることが多いので、一人よがりな内容にならないよう、原稿を書いたら、かならず主任

保育士や園長など第三者にチェックしてもらいます。クラスの保護者以外の人の目にふれる可能性もあるので、特定の子どものことを書く場合には名前を伏せる（イニシャルも避けたほうがよいでしょう）など、個人のプライバシーへの配慮が必要です。

○**保護者へのお知らせ**
　園だよりやクラスだよりでは書き切れなかったことなどを、必要に応じて情報提供します。確実に保護者の目にふれることができるよう、伝えるタイミングを配慮します（早すぎると当日までに忘れてしまう、遅すぎると全員に伝わりきらないことがあるため）。従来、プリントの配布がほとんどでしたが、最近では、ホームページやメールの利用も一般的になりました。TPOに合わせて使い分けます。

○**クラス懇談会や保護者会での資料**
　子どもたちがイキイキと園生活を楽しんでいる様子がわかると、保護者としては安心し、園への信頼感が増して、スムーズにやりとりができるようになります。園での子どもの姿は、文字や口頭での説明ではなかなか伝わりにくいものですが、画像、とくに動画を利用すると効果的です（また、ビデオや写真があると、保護者の視線がそちらに向けられるので、大勢の人の前に立つプレッシャーが和らぐという効用もあります）。

○**行事のお知らせやプログラム**
　生活発表会やお楽しみ会など、保護者や子どもを招待するときには、行事の内容を知らせるプログラムを作成することがあります。パソコンで作る場合、レイアウト機能（罫線、飾り文字など）を利用したり、イラストや写真を貼り込んだりすると見栄えよく仕上がります。

○**カード**
　暑中見舞いや年賀状などのハガキや、誕生カードやクリスマスカードを作ることがあります。文面の内容はだいたい同じことが多いようですが、宛名だけ変える場合には、差し込み印刷機能や宛名（タック）シールを使うと便利です。プライベートな年賀状のやりとりなどで経験したことがあると思いますが、パソコンで大勢の相手に同じような内容で作った場合、そのまま送るのでは少々、温かみに欠けます。子ども一人ひとりに対する職員の気持ちがきちんと伝わるよう、メッセージやエピソードを一言添えたり、保育の中で撮影した写真を貼り付けたりするなどの個人個人への配慮を忘れないようにします。

Unit 5 ビジュアルコンテンツを作ろう

Part 2 ワープロソフトの機能と操作を学ぼう

■学習内容
Unit5 では、視覚効果を高めるために使われるものである写真や表などの作成と編集機能について学びます。Officeソフトで共通して使えるツール群（描画ツール、表ツール、図ツール）を使用します。これらのツールは、Word、Excel などを使用中にいつでも呼び出せて、図表の作成や加工が簡単にできます。

■習得すべき事項
表の作成（表ツール）／表の加工（追加と削除）
表の書式設定／図の作成と編集（描画ツール）
図表の入った文書の作成
画像の加工・編集（図ツール）

表を作る（表ツール）

　計算式などが含まれている複雑な表の作成には、Excel などの表計算ソフトを使用するのがよいでしょう。しかし、文字や図などのデータで構成されている単純なスタイルの表では、「表ツール」を使うのが便利です。表ツールは、Word だけでなく Office に共通したツールで、表を作成したいときにいつでも簡単に呼び出せます。

基本的な表の作成

新たに表を作成するときの基本的な手順は、次のとおりです。

①表挿入の位置決め　　　　　　⑤文字入力と書式設定
②表ツールの呼び出し　　　　　⑥表内の色付け
③表の行数と列数を決めて表作成　⑦罫線の設定
④列の幅決め

それでは、次のようなクラス表を作成しましょう。

クラス名	年齢	クラス担任
ひよこ	0	中村・飯島
りす	1	佐藤
うさぎ	2	田中

●表挿入の位置決めと表ツールの呼び出し（下図①②参照）

ページ内の挿入したい位置をクリックして、カーソルを移動します。［挿入］タブをクリックし、［表］グループの［表］アイコンをクリックします。［表の挿入］プルダウンメニューが出てきます。

●表の行数と列数を決めて表生作成（下図③④参照）

表の行数と列数を決めて、表の枠を挿入（貼り付け）します。メニュー上部の行列図をマウスのドラッグ操作で選択する方法と、下段にある［表の挿入］を選択して、表示されるダイアログボックスで行数・列数を数値で指定する方法の2通りがあります。

ここでは、前者の方法で4行3列の表作成を指示する例を示します。

［挿入］タブ

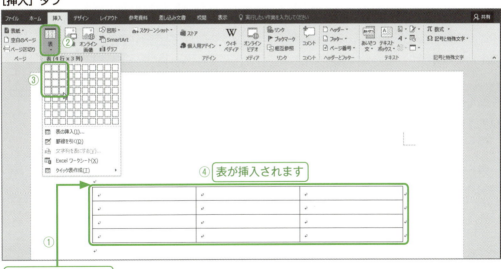

●列の幅決め操作

　各列の幅を目的の長さに設定します。図形描画での横幅調整と同様に、マウスカーソルを表の縦線上に移動して、左右にドラッグ操作すると幅を変更できます。なお、長さ指定して正確に列の幅を設定することもできます。

　同様の操作で他の2列の幅を変更して、すべての列幅を確定します。

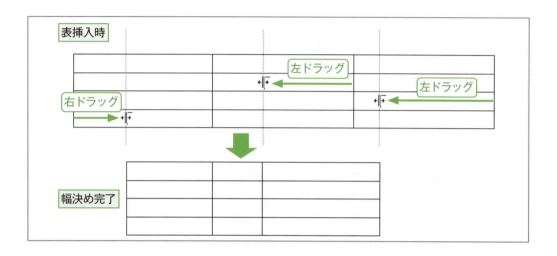

●文字入力と書式設定

　表の構造が完成したので、表のマス目（「セル」といいます）に文字を入力します。セルを順番にクリックして、年齢の数字は半角文字で、その他は全角文字で入力します。入力された文字列がセル内を既定値の左詰め（揃え）で右のように配置されます。

セル内に文字入力

クラス名	年齢	クラス担任
ひよこ	0	中村・飯島
りす	1	佐藤
うさぎ	2	田中

　次に、タイトル文字列（先頭行）のフォントを［HG創英角ゴシックUB］に変更し、表内の配置を中央揃えにします。

①先頭行の3つのセルをドラッグして範囲選択します。
②［ホーム］タブの［フォント］メニューから［HG創英角ゴシックUB］を選択してクリックします。
　表内の文字列の配置を中央揃えに変更します。
③タイトルの文字列と同様に、残りのセル群をドラッグ操作で範囲選択します。
④［段落］グループの［中央揃え］ボタンをクリックします。

フォントの変更

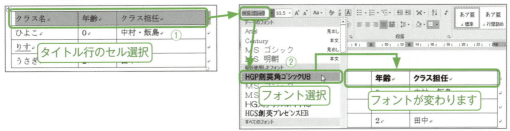

表内の文字列の中央揃え

▶ 表内の文字列を配置する際に、[ホーム]リボンの[段落]グループの配置ボタン（中央揃え、右揃えなど）を使用する場合は、ドラッグ操作で文字列だけを選択してください。表まるごと、または行まるごと選択すると、セル内の文字列ではなく、行内での表自体の配置になります。

Column [表ツール]を使った表内の文字列の中央揃え

上記の方法以外に、[表ツール]の[レイアウト]タブにある[配置]グループを使用して、表内の文字列を配置できます。表全体またはセル群を選択し、[レイアウト]タブをクリックしたあと、[配置]グループ内にある9種類のボタンから真ん中の[中央揃え]を選択クリックします。セル内の文字列が縦横中央揃えになります（[配置]グループの詳細についてはp.177を参照）。

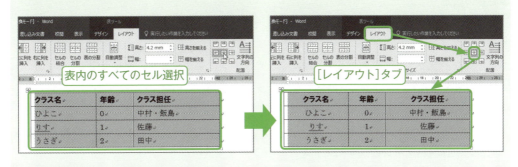

Unit 5 ビジュアルコンテンツを作ろう

●表内のセルに色付け（塗りつぶし）

［表ツール］の［デザイン］タブを使って、セルの色付け（塗りつぶし）をします。

①再度、タイトルの3つのセルを範囲選択します。
②Wordのウィンドウ上部に［表ツール］のタブが表示されるので、［表ツール］の［デザイン］タブを使って、セルの色付け（塗りつぶし）をします。このタブは、表を作成したあと、表を選択するたびに現れますが、他のタブを使用しているときは消えているので、再度表示したい場合は表をドラッグします。
③［表のスタイル］グループの［塗りつぶし］をクリックして、表示された色メニューの中から［青］をクリックします。選択したセルの色が青に変わります。

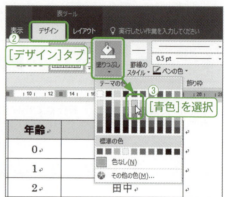

▶「線種とページ罫線と網掛けの設定」ダイアログボックスの［網かけ］タブ
セルの塗りつぶしを行う場合に、色だけでなく、網かけ模様を設定することもできます。

●罫線の設定

最後に、表の枠線を実線から網模様に変更します。

①表全体をドラッグして範囲選択したあと、［デザイン］タブをクリックします。
②［表のスタイル］グループの［罫線］をクリックして、表示されたメニューから［線種とページ罫線と網掛けの設定］をクリックします。
③「線種とページ罫線と網掛けの設定」ダイアログボックスが表示されます。［罫線］タブを選択し、罫線パターンの［すべて］をクリックします。

この例では、表の枠線すべてを網線に変更するので、［すべて］を選びましたが、変更対象に応じて、種類を選択します。次に、線種を網線、線の色を濃い青に設定し、プレビューで仕上がりを確認して、［OK］ボタンをクリックします。

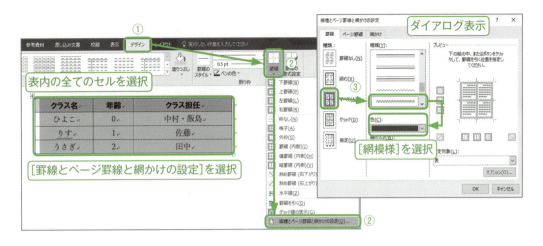

表の枠線が変わりました。これで表作成は終了です。

完成

クラス名	年齢	クラス担任
ひよこ	0	中村・飯島
りす	1	佐藤
うさぎ	2	田中

できあがったクラス表の文書をファイル保存してください。なお、保存の前に、「ホームフォルダ」内に「UNIT05」フォルダーを作成しておいてください。

・保存先：「ホームフォルダ」内の「UNIT05」フォルダー
・ファイル名：クラス表（表ツール）.docx

Column 行の高さの調整

行の高さの調整も、列幅と同様の操作で可能です。行の枠線上にマウスのカーソルを移動すると、マウスの形状が変わります。ドラッグ操作で上下にマウスを移動して行のサイズを変更します。

例として、行の高さの変更操作例を示します。

クラス表のタイトル行を拡大し、あわせて文字も拡大します。

タイトル行の下段の枠線上にカーソル移動します。形状が右図のように変わったところで、表の下方向にドラッグして行の高さを拡げます。

タイトル行が拡がります。

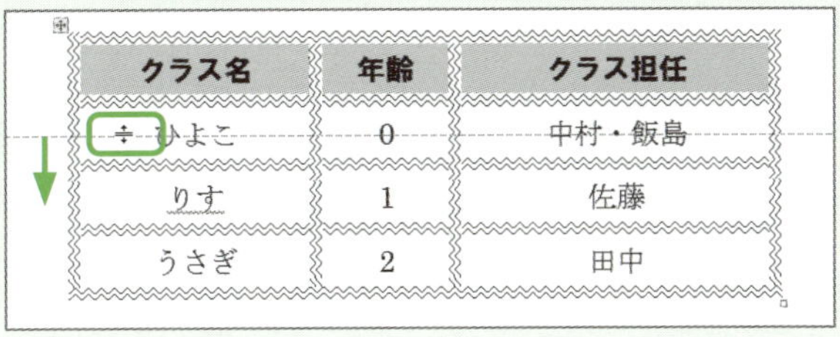

Unit 5 ビジュアルコンテンツを作ろう

Column　表を編集時、セル（升目）、行、列を選択する方法

表の編集で、特定のセルや行・列全体を選択するには、次のように操作します。

・セルの選択
　マウスポインターがセルの左下で図のような形状になったときにクリックします

・行の選択
　マウスポインターが行の左端で図のような形状になったときにクリックします

・列の選択
　マウスポインターが列の上端で図のような形状になったときにクリックします

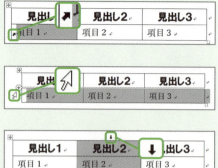

表の編集・加工①　表の挿入

すでにある表に対して、項目やデータを追加して新たな表を作ります。
［表ツール］の［レイアウト］タブの［行と列］グループを使用します。

［レイアウト］タブの［行と列］グループ

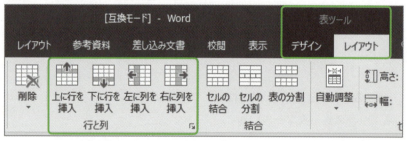

下の表を例に表の挿入操作を説明します。あらかじめ、この表を4つ作成しておいてください。

項目A	項目B	項目C	項目D
A1	B1	C1	D1
A2	B2	C2	D2

挿入区分	挿入の方法
行の挿入	表中の行を選択し、その行の上または下に空行(選択した行と同じ構造で、セル内は空白)を挿入する ①上に挿入する場合は、[上に行を挿入]ボタンをクリックする ②下に挿入する場合は、[下に行を挿入]ボタンをクリックする
列の挿入	表中の列を選択し、その列の左側または右側に空列(選択した列と同じ構造で、セル内は空白)を挿入する ①左側に挿入する場合は、[左に列を挿入]ボタンをクリックする ②右側に挿入する場合は、[右に列を挿入]ボタンをクリックする

▶ 行や列を選択する方法は p.174 のコラムを参照してください。

◎行挿入例：2行目（A1 〜 D1 の行）の下に行を挿入

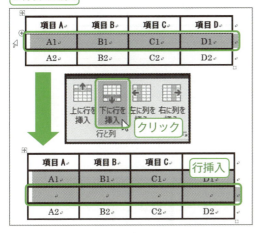

◎列挿入例：2列目（項目 B 〜 B2 の列）右側に列を挿入

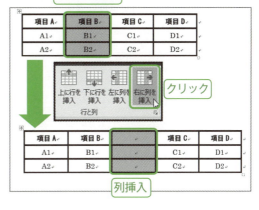

表の編集・加工② 表の削除

表を削除します。表全体、行、列および一部のセルだけを削除することができます。

削除区分	削除の方法
行の削除	①削除する行を選択する ②[削除]ボタンをクリックし、表示メニューから[行の削除]をクリックする
列の削除	①削除する列を選択する ②[削除]ボタンをクリックし、表示メニューから[列の削除]をクリックする
表の削除	①表全体を選択する ②[削除]ボタンをクリックし、表示メニューから[表の削除]をクリックする
セルの削除	①削除するセルを選択する ②[削除]ボタンをクリックし、表示メニューから[セルの削除]をクリックする ③削除後のセルの詰め方を選んで[OK]ボタンをクリックする

◎行削除例：2行目（A1〜D1の行）を削除

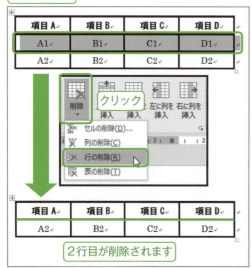
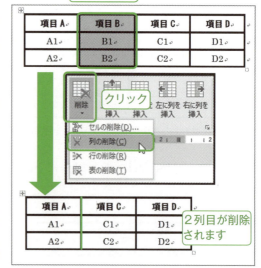

表の編集・加工③　セルの編集

　表を作成する際に、比較的に使用頻度の高い編集操作を紹介します。
さきほど作成したクラス表のスタイルを変えて、右のような表を作成します。この表は、左端の列が1つのセルに結合され、セル内の文字が縦書きになっています。

　「UNIT05」フォルダーに保存した「クラス表（表ツール）.docx」を開いて、作成済みの表の数行下に、表作成の基本操作で説明した手順を参考にして、次のような表を作成してください。

　3行3列の表を挿入後、行および列のサイズを縮小・拡大し、2列目のセルにクラス名の文字を入れます。セルに入力した文字列の配置は、既定値である「上段左詰め（揃え）」です。

▶ 行のサイズ（高さ）を拡大する方法については、p.173のコラムを参照してください。

●セルの結合

　行および列内で隣接した複数のセルを結合して、1つのセルにまとめます。結合したいセルを選択して、［レイアウト］タブをクリック後、［結合］グループの［セルの結合］ボタンをクリックすると、選択したセル群が1つのセルに変わります。

・セルの結合（「クラス」のタイトルが付いている左端のセルを作成）
①結合したい左端の3つのセルをドラッグして選択します。
②［レイアウト］タブをクリックし、［セルの結合］ボタンをクリックします。
③選択したセルが1つになります。

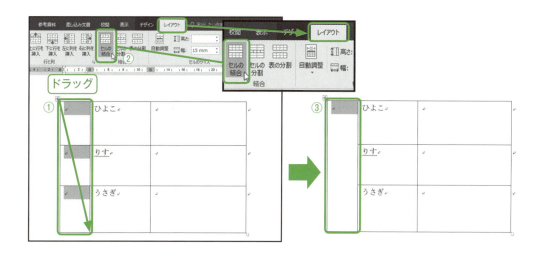

●セル内の配置と方向

　セルの中に入れられたデータ（文字、図形、画像など）に対して、［レイアウト］タブの［配置］グループを使用すると、配置方法（上揃え、下揃えなどの9種類）および、文字列の場合には方向（横書きまたは、縦書き）の選択ができます。配置方法の設定には、配置パターンボタンを、方向には［文字列の方向］ボタンを使用します。

文字の方向

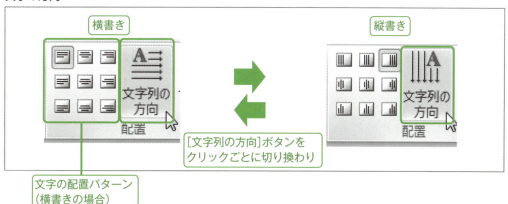

・方向の選択（縦書き）と文字入力
① 左端のセルを選択します。
②［レイアウト］タブをクリック後、［配置］グループの［文字列の方向］ボタンをクリックして縦書きに変更します。
③「クラス」と文字入力します。

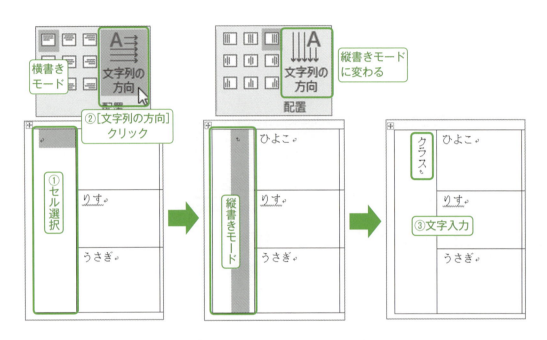

・フォント設定と文字配置
① 文字が入力されているセルをドラッグし、文字のサイズを拡大（20ポイント）、フォントを［HG創英角ゴシックUB］に変更します。
②［表ツール］の［レイアウト］タブをクリックし、［配置］グループの［中央揃え］ボタンをクリックします。

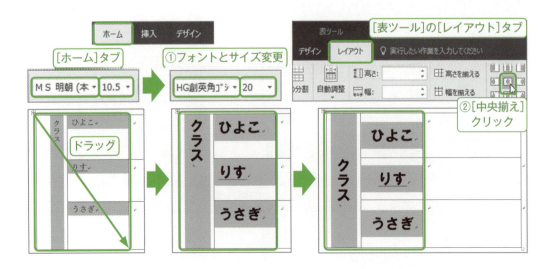

・罫線の設定

①表全体を選択して、［デザイン］タブをクリック後、［罫線］をクリックします。罫線メニューの中から［線種とページ罫線と網かけ］を選んでクリックします。

②表示されたダイアログボックスで、罫線パターン（すべて）、線種（太い線）、線の太さ（3pt）および線の色（濃紺）を設定して、プレビューを確認しながら［OK］ボタンをクリックします。

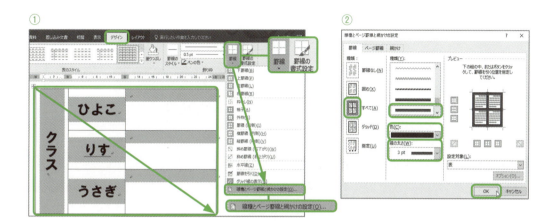

指定した書式が設定され、クラス表の枠組みが完成します。このあとの図の挿入操作については、p.183を参照してください。

●セルの分割による表作成

結合したセルは元に戻したり、セル内をさらに細分化することができます。

・［レイアウト］タブによるセルの分割

［レイアウト］タブにある［結合］グループの［セルの分割］を使用します。
分割方式でクラス表を作成してみます。

① 1行3列の表を挿入し、2列目と3列目のセルを選択します。
② ［レイアウト］タブの［セルの分割］ボタンをクリックします。
③ 表示されたダイアログボックスで列数を「2」、行数を「3」に設定し、［OK］ボタンをクリックします。
④ クラス表と同じスタイルの表が完成します。

・手描き操作によるセルの分割と結合

　［表］ツールの［レイアウト］タブ（Word2010では［デザイン］タブ）の［罫線の作成］グループ使用して、お絵描き感覚でセルの分割および、分割したセルを結合することができます。［罫線を引く］ボタンでは、鉛筆で線を引く操作によってセルを分割します。また、［罫線の削除］ボタンでは、引かれた罫線を消しゴムで消す感覚で消去して、セルの結合と同じ結果を得ることができます。

◎［罫線を引く］ボタンでセルを分割
① 1行3列の表を挿入したあと、セルを選択します。
② ［罫線を引く］をクリックします。

③ マウスのカーソルが鉛筆に変わるので、ドラッグ操作で選択したセル内の中央に横線を引きます。

④ 2列目と3列目のセルが二分割されました。

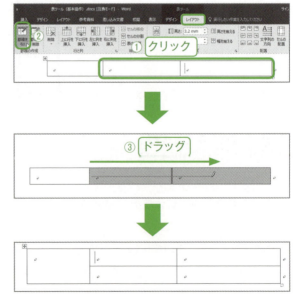

◎［罫線の削除］でセルを結合

①［罫線の削除］をクリックします。
②マウスのカーソルが消しゴムに変わるので、中央の横線上をクリックまたは、ドラッグします。

③線が消えて、2行のセルが結合され、1行に戻ります。

▶［罫線を引く］（または［罫線の削除］）をもう一度クリックすると、手描きモードが解除されます。

図を使おう

Officeに備わっているツールを使用して、文書やスプレッドシート、スライドなどに、写真などの画像データを挿入（貼り付け）することができます。また、専門の画像処理ソフトを使わなくても、挿入した図にちょっとした加工・編集もできます。ここでは、図のことを知って、使い方を覚えてもらいます。

Wordで挿入できる図の種類

WordをはじめとするOfficeでは、次のような種類の画像データ（以後、図といいます）を、文書などの中で利用することができます。

- ・デジカメ、携帯電話、スマートフォン、ビデオカメラなどで撮った写真
- ・さまざまな画像処理ソフトで作成した画像
- ・［描画ツール］で作成した図形を画像変換
- ・Officeで作成した表やグラフなどのビジュアルコンテンツを画像変換
- ・Webサイトに載っている画像
- ・ウィンドウ画面（全体および一部）

図の種類によって、挿入の操作方法は異なります。ファイルに保存されている図を、文書の中などに挿入（貼り付け）するには、［挿入］タブの［図］グループを使用します。図を作成したソフトやビューワソフトが起動されており、画面に図が表示されている場合には、クリップボード経由で挿入することもできます。いわゆるコピー＆貼り付け操作です。また、Office 2007以降では、「スクリーンショット」という新たな機能も提供され、手軽に画面のイメージを利用できるようになっています。

ここでは、[挿入] タブの [図] グループに用意されている図の概略を説明します。具体的な挿入操作の詳細手順については、p.183 で説明していますので、そちらを参照してください。

[挿入] タブの [図] グループ

[図] グループには、上の画面のように6種類のアイコンがあり、図のタイプによって挿入方法が異なります。

図の種類	機能の説明
画像	コンピューター内に保存された図(画像)をファイルから読み込む
オンライン画像	インターネット上で公開されている画像をダウンロードして貼り付け(利用時は著作権に注意)
図形	Officeの[描画ツール]で作成した図形は画像に変換して取り込む(p.183参照)
SmartArt	主としてプレゼンテーション用のコンテンツを簡単に作成できるように、用途別にひな型が用意されている。このひな形に写真などの図を挿入するだけで、見栄えの良いコンテンツを短時間で作ることができる
グラフ	一般的なグラフのひな型が用意されており、データを入力するだけで簡単なグラフを作ることができる
スクリーンショット	コンピューターのデスクトップに表示されているウィンドウをイメージ画像として、文書などの中に簡単に取り込むことができる

Column　SmartArtを活用しよう

SmartArtは、組織図や概念図などを作成する場合に便利に使えるツールです。目的に合うひな形を文書中に挿入し、さらに文字列やイラストなどを追加して完成させます。ひな形の中の各パーツは用途によって増やしたり、減らしたりすることもできます。

SmartArtのひな形と編集例

図の加工と保存

　Officeで作成したビジュアルコンテンツを図に変換する方法と、図にちょっとした加工をほどこす方法を説明します。たとえば、図の中に文字を入れたい、一部だけを切り取りたい（トリミングといいます）、色合いを変えたい、他の図と合成したいなどの操作は、専用の画像処理ソフトを用意しなくても、Office内で操作が可能です。ここではWordを例に説明します。

● Officeで作ったビジュアルコンテンツを図にして使う

　Officeを含め、さまざまなアプリケーションで作成されたコンテンツ（文書、表、絵など）は、それぞれ独自の形式で管理されています。ほとんどの場合、利用者がこれらの形式を意識することはありませんが、そのコンテンツを他のアプリケーションで使用する場合などには注意が必要です。

　別のアプリケーションで作成したものをそのまま取り込んだ場合、複雑な管理情報を持っている場合、両者の機能の違いなどから、情報に欠落が起きる、構造がくずれる、見栄えが悪くなるといったような問題が発生することも珍しくありません。このような場合は、コンテンツをコピーして貼り付けするときに、［形式を選択して貼り付け］を使います。表示された形式リストの中から［図］が付いている形式を選択します。これによって、作成時の画面イメージと同じものが画像になって貼り付けられます。貼り付け後は、画像の縦横サイズを調整するだけで完了です。

・［描画ツール］で作成した図形を図（画像）に変えて使う

　［描画ツール］で作成した図形を利用するときは、図にして貼り付けます。対象の図形が複

数の図形部品から構成されている場合には、それらをグループ化して1つの図形にまとめておきます。図形をコピーして、文書ファイルに貼り付ける際に［形式を選択して貼り付け］を選択し、形式リストの中から、［図］を選んで貼り付けます。

ここでは、［表ツール］の操作で使用したクラス表（動物のイラスト付き）を仕上げます。

① Unit3 で作成したひよこの図形を表示します。PowerPoint のファイル（イラスト Lib.pptx）として保存しているので、目的のファイルのアイコンをダブルクリックして PowerPoint を起動し、ひよこのスライドを選択します。
② ひよこ全体をドラッグして選択し、［配置］ボタンをクリックして、［グループ化］を選択します。すでにグループ化されている場合は、この操作は不要です。
③ グループ化されたひよこの図をクリックし、［ホーム］タブに切り替え、［コピー］ボタンをクリックします。

PowerPoint スライド

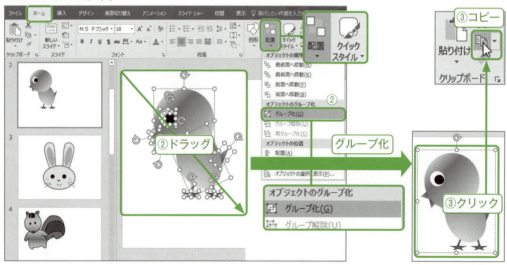

④ アクティブウィンドウをクラス表（p.179 で作成）の文書ファイルに切り替えて、ひよこの図を挿入する表内セルの左上隅をクリックします。
⑤ ［ホーム］リボン、［クリップボード］グループの［形式を選択して貼り付け］をクリックします。
⑥ 表示された形式リスト（一覧）の中から、［図（拡張メタファイル）］を選択し、［OK］ボタンをクリックします。
⑦ セルの中にひよこの図が貼り付きます。図をドラッグしてサイズを縮小します。
⑧ 同様の操作で、りすとうさぎの図を貼り付けて完了です。

Word 文書（クラス表）

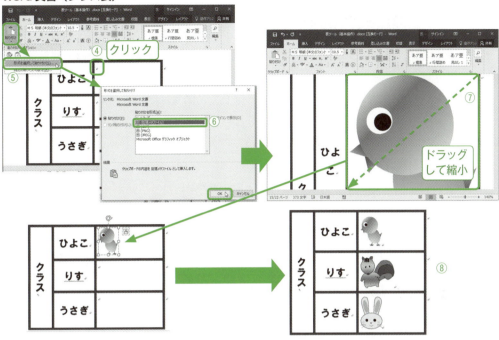

・Excel の表やグラフを図にして使う……Part3 が終ってから演習操作してください

　Excel で作成した表やグラフを Word 文書や PowerPoint ファイルの中で利用することがよくあります。数値データとして利用する場合は Excel 形式のまま使うほうがよいのですが、表示や印刷目的で文書内などに貼り付けるような場合には、図形式に変えて使うほうが視覚的にもよくなります。表とグラフを例に、Excel データを図として文書に貼り付ける操作の手順を説明します。

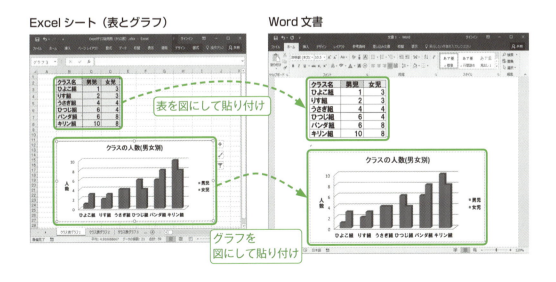

◎ Excel 表を Word 文書に貼り付け

　Excel シート上で表全体をドラッグして範囲選択して、クリップボードにコピーします。次に、Word 文書のウィンドウを開いて、貼り付けたい場所をクリックします。一般的なコピー＆ペーストでは、［貼り付け］アイコンをクリックして終了ですが、ここでは、図形式に変換して貼り付けます。

　まず、［貼り付け］アイコンの下部▼をクリックして、貼り付けメニュー（下図参照）を表示します。この中から、［形式を選択して貼り付け］をクリックし、表示ダイアログの中から［貼り付ける形式］として、［図（拡張メタファイル）］を選び［OK］します。これで、Word 文書内に図として貼り付けられます。

◎ Excel グラフを Word 文書に貼り付け

　グラフをクリックして選択したあと、クリップボードにコピーします。次に、表の場合と同様に、Word 文書のウィンドウを開いて、貼り付けたい場所をクリックしたあと、［形式を選択して貼り付け］を選択します。同じような形式選択のメニューダイアログが表示されるので、［図（拡張メタファイル）］を選び［OK］します。

表を図形式に変換して貼り付け

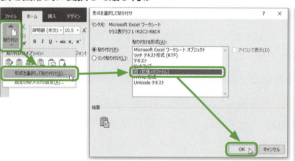

グラフを図形式に変換して貼り付け

● 画像の加工

　画像のなかに文字やさらに図を挿入したり、写真を切り抜いたりするなど、画像の加工方法を説明します。

・画像の中に文字や図形を入れる……［挿入］タブと［描画ツール］

　Word 文書に挿入した画像に図形やテキストを入れたいときは、［描画ツール］を使用します。［挿入］タブの［図形］ボタンをクリックし、図形一覧から選択して挿入します。

　次の画面の例では、赤ちゃんの写真（JPEG ファイル）を読み込んで画像挿入（貼り付け）し、その上に、吹き出しとハートマークの図形および、文字列（日付）を貼り付けています。

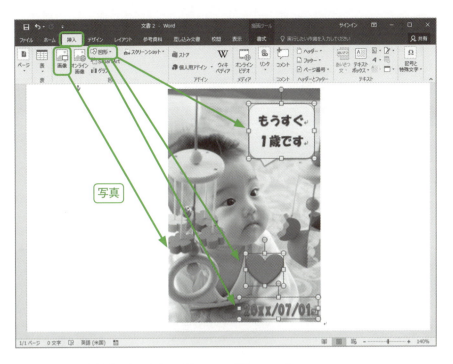

・画像の一部分だけを使う（トリミング）……［図ツール］

　［図ツール］を使って画像をトリミングできます。

　写真をクリックし、［図ツール］の［書式］タブをクリックし、［トリミング］をクリックします。写真の上下左右、四隅にトリミングハンドルが表示されるので、トリミングしたい範囲を決めます。トリミングした部分だけが表示されるようになります。

▶ ［トリミング］ボタンの▼ボタンから［図形に合わせてトリミング］を選択すると、簡単に任意の図形の形に切り抜くこともできます。

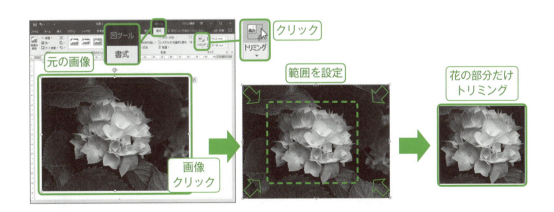

・画像の編集（色合い、モザイク、ぼかし、変形など）……［図ツール］

　図の色合い（セピア、グレースケールを含む）やモザイク模様、ぼかしやシャープネスといった画像の補正のほか、図の縁取り模様（額縁、スタンド型、円形など）などが可能です。

　写真をクリックし、［図ツール］の［書式］タブをクリックします。リボンに表示されたア

Unit 5 ビジュアルコンテンツを作ろう

187

イコンから、[アート効果]、[図のスタイル] などをクリックして、次の画面のような画像編集ができます。画面は、[アート効果] の [パッチワーク] と [色の変更] および、[図のスタイル] の [四角形ぼかし] を使用しています。

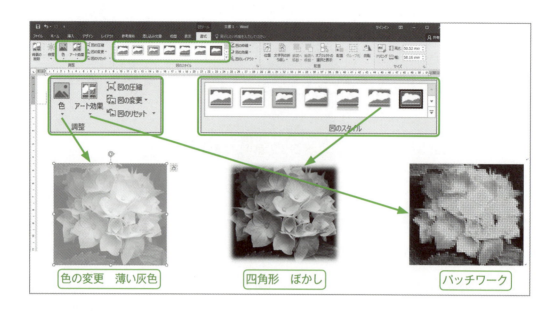

・画像の合成と背景処理……[図ツール]

　Office2010 以降では、[図ツール] に写真など画像の背景を削除する（透明化）機能が追加されました。写真をクリックし、[図ツール] の [書式] タブをクリックして、[背景の削除] をクリックします。消したい背景、残したい部分などを指定し、画像の一部を切り取ることができます。切り取った画像を別の写真の上に貼り付ければ、画像の合成もできます。

　次の画面は、あじさいの写真から葉っぱなどの背景を取り除いた例です。背景が透明化されたあじさいを3個縮小コピーし、元の画像と合成します。

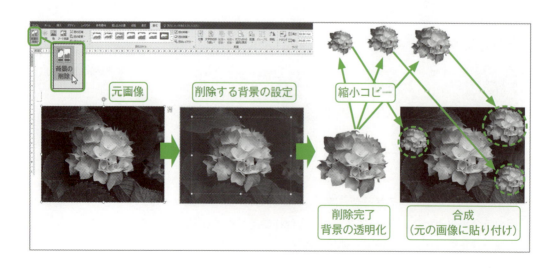

● 加工した画像の保存　−［ペイント］−

　通常、画像の加工・編集処理では、専用の画像ソフトを使用します。「画像の加工」で説明した機能は Word の機能を使った文書上での編集であり、読み込んだ図や写真などの元データは加工されません。文書内で加工した図や写真を画像ファイルとして保存する場合は、別途、画像形式で保存し直す必要があります。

　ここでは、Windows のアクセサリプログラム「ペイント」を使って、ファイル保存の手順を紹介します。

　合成済みの画像のページを表示した状態で、［Alt］キーを押しながら［PrintScreen］キーを押すと、Word の画面がクリップボードにコピーされます。次に、ペイントを起動し、ペイントの［ホーム］タブから［貼り付け］をクリックします。Word の画面イメージがキャンバスに貼り付けられます（①）。

　［選択］をクリックして合成画像を範囲選択（ドラッグ）し、［コピー］をクリックします。これで合成画像だけがクリップボードに保存されます（②）。［ファイル］タブの［新規］を順にクリックし（③）、表示メッセージの［保存しない］を選択後（④）、［貼り付け］をクリックします（⑤）。［ファイル］タブ→［名前を付けて保存］→［Jpeg 画像］の順にクリックします（⑥）。画像の形式は、用途に応じて選択してください。最後に、保存先（ここでは［ピクチャ］フォルダー）とファイル名を設定して［保存］をクリックします（⑦）。

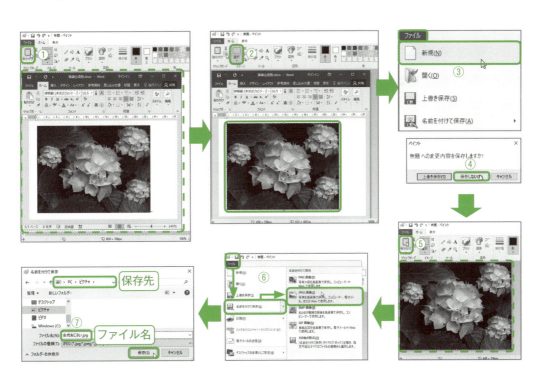

保育を学ぼう ## 3　保育記録

　保育者は、毎日の保育のために、子どもたちと直接かかわる以外にも、日常の仕事として保育記録やさまざまな記録をとらなければなりません。園全体であらかじめ表記ルールを決めて共有しておくと、あとで資料を見直すときに検索しやすくなります。とくに、日付、クラス名・個人名・行事名の表記ルールは、検索の際の重要な手がかりとなるので大事です。

◎例

平成25年8月3日	H25.8.3　or　2013.08.03.
二宮祐子	N.Y. or Y.N.（イニシャルの場合は順序を決めておく）
1歳児クラス	たんぽぽ組 or 1歳高月齢クラス
遠足	春の親子遠足 or 動物園遠足

　記録のおもなものを紹介しますので参考にしてください。

○保育記録（日誌）
　日案や週案・月案と照らし合わせながら、その日の様子や反省を記入します。日案の内容を達成したかどうかにとらわれるのではなく、週単位・月単位の保育の中でねらいが達成できているかを検討し、今後の方向性を考察することが大切です。また、当番活動の達成度や園庭で遊んだ時間など、毎日記録したいデータがあれば、形式を決めて記録しておくと、あとでまとめる作業（たとえば、グラフ化など）が簡単になります。

○ケース記録（児童票）
　「〜ができた」「〜ができない」だけではなく、その子どもの発達段階と今後の育ちや可能性を見通しながら記入します。ふだんの保育の中で気づいたことを、簡単な自分なりの表現でよいので、こまめにメモしておくと、まとめる際にスムーズに記入できます。多くの園で、客観的な視点を取り入れた具体的なチェック項目が設けられていたり、保育者とのかかわりの中で伸びる姿を具体的に記入したりするようになっています。

■学習内容
Unit6では、これまでに作成した画像（イラスト）や表などの入ったカードやおたよりを作成します。作成した文書の編集操作についても学習し、ワープロソフトのスキルを高めましょう。

図表が入ったおたよりを作成しよう

■習得すべき事項
文書の書式設定の変更／ヘッダー・フッターの設定
文字の書式設定の変更／画像の取り込み／簡易表の利用

Exercise.1　イラストの入った案内カードを作ろう

　Unit4で作成した文字だけの文書「ふれあいルーム案内（第32回）.docx」を使って、「案内カード」を作ってみましょう。
　Exercise.1では、［描画ツール］で作成した図形イラスト（p.112参照）をおたよりのカードに貼り付けます。前回作成したおたよりは文字のみの、やや堅い感じの文書でしたが、ここではイラスト入りのカードにします（次ページ上参照）。案内カードの作成手順は、次のとおりです。

①文字だけのおたよりの読み込み
②ページ書式の変更
③文面の変更　－文章の編集－
④文字の配置および書式の設定
⑤イラストの貼り付け
⑥作成した案内カードのファイル保存

ここで作成する案内カード

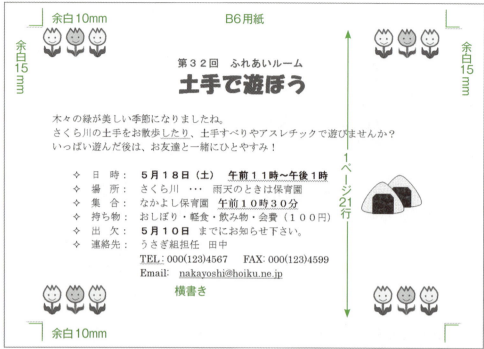

1 文字だけのおたよりの読み込み

保存先（「UNIT04」フォルダー）の中にある、おたよりの文書ファイル「ふれあいルーム案内（第32回）.docx」のアイコンをダブルクリックして開きます。

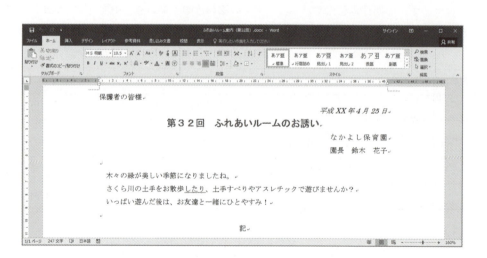

2 ページ書式の変更

次のようなページ書式に変更します。[レイアウト]タブをクリックして[ページ設定]グループの右下の をクリックし、「ページ設定」ダイアログボックスを表示します。[用紙][余白][文字数と行数]の各タブを順番にクリックして書式を変更します。

[用紙]タブ
・用紙：B6（幅182mm／高さ128mm）
[余白]タブ
・余白：上10mm／下10mm／左15mm／右15mm
・印刷の向き：横
[文字数と行数]タブ
・文字の方向：横向き
・文字と行数の指定：行数だけを指定する
・行数：21行

3 文面の変更 －文章の編集－

ページの書式を変更すると、文書のスタイルは次のようになります。そこで、緑の二重線の行を削除します。

```
保護者の皆様                                         平成XX年4月25日

            第32回　ふれあいルームのお誘い
                                            なかよし保育園
                                            園長　鈴木　花子

木々の緑が美しい季節になりましたね。
さくら川の土手をお散歩したり、土手すべりやアスレチックで遊びませんか？
いっぱい遊んだ後は、お友達と一緒にひとやすみ！

                        記

    ◆　日　時：　5月18日（土）　午前11時～午後1時
    ◆　場　所：　さくら川　…　雨天のときは保育園
    ◆　集　合：　なかよし保育園　午前10時30分
    ◆　持ち物：　おしぼり・軽食・飲み物・会費（100円）
    ◆　出　欠：　5月10日　までにお知らせ下さい。
    ◆　連絡先：　うさぎ組担任　田中
            TEL：000(123)4567　FAX：000(123)4599
            Email：nakayoshi@hoiku.ne.jp



                                            以上
```

4 文字の配置および書式の設定

先頭行の「第32回　ふれあいルームのご案内」の文字列を次のように変更します。Unit4で習得した文字列の配置および書式設定を参照しながら編集してください。

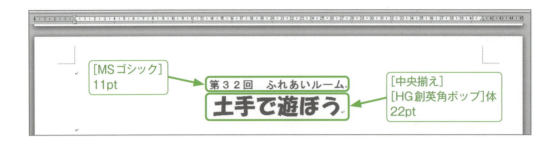

5 イラストの貼り付け

文書内にチューリップとおにぎりのイラストを挿入します。

① 「UNIT03」フォルダーに保存しているファイル「Lib.pptx」を開いて、その中の図形イラストを使用します。チューリップをコピーしたあと、色、葉模様を編集して、右図のような3本のチューリップを別シートに作ります。同様に、2個のおにぎりのイラストを作ります。それぞれグループ化（操作の手順はp.108を参照）しておきます。

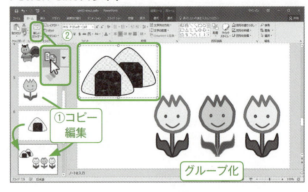

② おにぎりを選択して、クリップボードにコピーします。
③ 案内カードの文書ウィンドウをアクティブにして、中段右側（おにぎりの挿入位置）をクリックします。
④ ［ホーム］タブの［クリップボード］グループにある［貼り付け］ボタンから［形式を選択して貼り付け］をクリックします。表示されたダイアログで、形式として［図（拡張メタファイル）］を選択し［OK］ボタンをクリックします。挿入された図をドラッグ操作で縮小しながら、おにぎりの挿入位置を確定します。
⑤ 図をクリックして、図の右上隅の［レイアウトオプション］表示ボタンをクリックします。表示されたダイアログで［文字列の折り返し］として［前面］を選択し、［ページ上の位置を固定］にチェックを付けます。これで、おにぎりの図が文書内で自由に配置できるようになり、ドラッグ操作で図のサイズと配置を確定します。

Word 文書

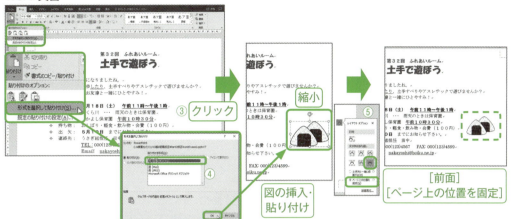

⑥タイトルを2行ほど下に改行します。

⑦おにぎりと同様の操作で、PowerPoint スライド内の3本のチューリップのイラストを Word 文書の左上隅に図として挿入・貼り付けたあと、サイズを縮小します。さらに、[前面]の設定および、[ページ上の位置を固定]にチェックを付けます。イラストの位置を確定します。

⑧左上隅に挿入したイラストを[Ctrl]キーを押しながらドラッグして右上隅にコピーします。

⑨左上隅のイラストを左下隅に、右上隅のイラストを右下隅にコピーして完成です。

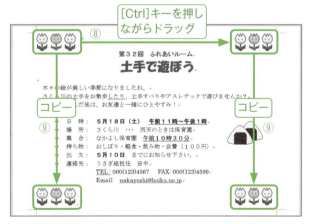

▶ Word2010 を使っている人は、⑤を以下のように操作してください
　図をクリックし、表示された[図ツール]の[書式]タブをクリックします。[配置]グループの[文字列の折り返し]をクリックして、表示メニューの中から[前面]を選択クリックします。これで、図をドラッグして文書内を自由に配置できるようになります。

6 作成した案内カードのファイル保存

できあがった案内カードの文書をファイル保存します。

なお、保存の前に、ホームフォルダーの中に「UNIT06」フォルダーを作成しておいてください。

・保存先　　：ホームフォルダー内の「UNIT06」フォルダー
・ファイル名：案内カード１（第32回）.docx

Exercise.2　表が入ったおたよりを作ろう

　Exercise.2では、おたより「ふれあいルーム案内（第32回）.docx」を引用して、次ページのような文書「20xx年度ふれあいルーム　今年度計画のお知らせ（春季版）」を作ってみましょう。作成手順は、次のとおりです。

①引用するおたよりの読み込み
②新たな文書ファイルとして名前を付け保存
③文面の変更　―文章の編集―
④文字の配置および書式の設定
⑤表の挿入と書式の設定
⑥イラストの貼り付け
⑦ファイルの上書き保存

ここで作成するおたより

> 保護者の皆様
>
> 平成 xx 年 4 月 15 日
>
> 20xx 年度ふれあいルーム
> 今年度計画のおしらせ（春季版）
>
> なかよし保育園
> 園長　鈴木　花子
>
> みなさま、ごきげんいかがですか、あたたかい日が増えてきましたね。
> 　新しい年度に変わって、入園式も終わりましたが、まだまだ落ち着かない日が続いていますね。でも、園児のみんなは少しずつ慣れてきて、毎日、先生たちといっしょに楽しく園の生活をしています。
> 　ふれあいルームでは、今年度も近所の公園などにでかけて、そとのふれあいを体験できるよう、いろいろなプランを立てています。来月からの春季計画ができましたので、まずはお知らせいたします。あらためて回ごとのご案内をさせていただきますので、たくさんの方々のご参加をお待ちしております。
>
> 記
>
> 20xx 年度　ふれあいルーム　春季計画
>
> | 回 | 場所 | 実施日（予定） | 内容 |
> |---|---|---|---|
> | 32 | さくら川 | 5月18日（土） | アスレチック |
> | 33 | あさがお公園 | 6月10日（土） | ピクニック |
> | 34 | 八義園 | 7月15日（土） | 水あそび |
>
> ふれあいルーム幹事：　りす組担任　佐藤
> 　　　　　　　　　TEL：　000(123)4567　　FAX: 000(123)4599
> 　　　　　　　　　Email：　nakayoshi@hoiku.ne.jp
>
> 以上

1　引用するおたよりの読み込み

　Exercise.1 と同様に、保存先（「UNIT04」フォルダー）の中にある、おたよりの文書ファイル「ふれあいルーム案内（第 32 回）.docx」のアイコンをダブルクリックして開きます。

2　新たな文書ファイルとして名前を付け保存

　これまでの演習では、文書が完成してからファイルの保存をしていましたが、ここからは最初に別名でファイル保存をします。どちらでも結果は同じなのですが、参照ファイルを開いたまま編集などの操作を行っていると、途中で誤ってそのファイルを壊してしまったり、うっかり上書き保存してしまうといった危険性があります。

　こうしたトラブルを避けるために、作業の最初に新しい名前を付けて複製を作っておき、参照元のファイルはすぐに閉じることにします。そのあとは、新たに別名保存したファイルを適宜上書き保存を繰り返しながら完成させます。

　［ファイル］タブをクリックして、［名前を付けて保存］を選んでクリックします。表示された「名前を付けて保存」ダイアログボックスで、保存先およびファイル名を次のように設定し、

［OK］ボタンをクリックします。これで保存が完了です。Wordのタイトルバーに表示されているファイル名が新しい名前に変わっていることを確認します。

- 保存先　　：「ホームフォルダ」内の「UNIT06」フォルダー
- ファイル名：20xx年度ふれあいルーム今年度計画のお知らせ（春季版）.docx

3　文面の変更　—文章の編集—

新しい文書のページ書式は、もとの「ふれあいルーム案内（第32回）.docx」のままとし変更はしません。まず、お知らせ文書の文面を次のように変更します。

修正箇所	修正内容
発信日付	「4月15日」に変更
文書のタイトル	「20xx年度ふれあいルーム　今年度計画のおしらせ(春季版)」に変更 フォントを[HG創英角ゴシックUB]、サイズを14ポイントに変更
案内文	「みなさま、ごきげんいかがですか、あたたかい日が増えてきましたね。 新しい年度に変わって、入園式も終わりましたが、まだまだ落ち着かない日が続いていますね。でも、園児のみんなは少しずつ慣れてきて、毎日、先生たちといっしょに楽しく園の生活をしています。 　ふれあいルームでは、今年度も近所の公園などにでかけて、そとのふれあいを体験できるよう、いろいろなプランを立てています。来月からの春季計画ができましたので、まずはお知らせいたします。あらためて回ごとのご案内をさせていただきますので、たくさんの方々のご参加をお待ちしております。」に変更
列挙項目の消去	「日時」から「連絡先」までの段落行を範囲選択して、[箇条書き]ボタンをクリックして、行頭文字「◇」を解除。そのあと「日時」から「出欠」までを削除し、「連絡先」の行だけ残す
幹事の設定	「連絡先」を「ふれあいルーム幹事」に変更 「TEL」「FAX」「Email」の3行を10文字程度字下げ

4　文字の配置および書式の設定

文面を変更し、文字の配置および書式の設定を行います。

5　表の挿入と書式の設定

できあがった文書の「記」の1行下に、春季の計画表を挿入します。

①表を挿入したい行（ここでは「記」の次の行）をクリックします。
②［挿入］タブの［表］ボタンをクリックします。4行4列の表を挿入します。
③右のように指定した表の枠が挿入されます。

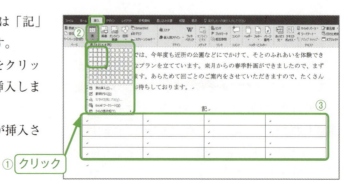

④表の列幅を右の画面のように変更して、セルの中に文字を入れます。「回」の数字は半角とし、その他の文字は全角にします。文字のサイズは 11 ポイント、フォントは「HG 創英角ゴシック UB」にします。

回	場所	実施日（予定）	内容
32	さくら川	5月18日（土）	アスレチック
33	あさがお公園	6月10日（土）	ピクニック
34	八義園	7月15日（土）	水あそび

⑤表全体をドラッグして範囲選択し、[表ツール]の[レイアウト]タブをクリック、文字の配置を「中央揃え」に設定します。続いて、[デザイン]タブをクリックします。[罫線]ボタン

20xx 年度　ふれあいルーム　春季計画

回	場所	実施日（予定）	内容
32	さくら川	5月18日（土）	アスレチック
33	あさがお公園	6月10日（土）	ピクニック
34	八義園	7月15日（土）	水あそび

をクリックし、罫線リストから[線種とページ罫線と網かけの設定]をクリックして、線種を「網線」に、線の色を濃いあずき色に設定します。最後に1行目のタイトル行だけをドラッグして範囲選択し、[塗りつぶし]をクリックして、タイトル行のセルの色を薄いピンク色に設定します。
「記」と表の間に、次のタイトル文字を入れて書式を設定します。

- ・入力する文字　：20xx 年度　ふれあいルーム　春季計画
- ・文字のフォント：HG 創英角ゴシック UB
- ・文字のサイズ　：12 ポイント

6　イラストの貼り付け

　最後に、案内文の右下隅に、Exercise.1 で作成したチューリップのイラストを貼り付けて完成です。Exercise.1 で作成した文書ファイル「案内カード1（第32回）.docx」を開いて、イラストをコピーした後、案内文の下に貼り付けます。

7　ファイルの上書き保存

　完成したおたよりを「20xx 年度ふれあいルーム今年度計画のお知らせ（春季版）.docx」に上書き保存します。
　クイックアクセスツールバーにある[上書き]ボタン（FD アイコン）をクリックまたは、[ファイル]タブをクリックして[上書き保存]をクリックします。

Exercise.3　やや複雑なレイアウトのおたよりを作る

　これまでの練習（Exercise.1～2）を通して習得した成果をもとに、Exercise.3では、次のようなスタイルのおたより「7月の園だより」を作ってみましょう。

　タイトル文字列の飾りつけや［描画ツール］で作成したイラストの挿入、作表機能を利用したレイアウトなど、これまで学習してきた機能を確認しながら作成していきましょう。

　作成の手順は、次のとおりです。

①ページ書式の設定
②ヘッダーの設定
③「園だより」上段の作成　－タイトルとあいさつ文－
④「園だより」中段の作成　－表と描画イラスト－
⑤「園だより」下段の作成　－トピックス－
⑥作成したおたよりのファイル保存

1　ページ書式の設定

　ページ書式を変更します。［レイアウト］タブをクリックして［ページ設定］グループの右下の をクリックし、「ページ設定」ダイアログボックスを表示します。「用紙」「余白」「文字数と行数」の各タブを順番にクリックして書式を変更します。

［用紙］タブ
・用紙：A4
［余白］タブ
・余白：上 20mm ／下 15mm ／左 15mm ／右 15mm
［文字数と行数］タブ
・文字の方向：横向き
・文字と行数の指定：文字数と行数を指定する
・文字数 52 字／行数 51 行

2　ヘッダーの設定

①［挿入］タブをクリックして、［ヘッダーとフッター］グループの［ヘッダー］をクリックします。表示されたヘッダータイプから［空白］タイプを選んでクリックします。

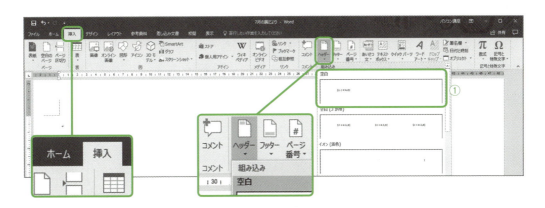

②ヘッダー部に「20xx 年 7 月 1 日 発行　7 月の園だより」と 2 行で入力し、[ヘッダーとフッターを閉じる] ボタンをクリックします。ヘッダーが挿入されます。

3　「園だより」上段の作成　－タイトルとあいさつ文－

●タイトルとマスコットイラストの挿入（「ワードアート」を使う）

①[挿入] タブから [表] をクリックして、行数 1 と列数 3 を選択し、先頭行に 1 行 3 列の表を挿入します。

②イラストおよびタイトル文字を挿入するために、列幅を調整します。Exercise.1 および 2 と同様の操作で、両端のセルにうさぎ（Exercise.2 のチューリップと同じ PowerPoint ファイルの中に入っています）のイラストを [図（拡張メタファイル）] で挿入し、サイズを縮小調整します。[レイアウト] タブをクリックして、セル内でのイラストの配置方法を中央揃えに設定します。

③表全体（3 つのセル）をドラッグして選択後、[デザイン] タブの [罫線] ボタンをクリックして、表示されたメニューから [枠なし] をクリックして、表の枠線を非表示にします。

④真ん中のセルをクリックしてカーソルを表示したら、[挿入] タブの [ワードアート] をクリックして、表示されたスタイル一覧から先頭のスタイルを選んでクリックします。
Word2010 を使用している場合は、「光沢のある赤字」を選んでください。

⑤「ここに文字を入力」のところに「7月の園だより」と入力します。ドラッグ操作で文字列のサイズを調整して、セル内の配置を中央揃えに設定します。

Word2013 および 2016 を使用している場合は、文字列「7月の園だより」を範囲選択して、文字列の書式を下記のように設定してください。Word2010 を使用している場合は、スキップして「●発信者情報の作成」に進んでください。

- ［ホーム］タブをクリックし、フォントを「HG 創英角ポップ体」に変更
- ［描画ツール］の［書式］タブをクリックし、
  ［ワードアートのスタイル］の［文字の塗りつぶし］で文字色を［赤］に変更
- ［ワードアートのスタイル］の［文字の効果］で［面とり］を［丸］に変更

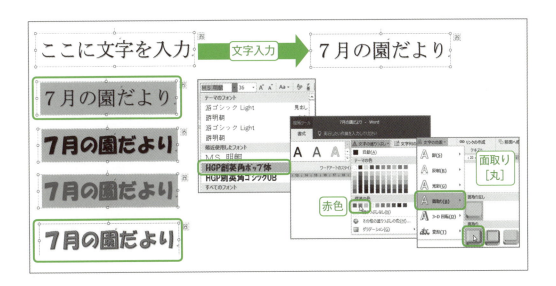

● **発信者情報の作成（均等割り付け）**

①右端のうさぎのイラストの下に、園名（なかよし保育園）と園長名（園長　鈴木花子）を入力します。さらに、これらの文字列に均等割り付け（ともに10字）を設定します。

● **あいさつ文の作成（2段組み）**

次に、あいさつ文を作成します。下記の文章を園長名の1行下から入力します。

> 　6月の保護者懇談会には、お忙しい中、みなさまのご参加ありがとうございました。あらためて御礼申し上げます。今回は、今年1年間の保育内容について説明させていただきました。保育内容など、ご意見、ご要望がございましたら、お気兼ねなく私どもにお話ください。
> 　さて、7月は、「暑い」、「プール」、「水遊び」、「すいか」など、夏を感じる言葉が多く聞こえる季節です。6月初旬から保育園の給食で「小玉すいか」を食べ、一足早い夏を感じていました。「甘い」、「赤い」、「おいしい」果物を季節の先取りと実感いたしましたが、いよいよ夏本番の季節です。
> 　先月は、「夏風邪」で休んだお子さんが多かったのですが、今月は健康で夏の遊びをたくさん体験したいと思っています。ご家庭でも、早寝早起きなど、体調管理をよろしくお願いいたします。

①入力した文章全体をドラッグして範囲選択後、文字のフォントを「HG正楷書体-PRO」に変更します。文字のフォントサイズは、初期状態の10.5ポイントのままでかまいません。
②続いて、段組みを2段に変更します。範囲選択した状態で、［レイアウト］タブをクリックします。［ページ設定］グループの［段組み］ボタンをクリックし、表示された段組みタイプの中から［2段］を選択します。選択した文章が2段組に変わります。

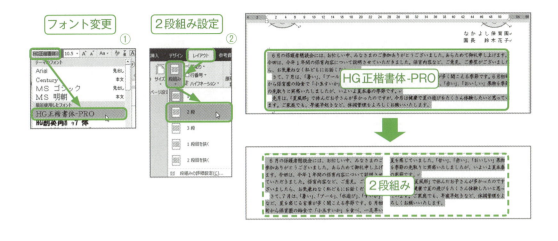

4 「園だより」中段の作成 －表と描画イラスト－

● 7月の行事予定表の作成（「縦書き」の表）

　あいさつ文の下を1行開けて、見出し文字「7月の行事予定」を入力します。文字のフォントを「HG創英角ポップ体」、フォントサイズを11ポイント、文字色を青緑に設定します。
　その下に行事予定の表を縦書きで作成します。

① ［挿入］タブから［表］ボタンをクリックし、2行6列の表を挿入します。各列の幅を縮小し、2行目の縦書き行の高さを拡げておきます。
② 表の2行目をドラッグして、［レイアウト］タブの［配置］グループにある［文字列の方向］ボタンをクリックして、セル内の文字の方向を「縦書き」に変更します。

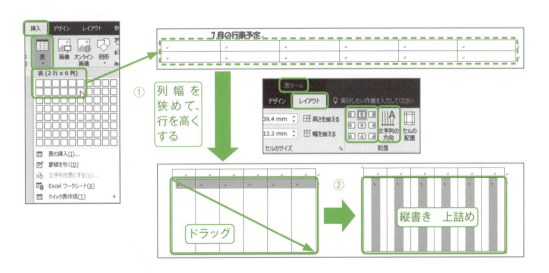

205

③すべてのセルに文字を入力します。入力が終わったら、文字およびセルの書式を次のように設定します。設定は［ホーム］タブの［フォント］グループや［デザイン］タブで行います。

- 文字のフォント：HG 創英角ゴシック UB
- 文字のサイズ　　：10.5 ポイント
- 文字の色　　　　：黒
- 1 行目のセルの背景色：水色
- セルの枠線　　　：すべての線を二重線

●夕涼み会の紹介の作成（図形描画とテクスチャの活用）
　行事予定表のとなりに「夕涼み会」の案内を挿入します。図形に文字列を入力して、背景などのデザインを設定します。

①［挿入］タブで［図形］を選択し、［基本図形］の中から［メモ］をクリックします。図形が挿入されたら、［図形の塗りつぶし］をクリックして［テクスチャ］を選び、布模様を図形に貼り付けます。紹介文を入力して完成です。文字の書式は、次のとおりです。

- 文字のフォント：HG 創英角ゴシック UB
- 文字のサイズ　　：9 ポイント
- 文字の色　　　　：白

●関連イラストの挿入（「クリップアート」の活用）
　「7 月の園だより」の内容に関連したイラストを挿入します（すいか、七夕、花火、ゆかた）。［描画ツール］で作成してもかまいません。

5 「園だより」下段の作成 ―トピックス―

今月のトピックスとして、次の3つの情報を図形模様と組み合わせて作成します。

ここでは、[挿入]タブで[SmartArt]の[蜂の巣状の六角形]を挿入し（Word2010を使用している場合は、「左右交替積み上げ六角形」を選択してください）、イラストは、Officeの「クリップアート」を使用しています。[描画ツール]で図形を作成して、その中に文字を入れて作成してもかまいません。

これで完成です。

トピックス	内容	設定
今月のミニ話	保護者の方からカブトムシとめだかをいただき、玄関でげんきよくしています。園児たちの新たな立ち寄り場所ができました。かれらを見るこどもたちの目は、ほほえみと、かがやきに満ちています。ここちよいコミュニケーションの場に、ぜひ利用してください。	フォント：HG創英角ゴシックUB サイズ：11ポイント 文字色：白 背景色：薄いあずき色
今月が誕生月の園児	ひよこ　中田ゆみちゃん りす　　斉藤ゆうたくん 　　　　高島りかちゃん	フォント：HG創英角ポップ体 サイズ：11ポイント 文字色：濃いあずき色 背景色：ベージュ
おめでとう	竹内先生が6月10日に女児を出産されました。ただいま育児のためお休みです。	フォント：HG創英角ゴシックUB サイズ：11ポイント 文字色：白 背景色：濃いあずき色

▶ SmartArt の操作については、Part4 の p.348 以降を参照してください。

6 作成したおたよりのファイル保存

できあがった「7月の園だより」の文書を保存します。[ファイル]メニューから[名前を付けて保存]を選び、次の内容で保存します。

・保存先　　：ホームフォルダー内の「UNIT06」フォルダー
・ファイル名：20xx年7月の園だより.docx

Let's Try! いろいろなおたよりやカードを作成してみよう

❶進級カードを作成してみよう

進級した子どもに送る「進級カード」を作ります。次の設定で作成してみましょう。文章は図版例を見ながら入力してください。

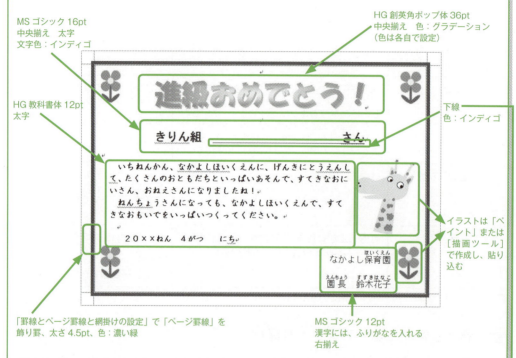

▶ **ふりがな**：ふりがなを入れたい文字列をドラッグして選択し、[ホーム] タブの [ルビ] ボタンをクリックします。「ルビ」ダイアログボックスが表示されるので、ここで設定してください。
▶ **下線**：下線を引きたい範囲をドラッグして選択し、[ホーム] タブの [下線] ボタンをクリックします。

[ページ書式]
- 用紙　　　　：B6
- 余白　　　　：上 10mm　下 10mm　左 10mm　右 10mm
- 印刷の向き　：横
- 文字数と行数：横書き 19 行（行数のみ設定）

❷遠足のおたよりを作成してみよう

「動物園遠足」のおたよりを作成します。入力する文書およびページ書式は、下記のとおりです。

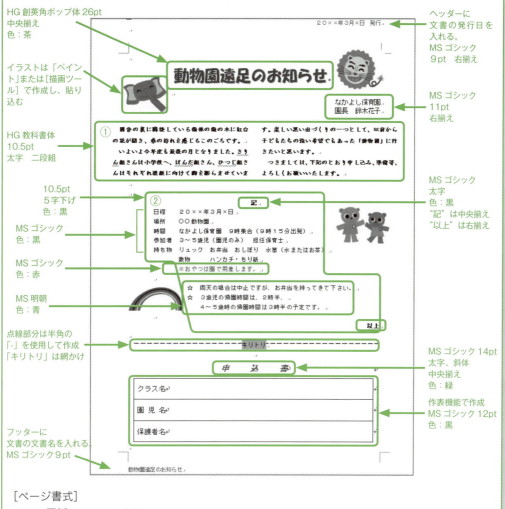

[ページ書式]
- 用紙　　　　　：A4
- 余白　　　　　：上 35mm　下 30mm　左 30mm　右 30mm
- 印刷の向き　　：縦
- 文字数と行数　：横書き 45 行（行数のみ設定）

①
　園舎の裏に隣接している梅林の梅の木に紅白の花が開き、春の訪れを感じるこのごろです。
　いよいよ今年度も最後の月となりました。きりん組さんは小学校へ、ぱんだ組さん、ひつじ組さんはそれぞれ進級に向けて胸を膨らませています。楽しい思い出づくりの一つとして、以前から子どもたちの強い希望でもあった「動物園」に行きたいと思います。
　つきましては、下記のとおり申し込み、準備等、よろしくお願いいたします。

②
記
日程　　　２０××年３月×日
場所　　　○○動物園
時間　　　なかよし保育園　９時集合（９時１５分出発）
参加者　　３～５歳児（園児のみ）　　　　担任保育士
持ち物　　リュック　お弁当　おしぼり　水筒（水またはお茶）
　　　　　敷物　　　ハンカチ・ちり紙
　　　　　※おやつは園で用意します。
☆　雨天の場合は中止ですが、お弁当を持ってきて下さい。
☆　３歳児の帰園時間は、２時半、
　　４～５歳時の帰園時間は３時半の予定です。

保育を学ぼう ## 4 保育の計画

　それぞれの園が、『幼稚園教育要領』・『保育所保育指針』・『幼保連携型認定こども園教育・保育要領』をもとに、園の独自性や地域性を考慮しながら、入園から卒園までの子どもの姿を見通した「保育の計画」を立案しています。園長を交え、園全体の職員が参加して策定されています。「保育の計画」は、あとから計画を修正することもありますが、保育は何年にも及ぶことなので、長期にわたる一貫性が必要です。

　また、これをもとに、以下に紹介するような「指導計画」を年度ごとに、長期的な計画から短期的な計画まで、年、期、月、週、日の順に作成していきます。

○ **年間計画**：1 年間の子どもたちの生活を見通した年齢別の計画です。同じ学年のクラス担任が集まって作ることが多いでしょう。行事などクラスや学年の枠を超えて連携をとる必要がある場合には、あらかじめ、日程やおおまかな内容を話し合っておきます。

○ **期の計画**：子どもの発達をもとに、2 カ月～ 4 カ月くらいのいくつかの期に分けて立案する計画です。園の事情によって期間は異なりますが、季節感を重視して作られます。幼稚園・保育所では、季節によって、おもな活動である「遊び」が左右されることが多いので、月単位より長いスパンの視野で立案します。また、運動会などの行事も 1 カ月以上にわたって活動することがあるので、長期的な見通しがもてるようにしましょう。

○ **月間計画**：年間計画や期の計画を具体化し、月別にした計画です。誕生会、身体測定や検診など月単位あるいは週単位で行われることや、行事の具体的な日程を考慮しながら立てます。学年で統一して立てる場合と、クラス単位で立てる場合とがあります。実施できなかった内容を翌月に繰り越すことはむずかしいので、内容を吟味し、無理のないスケジュールを立てましょう。

○ **週および日の計画（週案・日案）**：短期的な計画で、週および 1 日単位で立案する計画です。各担任がクラス単位で立てます。週案と日案が同じ用紙の中にあったり、案の横に、そのまま、保育日誌として記録や反省をかけるような書式になっていることもあります。

表計算ソフトの機能と操作を学ぼう

表の作成・台帳（データベース）管理と
かんたんな表計算をしよう！

Part3

Part3ではまず、表計算ソフト「Excel」の基本操作を学びます。演習では、表やグラフの作成、表の集計など、実際の業務で役立つ機能を習得しましょう。

このPartで学ぶこと

Part3 では、表計算ソフトに関する知識と操作技術を学びます。

表計算ソフトとは、どんなものか、どのようなことができるかなどの基礎的な知識を学び、Excel の具体的な操作スキルについて習得していきます。

知識の習得

① 表計算ソフトとは……どのようなことができるのか
② ワークシートの構造と機能……セル、シート、ブック
③ 表の中で扱えるデータ
④ 計算式と関数

操作スキルの習得

① 表計算ソフトの起動と終了
② セルへのデータ入力と更新
③ セルの編集……セルのサイズ調整、セルの結合、行および列の編集、セル群の編集
④ 図形や画像の挿入
⑤ セルの書式設定
⑥ セルの入力規則設定
⑦ 計算式
⑧ グラフの作成
⑨ 表の集計と並べ替え
⑩ シートの保存と読み込み
⑪ シートの印刷
⑫ 他の Office ソフトとの連携……表やグラフをワープロ文書に貼り付けるなど

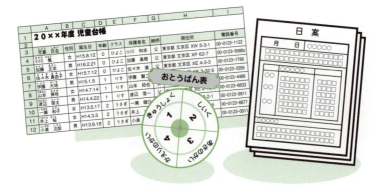

Introduction 1 表計算ソフト

　表計算ソフトとは、縦横マトリクス（格子）構造をしたワークシートを使って、日常生活におけるさまざまな計算や台帳（データベース）管理などを手軽に行うことができるソフトウェアです。ワークシートの中には、文字や数値だけでなく、イラスト、写真など視覚的な素材を入れることもでき、表スタイルの文書作成やWord、PowerPointなど、ほかのOfficeソフトとも連携が可能です。代表的な機能は、次の3つです。

①作表機能（表の作成）
②台帳機能（データベース管理）
③計算・集計機能

作表機能－表の作成－

　マス目を縦横に組み合わせて表を作成します。Part2で紹介した［表ツール］を使うと、Word文書の中でも表を作成することができ、文字だけで構成されるような表であれば、［表ツール］を利用すると便利です。しかし、表の中に数値データが含まれている場合、たとえば、合計などを計算したいときには、単純な形式の表でも、表計算ソフトを利用しましょう。

　Excelには、見栄えのよい表を作るための作表機能が用意されています。操作の基本は、［表ツール］と同じです。表のマス目の中には、文字列、数値に加えて、写真などの画像を貼り付けることができます。また、マス目の大きさ（高さ、横幅）、枠線の種類や色、背景色（表の塗りつぶしの色）などが自由に変えられるので、いろいろな形状、模様の表が作れます。できあがった表は、Word文書の中に入れる（貼り付ける）ことができます。

作表機能の例

クラス名	年齢	クラス担任	人数		
			男児	女児	男女計
ひよこ組	0	中村・飯島	1	3	4
りす組	1	佐藤	2	3	5
うさぎ組	2	田中	4	4	8
ひつじ組	3	小川	6	4	10
パンダ組	4	田村	6	8	14
キリン組	5	佐々木	10	8	18
		合計	29	30	59

20XX年度　年間保育カリキュラム		
総主題	共に育つ	
月	月主題	月の願い
4月	出会う	・保育者に守られて過ごす ・新しく出会った友達や保育者に親しみをもつ
5月	見る	・保育園の生活に慣れ、いろいろな場所で過ごす ・保育者と一緒に遊ぶ
6月	触れる	・探索活動を楽しむ ・小動物や自然に触れて遊ぶ

台帳機能 －データベース管理－

　私たちが日常的に使用している台帳のひとつに、住所録があります。知人などの住所情報を管理するためのもので、項目としては、氏名、住所、電話番号などがあり、人数分だけ登録します。コンピューターの世界では、このような台帳のことを「データベース」と呼びます。

　住所録での住所項目に相当するものを「レコード」と呼び、データベースは多数のレコードのかたまりで構成されています。表計算ソフトでは、このような台帳を簡単に作成、更新管理することができます。そして、キーワード（以後は、キーと略します）を指定して検索する機能もあり、データベースに登録されているレコード数が多くなった場合でも、容易に目的のものをすばやく探し出すことができます。また、レコードを項目ごとに集計したり、並べ替えたり（ソートまたは整列といいます）することもできます。

台帳機能の例（児童台帳）

	A	B	C	D	E	F	G	H	I	J	K
1	児童　氏名	性別	生年月日	年齢	クラス	保護者名	続柄	現住所	電話番号	入園日	備考
2	小川 楓	女	2012/8/12	0	ひよこ	小川 和志	父	東京都 文京区 XW 5-3-1	00-0123-1122	2013/4/6	
3	加藤 正志	男	2013/2/21	0	ひよこ	加藤 基樹	父	東京都 文京区 XP 62-7	00-0123-5588	2013/4/6	
4	佐々木 真由子	女	2012/7/12	0	ひよこ	佐々木 進	父	東京都 文京区 XE 4-3-3	00-0123-7766	2013/4/6	
5	伊藤 大地	男	2012/1/5	1	りす	伊藤 賢二	父	東京都 文京区 XE 3-32-5	00-0123-3355	2012/4/7	
6	山本 美咲	女	2011/7/14	1	りす	山本 拓也	父	東京都 文京区 XP 4-3-1	00-0123-4466	2012/4/7	
7	渡辺 啓太	男	2011/4/22	1	りす	渡辺 信一	父	東京都 文京区 XE 2-12-1	00-0123-6633	2012/4/7	
8	一瀬 和子	女	2010/5/17	2	うさぎ	一瀬 健介	父	東京都 文京区 XK 6-2-1	00-0123-9911	2011/4/7	
9	井上 桜	女	2011/3/3	2	うさぎ	井上 一郎	父	東京都 文京区 XE 4-8-5	00-0123-8877	2011/4/7	
10	小泉 次郎	男	2010/9/18	2	うさぎ	小泉 幸雄	父	東京都 文京区 XG 8-6-6	00-0123-0011	2011/4/7	
11	伊藤 花子	女	2009/11/24	3	ひつじ	伊藤 和夫	父	東京都 文京区 XP 68-1	00-0123-2233	2010/4/6	
12	佐藤 健太	男	2009/6/6	3	ひつじ	佐藤 春太	父	東京都 文京区 XY 3-1-3	00-0123-2277	2010/4/6	
13	山田 太郎	男	2009/10/2	3	ひつじ	山田 一郎	父	東京都 文京区 XM 1-1-1	00-0123-0022	2010/4/6	
14	生田 正雄	男	2009/2/26	4	ぱんだ	生田 真弓	母	東京都 文京区 XC 6-6-3	00-0123-5599	2009/4/6	
15	石川 翔太	男	2008/10/13	4	ぱんだ	石川 三郎	父	東京都 文京区 XF 21	00-0123-0033	2009/4/6	
16	小島 一平	男	2008/7/19	4	ぱんだ	小島 三平	父	東京都 文京区 XC 3-2-2	00-0123-1177	2009/4/6	
17	坂本 蓮	男	2007/5/27	5	きりん	坂本 竜太	父	東京都 文京区 XF 225	00-0123-6688	2008/4/6	
18	高田 優花	女	2008/1/2	5	きりん	高田 純一郎	父	東京都 文京区 XF 648	00-0123-9922	2008/4/6	
19	長谷川 陸	男	2007/8/24	5	きりん	長谷川 浩	父	東京都 文京区 XR 2-1-2	00-0123-8811	2008/4/6	

計算・集計機能

表のマス目の中には、計算式を記述することができます。表の行および列の計算など、種々の計算が即座にできます。また、数値を変更したときには、自動的に再計算が行われるので、データのシミュレーションなども簡単に実現できます。

計算式は、私たちが日常的に使用している四則演算などの式で記述します。合計、平均などよく使われる計算については、組み込み関数として標準で提供されており、引数を指定すると計算自体は関数側で行ってくれます。

計算・集計結果を視覚的に捉えることができるように、デザインやグラフ表示（棒グラフ、折れ線グラフなど）なども用意されています。グラフの種類も豊富で、必要な項目を設定していくだけで、表データから簡単にグラフを作成できます。作成したグラフは、あとから修正、変更することも簡単にできます。

▶ **引数（ひきすう）**
プログラミング言語で関数などを呼び出す際に、その関数を実行するために渡す値のことをいいます。

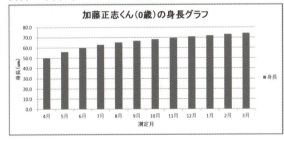

計算・集計（グラフ化）機能の例

クラスの人数（男女合計）の例

クラス名	年齢	クラス担任	人数
ひよこ組	0	中村・飯島	4
りす組	1	佐藤	5
うさぎ組	2	田中	8
ひつじ組	3	小川	10
パンダ組	4	田村	14
キリン組	5	佐々木	18

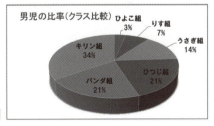

男児の比率（クラス比較）の例

	A	B	C	D	E	F	G	H	I	J	K	L	M	N
1					行事写真の購入申し込み管理									
2	運動会													
3														
4	園児名	No.1	No.2	No.3	No.4	No.5	No.6	No.7	No.8	No.9	No.10	合計	写真代	
5	坂本 蓮	1		1		1		1					5	108	
6	清水 美久	1	1	1		1		1		1			6	129	
7	高田 優花	1		1	1			1		1			5	108	
8	長谷川 隆	1					1	1					3	64	
9															
10	合計	4	1	3	2	2	2	2	1	2	0		19	409	
11															

Introduction 2 | Microsoft Excel の操作

　表計算ソフトの代表的なものが、Microsoft 社の Excel です。ここでは、表計算ソフトの具体的な機能について、Excel を利用して説明していきます。Unit での演習を行う前に、Excel の機能および操作の概略を学習してください。

　習得すべき表計算ソフトの操作機能は、次の表に示すとおりです。

習得すべき表計算ソフトの機能

1. Excel の起動と終了 2. ワークシートとセル 3. セルへのデータ入力と更新 4. セルの書式設定 　（1）表示形式 　（2）配置 　（3）フォント 　（4）罫線 　（5）塗りつぶし 5. セルの編集 　（1）セルのサイズ（行および列）調整 　（2）セルの結合 　（3）行および列の挿入、複写、削除 　（4）セル群の複写、移動、削除 　（5）図形、画像の貼り付け	6. セルの入力規則設定 7. 計算式 　（1）四則演算 　（2）関数の利用 　　① 合計、平均 　　② 最大、最小 　　③ 条件判定 　　④ カウント 　　⑤ 数値のまるめ処理 8. 表の集計と並べ替え 9. グラフ作成 10. 電子シートの保存と読み込み 11. 電子シートの印刷 12. 他の Office ソフトとの連携

Excel の起動と終了

　Part1 の「アプリケーションの起動と終了」（p.35 参照）で説明した操作方法で Excel を起動します（デスクトップ上の Excel 用ショートカットやタスクバーのアイコン使用など）。

① 新たにシートを作成する場合は、Excel を起動後にテンプレートの選択画面が表示されるので、「空白のブック」を選択します。Excel のウィンドウが表示され、シート上に表データを作成できます。
② すでに作成済みのファイル（ブックという）を更新、または閲覧する場合は、ブックが保存されているフォルダーを表示して、ブックのアイコンをダブルクリックすると、Excel が自

動起動されます。先頭のシートがウィンドウに表示され、編集または閲覧が可能になります。Excelを起動したあと、ブック名を指定して開くこともできます。

Excelの起動画面

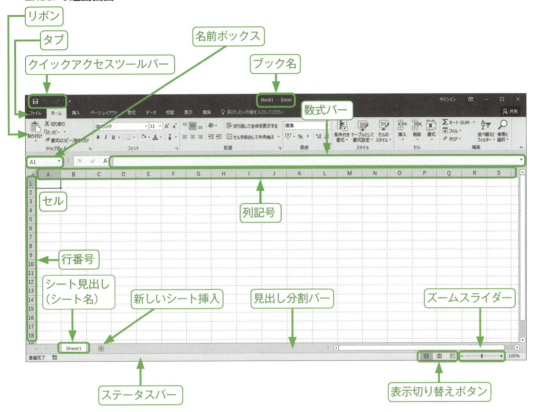

▶ Excelを新たに起動したときに表示される空のシートは、Excel2013以降では1枚（Sheet1だけ）ですが、Excel2010では3枚（Sheet1からSheet3）表示されます。

● Excelの終了

Wordと同様の手順でExcelを終了します。

ウィンドウ右上端の［閉じる］ボタン（☒）を使用する

右上の［終了］ボタンをクリックすると、Excelが終了します。

なお、ファイル保存が行われていない状態で終了しようとすると、確認メッセージが表示されます。保存が必要な場合は、［保存］ボタンをクリックすると上書き保存されます。別名で保存したい場合や保存先を変更したい場合などは、［キャンセル］ボタンをクリックし、改めて［ファイル］タブの［名前を付けて保存］をクリックします。

保存が不要な場合は、［保存しない］ボタンをクリックしてExcelを終了します。ファイルの保存については、p.252を参照してください。

リボンの機能

Part2 の Word と同様、Excel でも「リボン」と呼ばれるインターフェイスが用意されています。

●コアタブ

Excel の画面に標準で常に表示されている代表的なタブ（コアタブ）には、次の 8 種類があります。

タブの名前	説明
ファイル	ファイルの読み込みや保存（新規保存と上書き保存）、ファイル情報、印刷、ヘルプ、Excel の終了などのメニューからなるリボン。このタブをクリックすると、Backstage ビューと呼ばれる画面が表示され、上記メニューを選択できる
ホーム	表の作成・編集など Excel を使用するときに使用頻度の高いツールがまとまったリボンで、ホームポジションのタブとして、Excel 起動時にはいつも最初に表示される。コピー、切り取り、貼り付けなどのクリップボード操作、文字フォント、セル内の配置設定、数値の表示編集操作、セル編集操作（挿入、削除、書式）、合計などの関数計算や、よく使う集計機能などのボタン群がグルーピングされている
挿入	ワークシート（p.219 参照）やセルの中への挿入操作に関連したリボン。画像、図形など図関連、種々のグラフ、テキスト関連、数式、集計型の表（テーブルという）などを挿入するためのボタン群が入っている。セルの中に何かを挿入したいときに、このタブをクリックする
ページレイアウト	できあがった表データを文書として印刷するための機能がまとまったリボン。ページの書式設定、印刷ページのレイアウト操作などもここで行う
数式	計算式で利用する関数の記述を支援するため機能がまとまったリボン。その他、ワークシート分析関連の機能も含まれている
データ	データベース関連の機能がまとまったリボン。外部データの取り込み、並べ替えなどデータベースの編集、データの入力規則の設定やデータ集計・分析などを行う際に利用する
校閲	文章の校正、コメント挿入、変更履歴、変更操作、文書の保護など校閲に関するリボン。複数の人と文書を共有する場合などに、校閲作業に便利な機能で構成されている
表示	ワークシートの画面表示に関連した機能が入ったリボン。ブック（p.219 参照）の内容、画面のズーム、表示ウィンドウの分割、切り替え操作などが行える

●コンテキストタブ

Word の操作でも紹介しましたが、Excel の操作においても、ワークシートの中に、画像やグラフ、図形などのオブジェクトを挿入すると、自動的に現れるタブがあります。これを「コンテキストタブ」といいます。特定のオブジェクトに対して何らからの編集作業を行いたい場合に、目的のオブジェクトを選択すると表示されます（p.134 参照）。

ワークシートとセル

❶ワークシート

　Excelなどの表計算ソフトで、データを入力したり編集したりする作業スペースを「ワークシート」と呼びます。略して「シート」ともいいます（以後、「シート」と記述します）。シートは、「セル」と呼ぶ四角形のマス目で構成されています。

　セル内には、文字列（テキスト）、数値、計算式などを記述でき、これらを組み合わせてさまざまな表を作成します。また、シート上には、写真やイラストなどを貼り付けられ、ワープロで作るような文書も作成できます。

　シートは複数作成でき、各シートを識別するために、名前を付けます。これを「シート見出し」または「シート名」といいます。各シートは、ウィンドウ下段に表示されるシート名のタブをクリックすることで切り替えることができます。

❷セル

　シート内の横のセル群を「行」、縦のセル群を「列」と呼びます。行および列には、位置を表す記号と番号が付いており、それぞれ「行番号」、「列記号」と呼びます。

　行番号には、先頭行から順番に数字が、列記号には、左側から順番にアルファベットが振られています。この行番号と列記号を組み合わせて、セルの位置（「セル番地」と呼びます）を識別します。たとえば、「列A」の「1行目」にあるセル番地を、「A1」と記述します。

ワークシートとセル

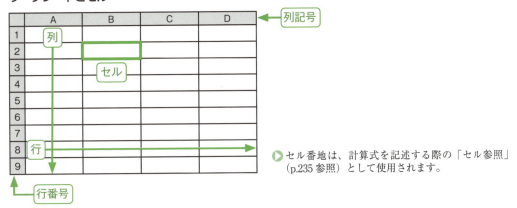

▶セル番地は、計算式を記述する際の「セル参照」（p.235参照）として使用されます。

❸ブック

　シートの集まりを「ブック」と呼び、ブックがExcelで作成するファイルの単位になります。

セルへのデータ入力と更新

●データの種別

Excelは、セルに入力された文字の種類によって、データの種別を自動的に設定します。自動設定された種別を変更するときは、［セルの書式設定］を使用します。

文字の種類	データの種別と解釈
数字（半角文字）	数値（整数または小数点数） ピリオド(.)付きの場合は、小数点数とみなす 整数の例： 100　　　小数の例： 10.54
通貨文字（半角文字）	￥$など、金額 例：￥12300　　　￥12,300と表示される
日付の形式（半角文字）	日付 例： H17.4.15　　　2005/04/15 など
時刻の形式（半角文字）	時刻 例： 12:30 など
先頭文字が ＝（半角文字）	計算式 例： =A3+B3　　（セルA3とB3を加算する）
その他の半角文字または、全角文字	文字列 例： 保育園　software　ソフト

それでは、みなさんも次ページ以降のデータ入力操作をいっしょに行ってください。

●数値の入力

セルに数値を入力します。

① セルB5をクリックします。
② キーボードから半角文字「24」を入力します。
③ ［Enter］キーを押します。数値と解釈され、右詰めで表示されます。

セルB5に数値24を入力

●日本語文字列の入力

セルに日本語の文字列を入力します。次のように操作します。

①セル C3 をクリックします。
②「保育園」と入力して、[Enter] キーを押します。文字列と解釈され、左詰めで表示されます。

セル C3 に「保育園」と入力

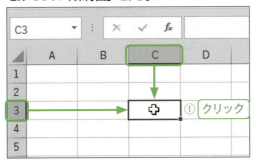
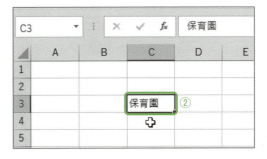

▶ セルへの入力は、右のように [数式バー] 上でも確認できます。また、[数式バー] 上に文字を入力し、セルで確認することもできます。

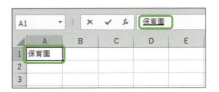

●数字を文字列として入力

セルに数字を入力すると、自動的に数値として解釈されます。数字を文字列として入力したい場合、[セルの書式設定] で変更します。

①文字を入力するセル（ここでは B2）をクリックします。
②マウスを右クリックして、表示されたメニューから [セルの書式設定] を選択します。[ホーム] タブの [書式] からも同様に操作できます。
③「セルの書式設定」ダイアログボックスが表示されます。[表示形式] タブをクリックし、[分類] の中から [文字列] を選択して、[OK] ボタンをクリックします。
④全角文字で「24」を入力します。前述の例と異なり、「24」が文字列として設定され、左詰めで表示されます。

セル B2 に数値ではなく全角文字列として「24」を入力

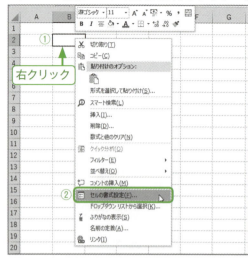

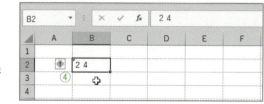

▶すでに数値が入力されているセルの場合も、同様に操作することで分類を変更することができます。

● セル内のデータ修正

　セルをダブルクリックすると、セル内のデータを修正できます。セル B5 に入力した数値「24」を「124」に変更します。

①セル B5 をダブルクリックします。セル編集が可能な状態に変わります。
②数値を「124」に修正して、[Enter] キーを押します。

「24」を「124」に修正

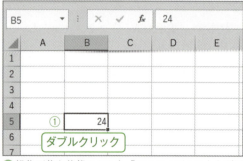
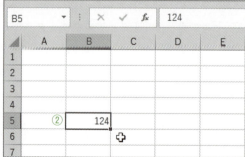

▶操作可能な状態のセルを「アクティブセル」と呼びます。

●セル内のデータ消去

　データが入っているセルを選択し、[Delete] キーまたは [BackSpace] キーでセル内のデータを消去します。ここでは、セル B5 のデータを消去します。

①セル B5 をクリックして [Delete] キーを押します。
②数値「124」が消去され、空のセルになります。

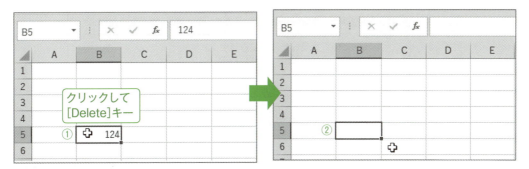

▶ 複数のセル内のデータ消去方法
　複数のセル内のデータを消去したい場合は、消去したいセル群をドラッグして選択範囲を行い、[Delete] キーを押します。

セルの書式と書式設定

　セル内の文字のフォント（スタイル、サイズ、色など）、セルの色（塗りつぶし）、セルの枠線（スタイル、色など）など、セル内のデータに対してもさまざまな書式を設定できます。書式の種類には、次の5つがあります。これらセルの書式を設定したり変更したりできるのが「セルの書式設定」です。

①セルの表示形式　　　　④罫線（セルの枠線）
②セルの配置　　　　　　⑤セルの塗りつぶし
③文字のフォント

●セルの書式

・セルの表示形式
　Excel で扱えるデータは、基本的には数値と文字列の2種類です。しかし、セルの中の数値や文字列を、用途に応じてわかりやすく表示できるように、[通貨][会計][日付][時刻][パーセンテージ] などに分類されており、これは利用者が任意に設定することができます。セル内の値そのものは変わりませんが、表示上で加工・編集が施され、見やすく表示されます。先頭の [標準] は既定値で、表示上の加工はありません。

・セルの配置

［セルの配置］は、セルの中に入っている数値や文字の配置スタイルを設定します。「文字の配置」「文字の制御」および「文字の方向」の３つの区分があります。

配置の区分	意　味
文字の配置	セル内での文字列の縦位置および横位置の配置の種類 　横位置：　左詰め、中央揃え、右詰め、繰り返し、両端揃え、 　　　　　　選択範囲内で中央、均等割り付け 　縦位置：　上詰め、中央揃え、下詰め、両端揃え、均等割り付け
文字の制御	セル内での折り返し方に対する適用 　折り返して全体表示：　適用の有無 　縮小して全体表示　：　適用の有無 　セルの結合　　　　：　適用の有無
文字の方向	文字の流れの向きと方向 　文字の向き：　最初の文字に依存、左から右、右から左 　文字の方向：　横書き、縦書き、その他（角度指定）

・文字のフォント

文字に対してフォント名、スタイル、サイズ、下線、色、文字飾りが設定できます。

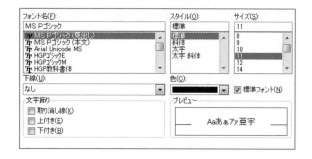

・罫線

セルには、さまざまな枠線が付けられます。［罫線］は、セルの枠線のスタイル（線の種類、太さなど）、色、位置（上下左右、斜め）を設定します。

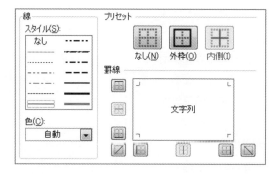

・塗りつぶし

［塗りつぶし］は、セルを塗りつぶす背景色、塗りつぶし効果、塗りつぶしパターンの色と種類を設定します。

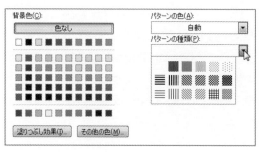

グラデーション例（左から「横」「縦」「角から」）

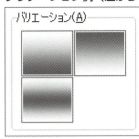 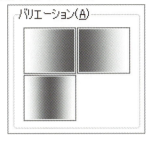 

● セルの書式設定の操作方法

　セルの書式は、次の①または②の方法で設定・変更します。場面に応じて選択してください。リボンに表示されているボタンのほうが手軽ですが、ダイアログボックスを呼び出す方法は重要なので、必ず覚えておいてください。

①リボンに表示されているボタンを使う方法

　［ホーム］リボン（タブ）には、使用頻度の高い操作（セルおよびセル内の値の編集操作など）を行うためのボタンとして、［フォント］［配置］［数値］グループの代表的なアイコン群が表示されています（下の画面参照）。これらを使うと、1〜2回のクリック操作で目的が達成できるので効率的です。たとえば、セル内の文字を拡大・縮小するには、文字を選択後、(A˘) または (A˙)）をクリックするだけです。

②［セルの書式設定］ダイアログボックスを呼び出す方法

　リボン上に表示されていない書式設定や、複数の設定操作をまとめて行う場合は、［セルの書式設定］ダイアログボックスを呼び出して設定・変更をします。［ホーム］リボン上の［セル］グループの［書式］アイコン▼をクリックします。表示メニューの中から［セルの書式設定］を選択クリックするとダイアログボックスが表示されるので、これを使って、目的の設定項目に対応するタブ（［表示形式］ほか）を選び、詳細項目を設定・変更します。

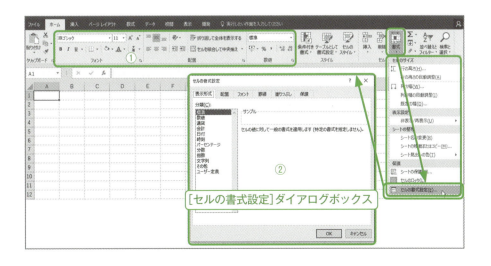

225

セルの編集

●セルのサイズ変更

新規のシートを作成した時点では、セルの横および縦のサイズは、既定値が設定されていますが、セルのサイズは利用者が自由に変更できます。マウスのドラッグ操作で変更する方法と、数値を指定して変更する方法があります。

・マウスのドラッグでセルのサイズを変更

まずは、セルの幅（横のサイズ）を変えてみましょう。

①マウスのポインタをシートの列記号（A、B、C等）の上に移動し、列と列の境界に置きます。
②ポインタの形状が⬌のように変わった位置で、右方向または左方向にドラッグします。

この例では、列Bと列Cの間にポインタを置き、右側にドラッグすると列Bの列幅は右方向に拡がります。逆に、左方向にドラッグすると列Bの列幅は狭くなります。

セルの高さ（縦のサイズ）の場合も同様に行の境界にマウスポインタを移動し、上下にドラッグすることでサイズ（高さ）を変更することができます。

セルの幅を変更

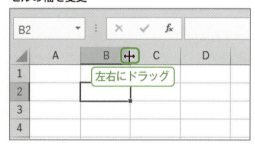

セルの高さを変更

・数値を指定してセルのサイズを変更

数値を指定してセルのサイズを変更してみましょう。複数の列や行をまとめて同じサイズに変更する場合に便利です。ここでは、列幅を例に操作方法を説明します。

①列の幅を変更したい列のセル（例ではセルB2）をクリックします。
②［ホーム］タブの［セル］グループにある［書式］をクリックします。表示されたメニューから［列の幅］をクリックします。
③「列幅」ダイアログボックスが表示されるので、幅のサイズを文字数（下の画面の例では「12」）で指定し、［OK］ボタンをクリックします。これでセル幅が変更されます。

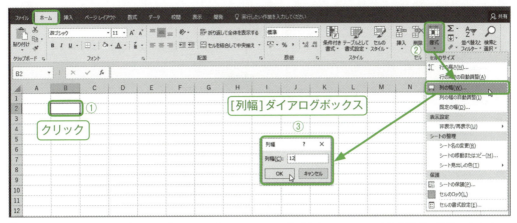

▶サイズを変更したい行番号や列番号の上で右クリックし、表示されるメニューからも同様に操作できます。

▶**セルサイズの単位**
セルの幅の単位は、セルに表示できる標準フォントの文字数で、0 から 255 までを指定できます。高さの単位は、ポイントです。0 から 409 までを指定できます。

▶手順②でメニューから［行の高さ］を選択すると、セルの高さを変更できます。

●セルの結合

セルは、行または列で連続している複数のセルを 1 つのセルとして扱うことができます。これを「セルの結合」といいます。下の画面の例では、「人数」と表示されているセルです。

クラス名	年齢	クラス担任	人数		
			男児	女児	男女計
ひよこ組	0	中村・飯島	1	3	4
りす組	1	佐藤	2	3	5
うさぎ組	2	田中	4	4	8
ひつじ組	3	小川	6	4	10
パンダ組	4	田村	6	8	14
キリン組	5	佐々木	10	8	18
		合計	29	30	59

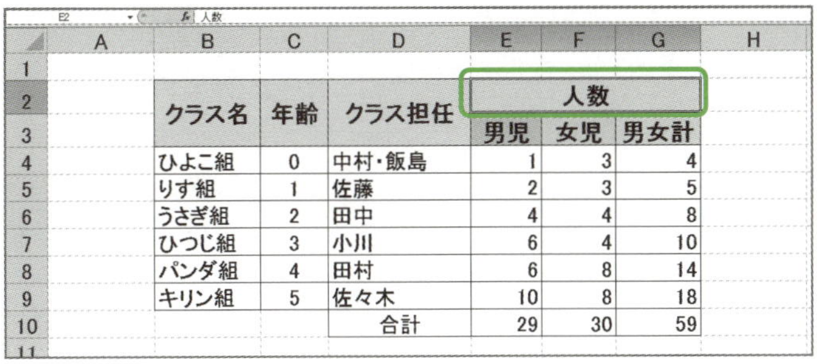

▶画面の例では、セル E2、F2 および G2 の 3 つのセルが 1 つのセルとして結合されています。

◎操作例　セル B2 ～ D4 を結合

①結合したいセル群 B2 ～ D2 をドラッグして範囲選択します。

②［ホーム］タブの［セル］グループにある［書式］をクリックして、表示されたメニューから［セルの書式設定］をクリックします。

③「セルの書式設定」ダイアログボックスが表示されます。［配置］タブをクリックして［文字の制御］の［セルを結合する］にチェックを付け、［OK］ボタンをクリックします。

④セルが結合されて 1 つになります。

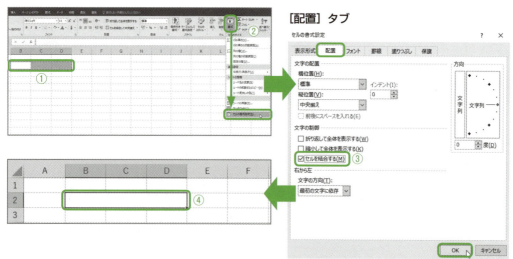

▶ **ショートカットメニューを使う**
選択したセル上でマウスを右クリックするとショートカットメニューが表示されます。ここからも［セルの書式設定］を選択できます。

▶ **ボタンを1クリックでセルを結合**
［ホーム］タブの［配置］グループにある［セルを結合して中央揃え］ボタンを使ってもセルを結合することができます。右端の▼をクリックすると結合方法を選択できます。

・**結合の解除**

　結合したセルを解除したいときは、「セルの書式設定」ダイアログボックスを表示し、［配置］タブの［文字の制御］にある［セルを結合する］のチェックをはずします。結合されていたセル群が元に戻ります。

　または、結合されているセルをクリックして選択し、［ホーム］タブの［配置］グループにある［セルを結合して中央揃え］ボタンをクリックします。このボタンは、結合の設定と解除をクリック操作で切り替えられるようになっています。

●**表のコピー（複写）と移動操作**

　シート上の表のコピーと移動操作について説明します。元の表をそのまま残して、別の場所（同一シート内、または別のシート）に同じ表を作ることを表のコピーといい、元の表を削除して別の場所に移すことを表の移動といいます。

　表は1個以上のセルで構成しているので、表のコピー（または移動）は、セルおよびセルブロックのコピー（または移動）操作になります。セル内のデータ（値、書式など）が別のセルおよびセルブロックにコピーまたは移動されます。

・セルのコピーと移動

No.	操作の種類	操作内容
1	コピー＆ペースト （コピー＆貼り付け）	クリップボード経由でセルをコピーする。コピー元のセルをそのまま残して、コピー先に指定されたセル、またはセルブロックにコピーする。コピー元のセルを選択しクリップボードに［コピー］後、コピー先のセルを選択して［貼り付け］る。コピー先にセルブロックが指定された場合は、ブロック内のセルにはすべて同じデータがコピーされる
2	カット＆ペースト （切り取り＆貼り付け）	クリップボード経由でセルを移動する。移動元のセルを削除して、移動先に指定されたセルに移動する。移動元のセルを選択しクリップボードに［切り取り］後、移動先のセルを選択して［貼り付け］る。移動先にセルブロックが指定された場合は、ブロック内の左上隅のセルに移動する
3	ドラッグ＆ドロップ	セルをマウスでドラッグ＆ドロップして、コピーまたは移動する。セルをクリック後、セル内でマウスポインターが矢印↑に変わったときに、そのまま移動したい場所にドラッグ＆ドロップすると、セルのデータが移動する。［Ctrl］キーを押しながら同じ操作をすると、セルのコピーになる
4	オートフィルによる セルの連続コピー	行または列の連続したセル群に対するコピーの簡単操作機能。アクティブセルをクリックしたとき、セルの右下隅の小さな■をフィルハンドルといい、この上にマウスポインターを合わせると、ポインターの形状が＋に変わる。その状態で下方向または、右方向にドラッグすると、セルのデータが通過したセル群に連続コピーされる。セル内の値の形式に応じて、コピー先には同じ値、連続形式に変化した値などが入る

オートフィルによるセルの連続コピー例

・セルブロックのコピーと移動

　帳票類のひな型様式を先に作っておき、これをコピーして個々の帳票を作成するといった作業スタイルは一般的です。たとえば、保育園において、保育日誌の記入表のひな型を作成し、これをコピーして日々の日誌を作成するといったやり方も表のコピーの一例です。そして、既にある様式を改版する際、表の配置を変更するような場合に表の移動が起きます。また、同じ構造の表パーツが複数含まれているような表、たとえば、本書Unit9　Excersise.1の身体計測記録表の様式を作成する際、0歳児用記入表を作成したあと、これを5回コピーすると1歳児

～5歳児用ができます。これも表のコピー例です。

　セルブロックで構成している表のコピーまたは移動操作では、シート内での行および列にズレが生じることがあります。表が1個であればさほど問題はありませんが、複数の場合には、他の表に対して悪い影響を与えることがあります。そのため、周りの表の配置状況を考慮してコピーまたは移動操作してください。できれば、他表に影響を与えるようなコピーおよび移動操作は避けましょう。

表のコピー例

年度ごとのクラス表を同じ形式で横並びまたは縦並びに作成する際、表のコピーを利用した例
最初に作成したクラス表の様式を行方向または列方向にコピーして、次の年度のクラス表を作成

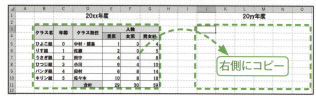
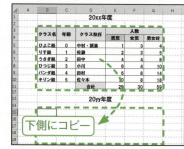

同一行内での表のコピー

横並びに同じスタイルの表を複数作成する場合のコピー操作です。

　［表のコピー＆ペースト（貼り付け）操作でコピー］
　　コピー元の表を範囲選択（セル群をドラッグ）し、下記いずれかのコピー操作をします。
・［ホーム］リボンの［クリップボード］グループの［コピー］アイコンをクリック
・マウスの右ボタンメニューを表示させて［コピー］をクリック
　　コピー先のセルをクリックした後、［形式を選択して貼り付け］で［列幅を保持］で貼り付けると、元の表と同一の値、書式の表がコピーされます。

　［表を列全体まるごとコピーして挿入］
　　コピー元の表の左端の列から右端の列までの列記号を範囲選択（ドラッグ）したあと、クリップボードへのコピー操作をします。次に、コピー先の左端セルの列記号をクリックし、［ホーム］リボンの［セル］グループの［挿入］をクリックします。表示されたメニューから［コピーしたセルの挿入］をクリックすると、元の表が列まるごとコピーされます。

同一行内での表の移動

　表のカット＆ペースト（切り取り＆貼り付け）操作で、表自体の移動はできますが、元の表と移動後の列幅が異なることがあります。そこで、移動後の列幅を同じにしたい場合には、次のように操作します。
　表の左端の列記号から右端の列記号を範囲選択（ドラッグ）して、下記いずれかのカット操

作をします。
- ［ホーム］リボンの［クリップボード］グループの［切り取り］アイコンをクリック
- マウスの右ボタンメニューを表示させて［切り取り］をクリック

次に、移動先の列記号をクリックして、［セル］グループの［挿入］をクリックします。表示されたメニューの中から［切り取ったセルの挿入］をクリックします。

同一列内での表のコピー

縦並びに同じスタイルの表を複数作成する場合のコピー操作です。

［表のコピー＆ペースト操作でコピー］

コピー元の表を範囲選択（セル群をドラッグ）して、クリップボードへのコピー操作をします。次に、コピー先のセルをクリックして、［貼り付け］をすると、表がコピーされます。

ただし、この方法では、コピー後の行の高さは、コピー先の元々の行の高さのままです。したがって、コピー元とコピー先の行の高さを同じにしたい場合には、下記の方法で行ってください。

［表を行全体まるごとコピーして挿入］

コピー元の表の左端の列から右端の列までの列記号を範囲選択（ドラッグ）して、クリップボードへのコピー操作をします。次に、コピー先の行番号をクリックし、［ホーム］リボンの［セル］グループの［挿入］をクリックします。表示メニューから［コピーしたセルの挿入］をクリックすると、元の表が行まるごとコピーされます。この方法だと、コピー元とコピー先の行の高さは同じになります。

同一列内での表の移動

前述の同一行内での表の移動の場合と同様に、表のカット＆ペースト操作で、表自体の移動はできますが、元の表と移動後の行の高さが異なることがあります。そこで、移動後の行の高さを同じにしたい場合には、次の操作をします。

表の先頭行の行番号から最終行の行番号を範囲選択（ドラッグ）して、カット操作をします。移動先の行番号をクリックして、［セル］グループの［挿入］をクリックします。表示されたメニューの中から［切り取ったセルの挿入］をクリックします。

ドラッグ＆ドロップ

セルのドラッグ＆ドロップ操作と同様に、セルブロックをマウスでドラッグ＆ドロップすると、ブロックのままコピーまたは移動ができます。

Column 「スマートタグ」を使う

連続したデータの操作（オートフィル、コピー&ペースト、カット&ペーストなど）をすると、セルの右下隅に図のようなタグが表示されます。これを「スマートタグ」といいます。スマートタグを使うと、操作後の貼り付け方法などを変更することができます。

【操作例】オートフィル操作後、「数値をそのまま貼り付け」を「連続データ形式」に変更
（オートフィルで数値を連続コピー）

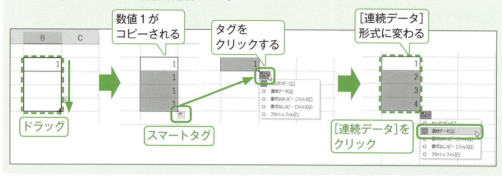

●行または列の挿入

すでに作成済みの表に対して、「表内の縦方向または横方向に新たな項目を追加する」「表の外に別の表を追加する」などの変更を行う場合、[ホーム] リボンの [セル] グループにある [挿入] アイコンを使用します。シート内に、行または列の挿入（以後、「行挿入」または「列挿入」）が行えます。

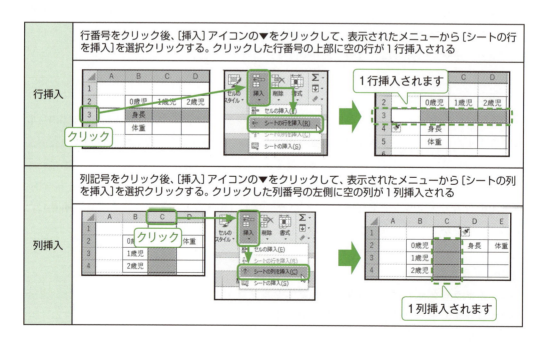

データの入力規則と規則の設定

「データ入力規則」とは、台帳形式の表（データベース）作りを支援するための機能です。各セルに対して入力できるデータの種類を限定する、リスト項目から選択して入力する、許可されない入力に対してチェックアウトするなどの機能があります。この機能を使うことによって、入力ミスの抑止、入力速度の向上など、効率的なデータ入力が行えます。いくつかの代表例を紹介します。次のようなレコードで構成している児童台帳（詳細はp.275を参照）を例（規則例1〜6）に説明します。

児童 氏名	性別	生年月日	年齢	クラス	保護者名	続柄	現住所	電話番号	入園日	備考

【規則例1】児童氏名の入力：入力モードを［ひらがな］に自動変更

大半の児童が日本語名の場合、氏名を入力するときに、入力モードを［ひらがな］にします。入力のつど、キー操作で入力モードを切り替えるのは面倒です。児童氏名の列のセルをクリックしたときに自動的に［ひらがな］に切り替わるようにしておけば、入力の操作が効率よく行えます。

【規則例2】性別の入力：リストの中から［男］と［女］を選択

キーボードから文字（［男］または［女］）を打ち込まなくても、セルをクリックすると、［男］と［女］のリストがメニュー表示され、選択するだけで入力が終わります。打ち込みの手間が省けるだけでなく、誤った入力も防止できます。

【規則例3】誕生日の入力：日付の範囲チェック

児童の年齢は、0〜5歳なので、生年月日の範囲は限定されるので、入力可能な年月日の範囲を設定することができます。範囲外の日付が入力されたときは入力ミスとして登録されず、誤った入力の防止ができます。また、入園日や退園日の入力についても、同様のチェックができます。

【規則例4】年齢の入力：入力モードの自動変更（［半角英数字］）と年齢の範囲チェック

規則例1の逆で、このセルをクリックしたときには、自動的に［半角英数字］モードに切り替わり、効率的な数字入力ができます。さらに、例3と同様に、入力された年齢の範囲チェックができ、誤った入力が防止されます。

【規則例5】クラスの入力：クラス名のリストから選択

例2の性別と同様に、クラス名のリストを登録でき、表示された名前の中から選択で入力ができます。入力の効率化とミスの防止になります。

【規則例6】電話番号の入力：入力モードの自動変更（［半角英数字］）と番号数値チェック
例4と同様の効果が得られます。

● 入力規則の種類

既定値では、セルの中に入力するデータに規則は設けられておらず、すべての値が入力できます。そこで、次の7種類のデータの入力規則を設定することができます。

入力規則	規則の説明
整数	入力するデータを整数に限定する。入力の最小値、最大値などの値を設定できる
小数点数	入力するデータを小数点形式の実数に限定する。整数の場合と同様に、入力の最小値、最大値などの値を設定できる
リスト	文字を入力するのではなく、リストに登録された項目がメニュー表示され、この中から選択して入力する。シート内にメニュー項目を用意しておき、リストへ登録する
日付	入力するデータを日付に限定する。日付を区間指定できる
時刻	入力するデータを時刻に限定する。開始および終了時刻などを指定できる
文字列 （長さ指定）	入力するデータを文字列に限定する
ユーザー設定	利用者が任意の入力規則を作ることができる

● データの入力規則の設定操作

「データの入力規則」ダイアログボックスを使用して、規則の設定を行います。具体的な入力規則の設定操作については、Unit8の演習を参照してください。ここでは、「データの入力規則」ダイアログボックスの表示方法と設定できる内容をまとめます。

① 入力規則を設定したいセルをクリックして選択します。
② ［データ］タブの［データツール］グループにある［データの入力規則］をクリックし、表示されたメニューから［データの入力規則］を選択します。
③「データの入力規則」ダイアログボックスが表示されます。［設定］［入力時メッセージ］［エラーメッセージ］［日本語入力］の4つのタブを切り替えながら規則の設定をします。

［データ］タブ

計算式

Excelでは、セル内に計算式を記述して、さまざまな計算をリアルタイムに行うことができます。セルの内容が変わると即座に再計算されるので、シミュレーションも容易です。

●計算式の記述形式

計算式であることを明示するために、先頭に等号「＝」を半角文字で入力し、その後に式を記述します。式の要素には、「セル番地」「セル参照」「定数」「演算子」および「関数」があります。これらを組み合わせて式を記述します。

●演算子

演算子には、「算術演算子」「比較演算子」「文字列演算子」「参照演算子」があり、すべて半角文字で記述します。また、演算の順序を変えるときに用いる括弧（ ）も使用できます。

・算術演算子

四則演算（足し算、引き算、掛け算、割り算）を行います。

四則演算子	機能	使用例
＋（正符号）	加算（足し算）	A1＋10
－（負符号）	減算（引き算）	B5－1
	負の数	－10
＊（アスタリスク）	乗算（掛け算）	5＊B5
／（スラッシュ）	除算（割り算）	A1／5

・比較演算子

値を比較するため演算子であり、次の6種類があります。

比較演算子	機能	使用例
＝（等号）	左辺と右辺が等しい	A1＝10
＞（～より大きい）	左辺が右辺よりも大きい	A1＞10
＜（～より小さい）	左辺が右辺よりも小さい	A1＜10
＞＝（～以上）	左辺が右辺以上である	A1＞＝10
＜＝（～以下）	左辺が右辺以下である	A1＜＝10
＜＞（不等号）	左辺と右辺が等しくない	A1＜＞10

・文字列演算子

2つ以上の文字列を連結（結合）して、1つの文字列を作成します。

文字列演算子	使用例
&（アンパサンド）	"上"&"下"の結果は「上下」

・参照演算子

セル範囲の参照を作ります。2つのセル参照を「：」で結合します。列または行内で連続したセル群に含まれるすべてのセルの参照を意味します。

参照演算子	使用例
:（コロン）	①列内での連続例 　B1:B4 ②行内での連続例 　D3:F3 ③行および列で連続 　H2:J4

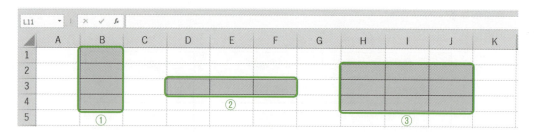

●ワークシート関数（関数）

関数は、まとまった計算を事前に定義した数式で、ワークシート上で使用できるものです。引数を使い、特定の順序（構造）に従って計算を行います。関数を使用すると、単純な計算だけでなく複雑な計算も簡単に行うことができます。

関数の記述形式

関数名（引数,引数,・・・,引数）

▶引数には、セル参照、セル範囲、定数などを、「,」で区切って指定します。引数を持たない関数もあります。

　Excelでは、ビジネスなどさまざまな分野で使用される関数が標準で提供されています。次に示す関数は利用頻度が高いので、初心者の場合も機能や使い方を習得してください。

覚えてほしい標準関数

関数名	機能	使用例
SUM	合計 引数で指定された値を合計する	①行内で連続したセル値の合計 　SUM（B5：F5） ②列内で連続したセル値の合計 　SUM（E4：E9）
AVERAGE	平均 引数で指定された値の平均を計算する	①行内で連続したセル値の平均 　AVERAGE（B5：F5） ②列内で連続したセル値の平均 　AVERAGE（B5：B15）
MAX	最大値 引数で指定された値の中で最大値を探す	①行内で連続したセル値の中の最大値 　MAX（B5：F5） ②列内で連続したセル値の中の最大値 　MAX（E4：E9）
MIN	最小値 引数で指定された値の中で最小値を探す	①行内で連続したセル値の中の最小値 　MIN（B5：F5） ②列内で連続したセル値の中の最小値 　MIN（E4：E9）
COUNTIF COUNTIFS	条件付きカウント COUNTIF ある範囲に含まれるセルのうち、指定された検索条件に一致するセルの個数を出力する COUNTIFS 複数の範囲のセルに条件を適用し、すべての条件に一致した個数を返す	①列内で連続したセル値（数値）の中で値が5以上のセルの個数 　COUNTIF（B5：B15，"＞＝5"） ②列内で連続したセル値（文字列）の中で値が「男」のセルの個数 　COUNTIF（C5：C15，"男"） ③列Bで連続したセル値の中で値が20以上かつ、列Cで連続したセル値の中で値が「男」のセルの個数 　COUTIFS（B5：B15，"＞＝20"，C5：C15，"男"）
SUMIF SUMIFS	条件付き合計 SUMIF 指定した条件を満たすセル範囲内の値を合計する SUMIFS 複数の条件を満たす「セル範囲」内のセルの値を合計する	p.239の記述例のクラス表で、合計が10人以上のクラスの構成率を合計 　SUMIF（E4：E9，"＞＝10"，F4：F9） 男児、女児ともに5人以上のクラスの構成率を合計 　SUMIFS（F4：F9，C4：C9，"＞＝5"，D4：D9，"＞＝5"）
IF	条件処理（二分岐） 第1引数の条件を評価し、結果が真の場合は第2引数の値を返し、偽の場合は第3引数の値を返す	セルC4にある点数が60以上ならば「合格」を表示し、そうでなければ「不合格」を表示 　IF（C4＞＝60，"合格"，"不合格"）
INT	整数化（少数部切り捨て） 引数の数値を超えない最大の整数を返す	セルA5の中の数値を3で割ったときの商を整数にする（小数点以下の切り捨て） 　INT（A5/3）
MOD	剰余 引数の数値による割り算の余りを返す	セルB5の中の整数値を3で割った余り 　MOD（B5，3）
ROUND	四捨五入 引数の数値を四捨五入して指定された桁数にする	セルA5の中の数値の少数第三位を四捨五入 　ROUND（A5，2）
TODAY	本日の日付 今日の日付を返す	TODAY（）

・関数の記述方法

数式の中に関数を記述するには、次のような方法があります。

① 数式のオートコンプリートを使う
② 「関数の挿入」ダイアログボックスを使う

セルに直接、数式を入力する場合は、「＝」（等号）と関数の最初の文字を入力すると、オートコンプリート機能によって、入力した文字からはじまる関数がドロップダウンリストで表示されます。式の作成および編集をより簡単に行え、入力ミスや構文エラーを最小限に抑えることができます。

また、「関数の挿入」ダイアログボックスを使用して、関数と引数を順を追って指定することもできます。「関数の挿入」ダイアログボックスは、数式バーの左側にある「fx」をクリックすると表示できます。「関数の挿入」ダイアログボックスの使い方の詳細は、Unit8を参照してください。

オートコンプリートによる入力

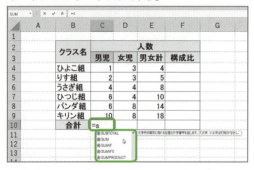

「関数の挿入」ダイアログボックスによる入力

● 計算式の記述例

四則演算とよく利用されるSUM関数を例に、計算式の記述方法を紹介します。

・四則演算の例

四則演算（足し算、引き算、掛け算、割り算）の記述方法を、次の画面を例に説明します。

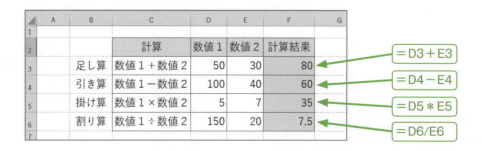

たとえば、行3の足し算の場合、セルD3とE3の値を加算して結果をF3に入れる場合、計算結果を表示したいセル（ここではF3）に計算式「=D3+E3」と入力します。そうすると、計算式を入力したセルに計算結果が表示されます。引き算や掛け算、割り算についても同様です。

◎セルに記述された計算式を内容確認する方法

計算式が記述されているセルには、計算結果の値が表示されます。どのような計算式が記述されているかを確認するには、そのセルをクリックします（①）。記述されている計算式が数式バーに表示されます（②）。次の画面例では、セルF3に記述された計算式を確認しています。

B	C	D	E	F	G
	計算	数値1	数値2	計算結果	
足し算	数値1＋数値2	50	30	80	①クリック
引き算	数値1－数値2	100	40	60	

②数式バーに計算式が表示される：=D3+E3

▶ **計算式の修正**
計算式を修正したい場合は、セルF3をダブルクリックしてセル上で修正するか、数式バーの中で修正します。計算式を変更すると、即座に変更後の値が表示されます。

・SUM関数を使った例

クラスの人数を集計し、構成比を出してみましょう。ここではSUM関数を利用します。

計算式は、男児、女児の合計をそれぞれC10、D10に、男女合計をE10に、構成比合計をF10に記述します。クラスごとの男女計をE4〜E9に、クラスごとの男女構成比をF4〜F9に記述します。

クラスごとの男女計は、2つのセルを加算し、合計はセル数が多いのでSUM関数を使って計算しています。

	A	B	C	D	E	F	G
1							
2		クラス名			人数		
3			男児	女児	男女計	構成比	
4		ひよこ組	1	3	4	7%	
5		りす組	2	3	5	8%	
6		うさぎ組	4	4	8	14%	
7		ひつじ組	6	4	10	17%	
8		パンダ組	6	8	14	24%	
9		キリン組	10	8	18	31%	
10		合計	29	30	59	100%	

男女計　　構成比
=C4+D4　=E4/E10
=C5+D5　=E5/E10
=C6+D6　=E6/E10
=C7+D7　=E7/E10
=C8+D8　=E8/E10
=C9+D9　=E9/E10

=sum(C4:C9)
=sum(D4:D9)
=sum(E4:E9)
=sum(F4:F9)

Column　相対参照と絶対参照

　計算式が含まれる表を別の場所にコピー（複写）したり移動したりしたいとき、計算式の参照元、つまり、計算する情報が記述されたセル番地をいちいち書き直すのは面倒です。こうした場合、Excelでは、コピーまたは移動した計算式が参照するセル番地を自動的に調整する機能が用意されています。

　たとえば、次の画面のE4に記述された計算式を下のE5にコピーすると、自動的に計算式中のセル番地がC4、D4からC5、D5に変更され、計算結果もそれに準じて変化します。こうしたコピーまたは移動先によって参照元が調整されることを「相対参照」といいます。セル番地で参照元を記述すると、相対参照として機能します。

相対参照の例

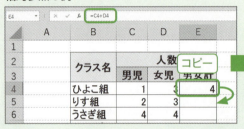

　一方、セル参照を自動調整したくないという場合もあります。たとえば、次のように構成比を出す場合、相対参照で記述されたF4の計算式（= E4/E10）をF5にコピーすると、F5の計算式が「=E5/E11」となり、合計が記述されたE10が正しく参照されず、エラーになってしまいます。

　こうした場合は、列記号や行番号の前に「＄」を付け、F4の計算式を「=E4/$E$10」と入力します。これで＄マークが入った列記号や行番号は固定され、計算式をコピーまたは移動しても参照値が変更されません。F4をF5にコピーすると、F5の計算式は「=E5/$E$10」となり、構成比の計算が正しく行われます。これを「絶対参照」といいます。なお、この例ではセル番地を固定しましたが、列記号だけまたは行番号だけを固定することもできます。

　この例の場合は、F4の計算式を「=E4/E$10」と記述しても同様の結果を得られます。

絶対参照の例（左：相対参照　右：絶対参照）

F4の計算式　= E4/E10

F4の計算式　= E4/$E$10

グラフの作成

[挿入] タブの [グラフ] グループに用意された機能を利用すると、縦棒や折れ線、円などさまざまな種類のグラフを簡単に作成することができます。作成したグラフは、コンテキストタブに表示される [グラフツール] で加工や編集が行えます。

[挿入] タブの [グラフ] グループ

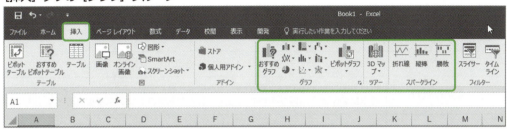

●表を選択しグラフの種類を決めて挿入する

　ここでは、単純な表（園のクラス表）を使って、基本的なグラフの作成手順を説明します。

①クラス表の見出しを含めて全体をドラッグ操作で範囲選択します。
②[挿入] タブの [グラフ] グループからグラフの種類を選択します。ここでは、[縦棒] ボタンをクリックして、表示されたメニューから [3D 縦棒] の [3D 集合縦棒] を選択します。

③指定した種類のグラフが生成され、ワークシート上に貼り付けられます。

▶ グラフの種類を変えたい場合は、再度、[挿入] タブの [グラフ] グループから目的のグラフを選択します。

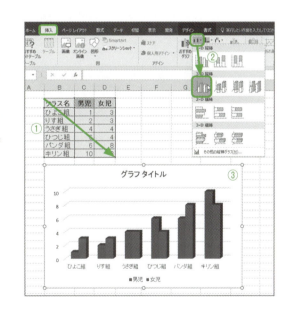

●既定値のグラフを加工・編集する（[グラフツール] の利用）

　貼り付けられたグラフをクリックすると、コンテキストタブの [グラフツール] が起動します。[グラフツール] には、[デザイン][書式] の2つのタブがあります。

[グラフツール]のリボン [デザイン]と[書式]

[デザイン]リボンには、下表に示すツールグループが用意されています。

グループ名	ツールの説明
グラフのレイアウト	グラフのスタイルのひな形がいくつか用意されており、その中から選択できる。グラフに表示する項目を一つずつ設定しなくても標準的なスタイルを選べる
グラフスタイル	グラフの全体的な視覚スタイルのひな形がいくつか用意されており、その中から選ぶことができる
データ	軸のデータの入れ替え（行と列の入れ替え）および、グラフの対象データの範囲を変更できる
種類	グラフの種類を変更できる。また、このグラフの書式をテンプレートして保存し、次回以降に利用できる機能がある
場所	ほかのシートなどにグラフを移動できる

　[書式]リボンのツールと組み合わせてグラフのスタイル変更、グラフ要素の加工・編集ができます。また、主なグラフ要素には、グラフタイトル、軸要素（縦軸および横軸の項目と値）、データ要素（系列、ラベル、値）、凡例があり、グラフをクリックしたときに右に表示される[グラフ要素]ボタンを使ってグラフ要素を編集できます。

　たとえば、グラフエリアをクリックすると、右上に3つのボタンが表示されます。一番上の＋ボタンをクリックすると、グラフ要素の一覧が表示されます。チェックボックスで表示・非表示を切り替えられ、簡易に設定・解除できます。要素名の右端をマウスでポイントして表示された▶をクリックすると、右側に詳細が現れます。さらに詳細設定したい場合には、[その他のオプション]を選択します。

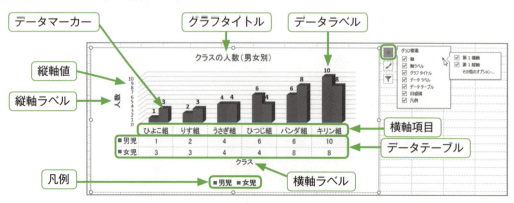

グラフ要素の編集後の具体的なできあがりイメージ例を下図に示します。

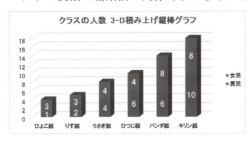
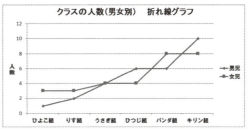
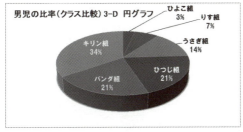
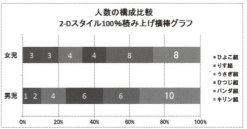

> **Column** | **Excel2010での[グラフツール]操作　Excel2013以降との違い**
>
> Excel2007や2010の[グラフツール]には、上述の＋ボタンのような機能はありません。その代わりに[レイアウト]リボンがあり、グラフタイトルや軸、データラベルといったグラフ要素を設定・変更する機能が集まっているので、これらを組み合わせてグラフ要素の編集操作をします。

表の集計と並べ替え

次の児童台帳を例に、台帳形式の表に対するデータの抽出、簡単な集計、表の並べ替え（整列）の3つの機能について説明します。

児童台帳

児童 氏名	性別	生年月日	年齢	クラス	保護者名	続柄	現住所	電話番号	入園日	備考
一瀬 和子	女	2010/5/17	2	うさぎ	一瀬 健介	父	東京都 文京区 XK 6-2-1	00-0123-9911	2011/4/7	
井上 桜	女	2011/3/3	2	うさぎ	井上 一郎	父	東京都 文京区 XE 4-8-5	00-0123-8877	2011/4/7	
小泉 次郎	男	2010/9/18	2	うさぎ	小泉 幸雄	父	東京都 文京区 XG 8-6-6	00-0123-0011	2011/4/7	
伊藤 花子	女	2009/11/24	3	ひつじ	伊藤 和夫	父	東京都 文京区 XP 68-1	00-0123-2233	2010/4/6	
佐藤 健太	男	2009/6/6	3	ひつじ	佐藤 孝太	父	東京都 文京区 XY 3-1-3	00-0123-2277	2010/4/6	
山田 太郎	男	2009/10/2	3	ひつじ	山田 一郎	父	東京都 文京区 XM 1-1-1	00-0123-0022	2010/4/6	
生田 正雄	男	2009/2/26	4	ぱんだ	生田 真弓	母	東京都 文京区 XC 6-6-3	00-0123-5599	2009/4/6	
石川 翔太	男	2008/10/13	4	ぱんだ	石川 三郎	父	東京都 文京区 XF 21	00-0123-0033	2009/4/6	
小島 一平	男	2008/7/19	4	ぱんだ	小島 三平	父	東京都 文京区 XC 3-2-2	00-0123-1177	2009/4/6	
坂本 蓮	男	2007/5/27	5	きりん	坂本 竜太	父	東京都 文京区 XF 225	00-0123-6688	2008/4/6	
高田 優花	女	2008/1/2	5	きりん	高田 純一郎	父	東京都 文京区 XF 648	00-0123-9922	2008/4/6	
長谷川 陸	男	2007/8/24	5	きりん	長谷川 浩	父	東京都 文京区 XR 2-1-2	00-0123-8811	2008/4/6	

●データの抽出（フィルター操作）

　フィルター機能を使うと、台帳内のレコードの中から条件に合ったものを抽出できます。例として、児童台帳の中から「クラス」が「ひよこ」の児童だけを抽出します。抽出後、さらに他の条件で絞り込むこともできます。

①見出しを含めて表全体をドラッグして範囲選択します。
②［データ］タブの［フィルター］ボタンをクリックします。

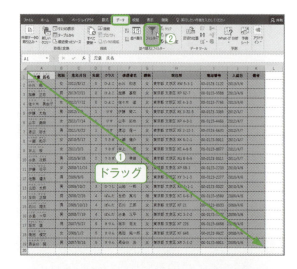

③見出し行の上に、すべての項目に対してフィルターマークが付きます。
④「クラス」の列に付いている［フィルター］ボタン▼をクリックします。

⑤表示されたメニューで、対象クラスとして「ひよこ」だけにチェックマークを付けて［OK］をクリックします。

⑥ひよこ組の児童だけが抽出されて表示されます。

●表の集計(テーブル操作)

　テーブル機能を使うと、簡単な操作でデータ集計を行えます。たとえば、上述の特定のクラスの児童だけを抽出する場合、抽出件数をカウントするといったことができます。数値データが多い台帳での値の合計、平均など、一般的な集計が可能です。集計結果の表示についても、さまざまな書式スタイルが用意されています。

①表全体を範囲指定したあと、[挿入]タブの[テーブル]グループにある[テーブル]ボタンをクリックします。
②「テーブルの作成」ダイアログボックスが表示されるので、表の範囲を確認後、[OK]ボタンをクリックします。

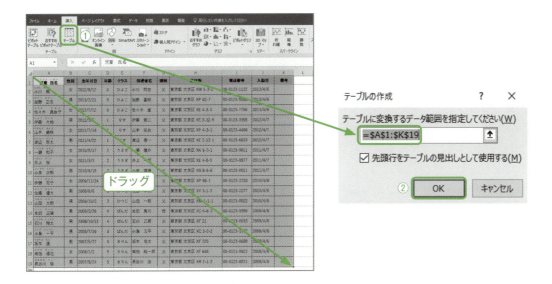

③表内の各列に「オートフィル」が設定されます。[テーブルツール]のコンテキストタブが現れ、フィルター機能と同様の条件設定ができます。
④[テーブルスタイルのオプション]グループの[集計行]チェックボックスをクリックします。

▶[テーブルスタイル]から表の色やスタイルも変更できます。

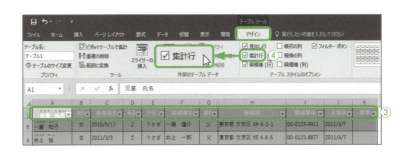

⑤表の下段に集計行が自動的にできあがり、右端列の行にレコード数が表示されます。左端のセルには、[集計]と表示されます。

集計欄のセルをクリックして▼からプルダウンメニューを表示すると、個数の計算以外にも、平均や最大値、最小値などが選択できます。

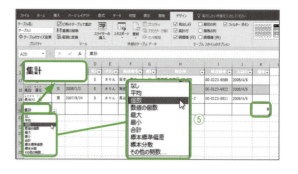

● 表の並べ替え

表を並べ替えるには、いくつかの方法があります。ここでは次の2つの方法を紹介します。

① [フィルター] ボタンによる並べ替え
② 「並べ替え」ダイアログボックスによる並べ替え

並べ替えのキーを複数指定したいときには、[並べ替えとフィルター] グループの [並べ替え] ボタンを使用します。テーブル設定している表に対して、1つのキーで並べ替えたいという場合は、そのまま [フィルター] ボタンを使うのが便利です。

・テーブル設定後に「フィルター」で並べ替える

前述のテーブル設定を行った児童台帳を使って並べ替えをしてみましょう。
ここでは、[性別] の [フィルター] ボタンをクリックして [昇順] を選択します。

① 並べ替えキーに選んだ列の [フィルター] ボタンをクリックします。
② 並べ替え順序の選択画面が表示されるので、[昇順] または [降順] を選択します。
[OK] ボタンをクリックします。

③性別で並べ替えられました。

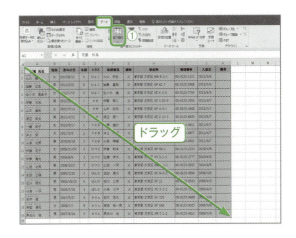

・「並べ替え」ダイアログボックスで並べ替える
　テーブル設定をしていない児童台帳を、複数のキーを指定して並べ替えます。

①見出しを含めて表全体を範囲選択し、［データ］タブの［並べ替えとフィルター］グループにある［並べ替え］ボタンをクリックします。

②「並べ替え」ダイアログボックスが表示されるので、まず、最優先キーとして性別を選択します。

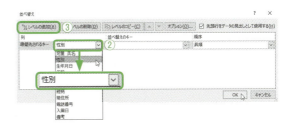

③二次キーを指定するので［レベルの追加］をクリックします。

④同様の操作で年齢をキー指定して［OK］ボタンをクリックします。

⑤性別順、年齢順に表が並べ替えられました。

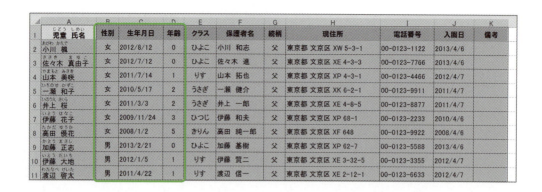

シートの操作

1つのブックには、複数のシートを作成できます。シートの整理方法を知っておきましょう。

● **シート名の変更**

シート名には、シート内に作成された表データの機能、用途に応じた適切な名前を付けます。そこで、規定値（Sheet1 など）の変更や、用途の変化に応じて名前を変えるといったことがよく行われます。その際のシート名変更の操作手順は、次のとおりです。

最初に、下記①〜③のいずれかの方法でシート名を変更可能な状態（シート名の背景が灰色に変わる）にします。その後、[Delete] キーまたは [BackSpace] キーで元のシート名の文字列を消し、別の名前を入力してシート名を書き換えます。

①変更するシート名をダブルクリックして新しいシート名を入力します。
②変更するシート名を選択クリックし、次に、[ホーム] リボンの [セル] グループにある [書式] アイコンの▼をクリックして、表示されたメニューから [シート名の変更] をクリックします。
③変更するシート名を右クリックして、表示されたメニューから [名前の変更] をクリックします。

◎操作例　シート名「Sheet1」を「表1」に変更（①の操作例）

②の操作例

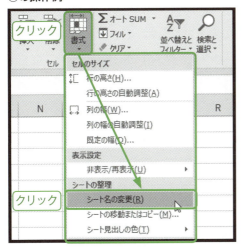

③の操作例

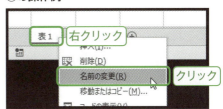

●新たなシートの追加（挿入）

新たな表を追加するような場合に、ブック内に新規シートを挿入します。操作の手順は、下記（①または②）のとおりです。

①シート名のタブ群の右端にある［新しいシート］ボタン⊕をクリックします。

◎操作例　シート「Sheet1」の右側に「Sheet2」を挿入

②［ホーム］リボンの［セル］グループにある［挿入］アイコンの▼をクリックして、表示されたメニューから［シートの挿入］をクリックします。

◎操作例　シート「Sheet1」の左側に「Sheet2」を挿入

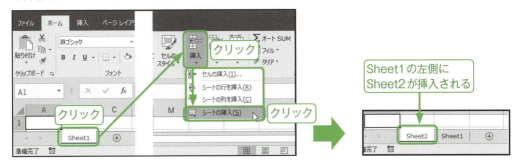

●**シートの移動（順序の変更）**

　ブック内に新たなシートを挿入したとき、またはブック内にたくさんのシートができて順不同状態になったときなどに、シート順序の見直し、入れ替えをします。そのような場合に、シートの移動操作をします。手順は、下記①または②の2通りがあります。

①シート名を左右にドラッグして、移動先の位置でドロップします。

◎操作例　シート「Sheet2」と「Sheet1」の順序を入れ替え

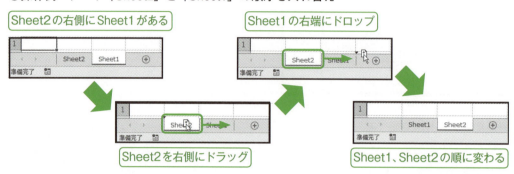

②移動するシート名の上で右ボタンクリックしたあと、表示されたメニューから［移動またはコピー］を選択クリックします。［シートの移動またはコピー］ダイアログボックスが表示されるので、移動先を選択して［OK］をクリックします。

◎操作例　シート「Sheet2」と「Sheet1」の順序を入れ替え

●**シートの削除**

　不要になったシートを削除する操作です。削除したシートは復元できません。データが入ったシートでは削除確認のメッセージが出るので、確認を怠らないようにしてください。
　次の①または②のいずれかの方法でシートを削除できます。

①削除するシート名の上で右ボタンクリックして、表示されたメニューから［削除］を選択クリックします。
②削除するシート名をクリックします。次に、［ホーム］リボンの［セル］グループにある［削除］アイコンの▼をクリックして、表示されたメニューから［シートの削除］を選択クリックします。

◎操作例　3つのシート（「表1」「表2」「表3」）の中から「表2」を削除

削除前　　　　　　　　　　　　　　　　　削除後

表2が消えます

①の操作例　　　　②の操作例

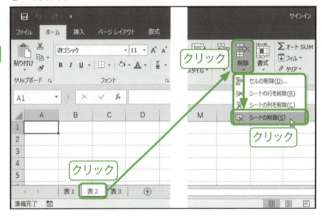

●シートのコピー（複写）
　表データの改版時、および既存の表データを利用して別の表を作成する場合などに、シートのコピーを使います。元のシートはそのまま残して、別のシート名で作成します。操作のやり方、手順は前述の「シートの移動」操作（①および②）とほとんど同じです。

①ドラッグ＆ドロップ操作
　［Ctrl］キーを押しながら、目的のシートをドラッグ＆ドロップします。
②右ボタンメニュー操作
　目的のシートを右クリックして、［移動またはコピー］を選択、［シートの移動またはコピー］ダイアログボックスが表示されたときに、［コピーを作成する］にチェックを付けます。

　なお、コピーしたシートのシート名は、元の名前に連番が付与された形式になっているので、適切なシート名に変更をしてください。

◎操作例　シート「表1」をブック内にコピー

シートのファイル保存

作成したシートをファイル保存します。保存する際のポイントは、「保存先」と、「ファイル名」の2つを確実に指定することです。

シートの操作時に作成したブック（例ではBook1.xlsx）を使って保存してみましょう。

・保存先　　：「ホームフォルダ」内の任意のフォルダー
・ファイル名：表 A-x12345.xlsx

① ［ファイル］タブで［名前を付けて保存］をクリックし、［参照］をクリックします。
② 「名前を付けて保存」ダイアログボックスが表示されます。まず、保存先を設定します。左側のナビゲーションウィンドウの「デスクトップ」を開き、「ホームフォルダ」のショートカットをダブルクリックします。さらに「ホームフォルダ」内の任意のフォルダー（この例では、「第05回-x12345」）をダブルクリックして開きます。
③ 次に、ファイル名「表 A-x12345.xlsx」を入力して、［保存］ボタンをクリックします。
　これで「表 A-x12345.xlsx」が保存されました。

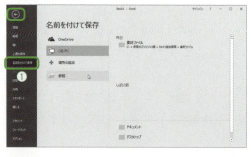
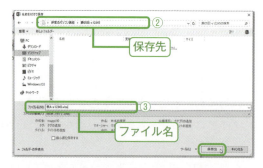

▶保存したファイルの確認
　ファイルの保存操作が完了したら、指定した場所とファイル名で保存されているかどうかを確認しておきましょう。

> シートの印刷

作成したシートを印刷します。
ここでは「事業計画 20XX.xlsx」というファイルを例に操作を説明します。

①印刷したいシートを開き、[ファイル]タブをクリックします。
②[印刷]をクリックすると、印刷の設定画面が表示されます。
③プリンターを選択します。複数のプリンターが設定されている場合は、▼をクリックして目的のプリンターを選択します。
④印刷用紙のサイズ、方向、部数などを設定します(設定項目の詳細は後述)。
⑤画面右側に設定した内容で印刷プレビューが表示されます。これを確認しながら設定の微調整を行い、問題がなければ[印刷]ボタンをクリックします。印刷が実行されます。

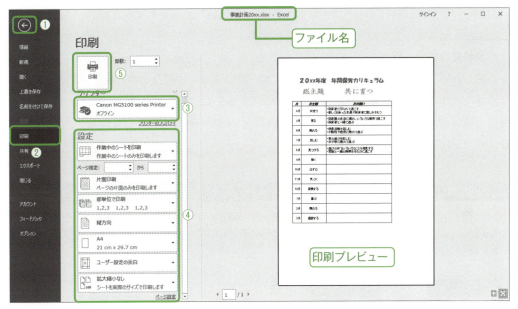

▶ **PDF として保存する**
作成したシートを PDF ファイルとして保存したい場合は、[名前を付けて保存]をクリックします。ファイルの種類を PDF で保存します。

● **印刷の各種設定**

・**印刷対象の選択**

印刷対象を次の3種類から選べます。

①**ブック全体の印刷**　　　：ブック内のシートをすべて印刷
②**作業中のシートを印刷**：既定値
③**選択した部分を印刷**　　：シート内の領域を指定して印刷

ブック内のすべてのシートを印刷するときは、［ブック全体の印刷］を選びます。

特定のシートだけを印刷するときは、目的のシートを開き、［作業中のシートを印刷］を選びます。

シートの一部分（たとえば、グラフだけとか表の一部だけなど）だけ印刷するときは、あらかじめ印刷範囲をドラッグ操作で選択しておき、［選択した部分を印刷］を選びます。

・用紙の方向
印刷する用紙の方向を指定します。［縦］と［横］から選択します。

・用紙サイズ
印刷する用紙の大きさを指定します。

・余白
［標準］［広い］［狭い］［ユーザー設定の余白］（既定値）から選択できます。

・印刷範囲の拡大・縮小
印刷したいシートの範囲を拡大・縮小します。たとえば、台帳などの表組をA4サイズに収まるように印刷したい場合、左右幅や天地の長さが少しだけはみ出るような場合などに便利です。［拡大縮小なし］［シートを1ページに印刷］［すべての列を1ページに印刷］［すべての行を1ページに印刷］から選択できます。

Column　すべてのページに同じタイトルを印刷する

台帳形式の表などの印刷では、ページ数が2ページ以上になることがよくあります。そのような場合には、［ページレイアウト］タブの「ページ設定」ダイアログボックスで印刷タイトルの設定をしておくと、すべてのページにタイトルを印刷することができます。

ほかのOfficeとの連携（表やグラフをワープロ文書に貼り付けなど）

　Excelの表やグラフは、ほかのOfficeで作成した文書やプレゼンテーションの中に挿入（貼り付け）することができます。Excelで作成した表データは、「Excelワークシート・オブジェクト」というデータ形式になっており、ほかのソフトと連携する際には、データ形式に注意する必要があります。貼り付け後の表データの扱いによって、形式を選択します。

●画像に変換して貼り付け

　印刷目的で、Word文書内に表やグラフを貼り付ける場合は、画像形式に変換するのがよいでしょう。貼り付けたあとにサイズや配置の調整なども簡単にできます。なお、画像変換した表データの値は、あとから変更することはできません。

　新規Word文書の中に単純な表を貼り付ける操作例については、Part2のp.186ページを参照してください。

●［表ツール］と同じ形式で貼り付け

　Wordの［表ツール］で作成した表と同じ形式で、ExcelシートのモをWordの文書内に貼り付けることができます。貼り付けたあとで数値などの修正が可能です。貼り付け先で表の形が変わった場合は、セルのサイズ変更などを行って調整できます。

① Excel上で目的の表を選択して［コピー］ボタンをクリックします。
② Wordの文書上で貼り付けたい位置をクリックし、そのまま［貼り付け］ボタンをクリックします。
③［表ツール］形式で文書内に表が貼り付けられます。

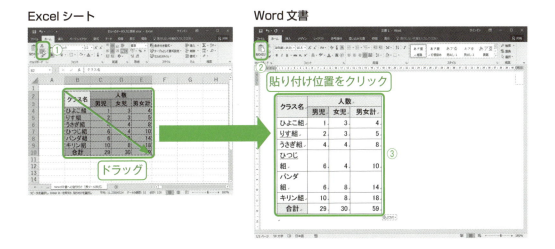

Excelシート　　　　　　　　Word文書

● Excel ワークシートオブジェクトで貼り付け

　「形式を選択して貼り付け」ダイアログボックスで、[Microsoft Excel ワークシートオブジェクト]を選択すると、Excel シートと同じ形式で貼り付けられます。文書内の表をダブルクリックすると Excel が起動して、Excel での編集操作ができます。

① Excel 上で目的の表を選択して［コピー］ボタンをクリックします。
② Word の文書上で貼り付けたい位置をクリックし、［貼り付け］ボタンの▼をクリックして、表示されたメニューから［形式を選択して貼り付け］を選択します。
③ 表示された「形式を選択して貼り付け」ダイアログボックスで［貼り付ける形式］の中から[Microsoft Excel ワークシートオブジェクト］を選択して［OK］をクリックします。
④ Word に表が貼り付けられます。ダブルクリックすると Excel シートに表示が変わり、Excel の操作が行えます。文書内の空いているところをクリックすると表示が戻ります。

Word 文書

Column　リンク機能の効果的な活用方法

文書作成などで作業ミスを軽減できるなどの効果をもたらす「リンク機能の活用」についていくつか紹介します。実務では、とくに有効活用してください。

① Excel で作成した表やグラフを Word 文書内などにリンク貼り付け
② セル内のデータを複数のワークシート上で引用

① Excel で作成した表やグラフを Word 文書内などにリンク貼り付け

　表やグラフをワープロ文書などに貼り付ける場合、単純にコピー＆ペーストでもできますが、リンク機能を利用することによって、元の表などに更新が起きた場合でも、貼り付けた表に自動的に反映されます。単純貼り付けでは、表の更新があれば再度、貼り付けを行う必要があって面倒です。更新の可能性がある場合には、リンク貼り付けを活用しましょう。

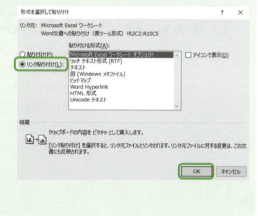

　Word 文書に貼り付ける際、[貼り付け] の▼をクリックして [形式を選択して貼り付け] を選択します。表示されたダイアログボックスで [リンク貼り付け] にチェックを付けて [OK] ボタンをクリックします。

② セル内のデータを複数のワークシート上で引用

　園の計画書を Excel で作成する場合などに活用できる方法といえるでしょう。計画書では、年計画から期の計画、月案へと、内容が順次詳細・具体化されていきます。年の計画項目（目標、指針など）を期の計画の中で引用、期の計画の内容を月案で引用することになりますが、引用したいセルの内容をコピー＆ペーストで作ってはいけません。コピーすると、計画の見直しなどの発生時に引用箇所をすべて訂正する必要が出てくるからです。むだな修正の手間と修正ミスが起こります。

　そこで、このような場合には、計算式の機能を使って、引用元のセルを参照記述（シート間の参照も可能）します。こうしておくと、引用側で勝手に修正されることもなく、引用元に変更が生じても引用側では常に自動反映されます。

　表データを引用する場合には、次のようにします。

　表全体をドラッグして範囲指定したあと、[コピー] ボタンをクリックします。次に、引用したい場所をクリックして選択し、[貼り付け] ボタンの▼をクリックして [形式を選択して貼り付け] を選択します。表示されたダイアログボックスの左下にある [リンク貼り付け] にチェックを入れて [OK] ボタンをクリックします。

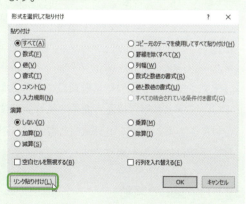

Unit 7

■学習内容
Excelにはさまざまな機能がありますが、中でもよく使われるのが表作成機能です。Unit7では、この表作成（表の新規作成と表の更新）と簡単な計算式操作を習得します。

作表とかんたんな計算をしよう

■習得すべき事項
セルへのデータ入力と更新／セルの編集
セルの書式設定／計算式／シート名の設定・変更
シートのコピー・移動／シートの保存

Exercise.1 「クラス表」を作成しよう

次のようなクラス表を作成し、セル操作の基本を習得します。

クラス表1

クラス名	年齢	クラス担任	人数
ひよこ組	0	中村・飯島	4
りす組	1	佐藤	5
うさぎ組	2	田中	8
ひつじ組	3	小川	10
パンダ組	4	田村	14
キリン組	5	佐々木	18

クラス表2

クラス名	年齢	クラス担任	人数		
			男児	女児	男女計
ひよこ組	0	中村・飯島	1	3	4
りす組	1	佐藤	2	3	5
うさぎ組	2	田中	4	4	8
ひつじ組	3	小川	6	4	10
パンダ組	4	田村	6	8	14
キリン組	5	佐々木	10	8	18
		合計	29	30	59

　クラス表はクラス名、園児の年齢、クラス担任および、園児数で構成しています。段階的に操作を覚えてもらうために、最初にクラス表1を作成し、次にクラス表2を作ります。クラス表1は、文字と数字だけからなる単純な表です。クラス表2では、クラスの人数を男児と女児に分けて入力し、合計を計算式（加算と「合計」関数）で出しています。
　作成手順は、次のとおりです。

1 Excelの起動

　Excelを起動し、テンプレートから「空白のブック」を選び、新しい白紙のワークシートを開きます。

2 列見出しの作成—クラス表 1 の作成—

●列見出しの入力

表の列見出し（「クラス名」～「人数」）を順番に文字入力します。

①「Sheet1」のセル B2 をクリックして、「クラス名」を入力し、[Enter] キーを押します。
②同様に、「年齢」から「人数」まで、見出しの文字列をセル C2 ～ E2 へ順番に入力します。

▶ Excel 2010 では、新しいブック内に 3 枚の空シート（Sheet1 ～ Sheet3）が作成されます。この Exercise では、「Sheet1」しか使いません。最初に、「Sheet2」と「Sheet3」を削除して以降の操作を行ってください。シートの削除については、p.250 を参照してください。

●列幅の変更

入力するデータの文字の長さに合わせて、各項目の列幅（セルの横サイズ）を調整します。

①列 C の幅を狭くします。列 C と列 D の境界にマウスポインタを合わせ、マウスの形状が ✥ に変わったら、左にドラッグして列幅を狭めます。マウスボタンをはなすと確定します。

②次に、列 D の幅を広くします。列 D と列 E の境界で右方向にドラッグして列幅を広げます。同様に E 列も調整します。

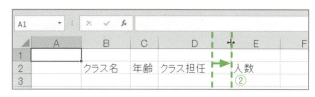

▶「行の高さ」や「列の幅」を数値で設定する方法
行および列のサイズは、次の操作により、数値で正確に設定することができます。
[ホーム] タブの [セル] グループにある [書式] の▼をクリックし、表示メニューから [行の高さ] または [列の幅] をクリックします。表示されたダイアログで数値を設定します。[行の高さ] はポイント数（1 ポイントは約 0.035cm）、[列の幅] は文字数で指定します。

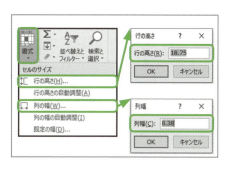

●列見出しの書式設定

列見出しの書式および、見出しのセルの背景色を設定します。

① セル B2～E2 をドラッグして範囲選択します。
② ［ホーム］タブの［フォントサイズ］から［12］を選択し、さらに、［太字 B］ボタンと［中央揃え］ボタンをクリックします。
③ ［ホーム］タブの［塗りつぶしの色］ボタンをクリックし、セルの色を指定します。ここでは薄い水色を選択しました。

3　クラスのデータ入力

「クラス名」から順番に、列見出しの入力と同様の操作でデータを入力します。

① クラス名を「ひよこ組」から「キリン組」まで縦に入力していきます。続いて、年齢、クラス担任、人数を順番に入力します。

4　セルの書式設定

年齢のデータだけ「中央揃え」に設定し、残りは既定値のままとします。

① セル C3～C8（年齢の列のデータ）をドラッグして範囲選択します。
② ［配置］グループの［中央揃え］ボタンをクリックします。

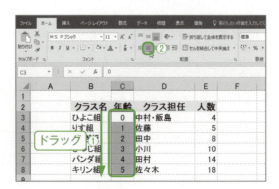

5　罫線の設定

表全体を範囲選択して、すべてのセルの外枠に細い罫線を設定します。

①セル B2 ～ E8 までをドラッグして範囲選択します。
②［フォント］グループの［罫線］ボタンをクリックし、表示された線種メニューの中から［格子］を選択クリックします。

③表全体に格子の罫線が設定されます。

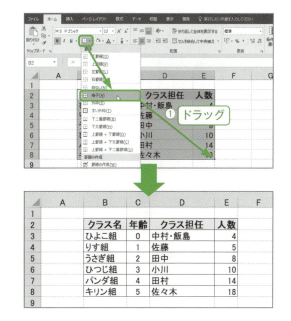

6　シート名の設定とシートのコピー（複写）

●シート名の設定

「クラス表1」が完成したので、シート名を付けます。なお、シート名の修正方法の詳細は p.248 も参照してください。

シート名「Sheet1」を「クラス表1」に変更します。操作手順は、次のとおりです。
シート名「Sheet1」をダブルクリックして、シート名を編集可能状態（反転モード）にします。［Delete］キーで文字列「Sheet1」を削除し、新たに「クラス表1」を入力します。最後に、シート内の空いている箇所をクリックしてシート名を確定します。

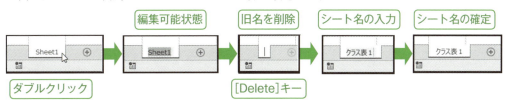

●シートのコピー（複写）

次に、「クラス表2」を作成します。クラス表1のシートを直接、更新してもよいのですが、ここでは、クラス表1のシートをコピー（複写）して、クラス表2を別に作成することにします。なお、シートのコピーの詳細は p.251 を参照してください。

シート名のドラッグ＆ドロップ操作による、シートのコピー操作を以下に説明します。

［Ctrl］キーを押しながらシート名「クラス表1」を右側にドラッグし、右端でドロップします。

末尾に通番が付加されたシート名でコピーされたシートができます。前述と同様の操作で、シート名を「クラス表2」に変更します。

7 列見出しの変更 －クラス表2の作成－

前項で作成したシート「クラス表2」を更新して、クラス表2を仕上げます。
「クラス表2」のシートのタブをクリックして表示します。

●「人数」の列の削除

① E列の列記号をクリックしてE列全体を範囲選択します。
② ［セル］グループの［削除］ボタンをクリックして、表示メニューから［シートの列を削除］をクリックします。
③ 人数のデータが表から削除されます。

▶ **列や行の全体の削除**
ここでは列の削除に［削除］ボタンを使いましたが、削除したい列番号（または行番号）上で右クリックし、表示されるショートカットメニューからも同様に操作できます。

▶ 不要な部分のみをドラッグで範囲して［Delete］キーを押しても、セル内の文字列は削除できますが、罫線やセルの塗りつぶしなどの設定は削除されません。

● 2段スタイルの見出しの作成

① 行番号3をマウスクリックします。
② ［挿入］ボタンをクリックし、表示されたメニューから［シートの行を挿入］を選択します。

③2行目と3行目の間に空行が1行挿入されます。

▶挿入したい行番号（または列番号）を右クリックして表示されるメニューからも同様に操作できます。

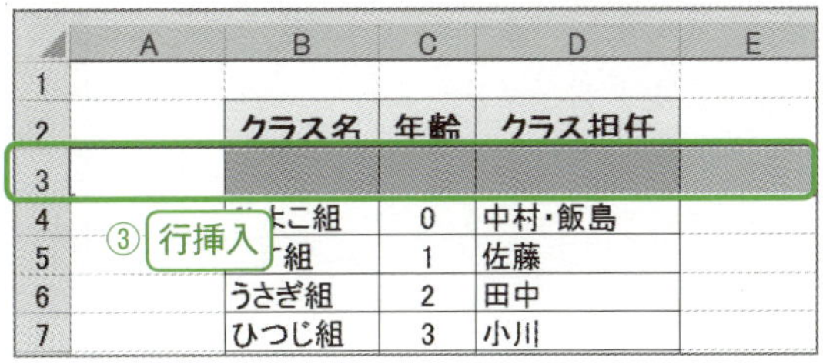

④E3～G3に副見出しを入力します。
　セルE3：男児
　セルF3：女児
　セルG3：男女計

⑤E2～G2を範囲選択します。
⑥［配置］グループの［セルを結合して中央揃え］ボタンをクリックします。3つのセルが結合されます。

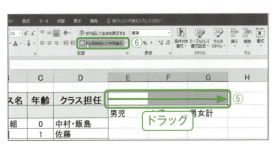

⑦結合したセルに見出し「人数」を入力します。

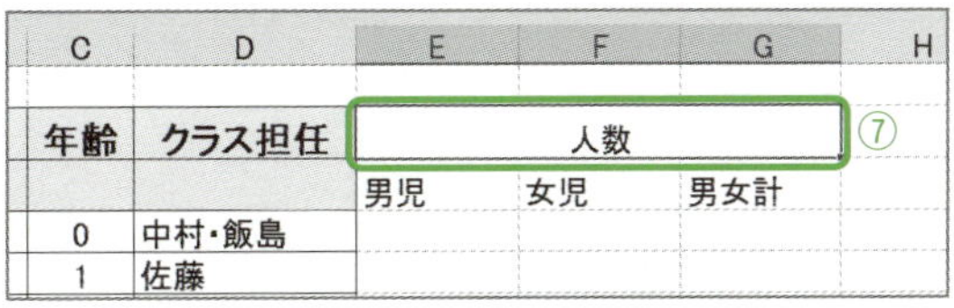

●見出しの書式設定

　各見出しを「中央揃え」に配置し、見出し文字のサイズと文字飾りを設定します。最後に、クラス名や他の見出しと同じようにセルの背景色を薄い水色に設定します。

①E3～G3までを範囲選択します。
②［配置］グループの［中央揃え］ボタンをクリックします。

③見出しのセル群を範囲選択します。
④［フォント］グループの［フォントサイズ］ボタンをクリックして、表示されたサイズから［12］を選択、［太字B］ボタンをクリックします。

Unit 7 作表とかんたんな計算をしよう

263

⑤［フォント］グループの［塗りつぶしの色］ボタンをクリックして、表示された色選択メニューから薄い水色を選択します。

8　罫線の設定

①結合したセル E2 ～ G9 までをドラッグして範囲選択します。
②［フォント］グループの［罫線］ボタンをクリックし、表示されたメニューから［格子］を選択します。

9　人数のデータ入力

①セル E4 ～ F9 に、各クラスの男児数および女児数を入力します。

10　人数の合計計算

　各クラスの人数（男女計）の合計を計算します。クラスの人数は、男児数＋女児数であり、列 E と列 F のセル値の加算で求め、保育園全体の園児数を「合計」関数で計算します。

①セル G4 をクリックして、次の計算式「＝ E4 ＋ F4」を半角で入力します。加算結果がセル G4 に表示されます。

▶「＝」を入力後、セル E4 をクリックし、文字「＋」を入力し、セル F4 をクリックし、最後に［Enter］キーを押しても同じ結果になります。

②セル G4 をクリックし、［クリップボード］グループの［コピー］ボタンをクリックします。

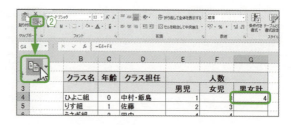

③セル G5 〜 G9 を範囲選択し、［クリップボード］グループの［貼り付け］ボタンをクリックします。

④セル G5 〜 G9 に計算式がコピーされて、各クラスの男児と女児の加算結果がセル上に表示されます。

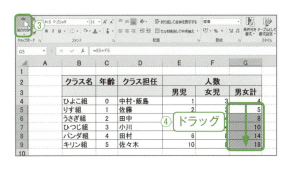

⑤セル D10 に、縦列の見出し「合計」を入力し、［中央揃え］にします。

⑥次に、D10 〜 G10 を範囲選択します。［罫線］ボタンの［格子］をクリックで罫線を付けます。
さらに、フォントサイズを 12pt、［太字］に設定します。

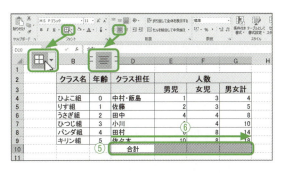

⑦セル E4 〜 E9 までの合計をセル E10 に入れます。E10 をクリックします。

⑧［Σ オート SUM］ボタンをクリックし、表示された関数メニューの中から［合計］を選びます。

⑨合計計算する関数が生成されます。合計対象のセル群の範囲候補が破線で点滅します。候補が正しければ［Enter］キーを押して計算式を確定します。候補が正しくないときは、対象セル群（E4 〜 E9）をドラッグして指定します。

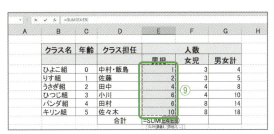

⑩セル E10 の計算式をセル F10 と G10 にコピーします。これで男児と女児、男女計の合計計算が終了です。

11 残りの見出しの変更

「クラス名」「年齢」および「クラス担任」のセル（2行）をそれぞれ結合して、列E～列Gのセル幅を狭くして完成です。

① セルB2とB3を範囲選択します。
② ［配置］グループの［セルを結合して中央揃え］ボタンをクリックします。
③ ［上下中央揃え］をクリックします。これで、結合されたセル内の「クラス名」の文字が上下左右中央揃えになります。
④ 「年齢」および「クラス担任」の見出しも、セル結合と中央揃えの設定をします。
⑤ 「男児」のセルを青色に、「女児」のセルをピンク色に設定し、最後に列Eから列Gの列幅を調整して完成です。

12 シートの保存とExcelの終了

●シートのファイル保存

保存先のフォルダーを作成し、その中にシート「クラス表1」と「クラス表2」を含むブックにファイル名を付けて保存します。それぞれの名称は次のとおりです。

- 保存先　　：「ホームフォルダ」内の「UNIT7」フォルダー
- ファイル名：　クラス表.xlsx

▶ ファイルの保存操作の終了後は、必ずフォルダーを開いて、フォルダー内にファイルが正しく保存されていることを確認してください。

● Excelの終了

Excelのウィンドウ右上隅にある［閉じる］ボタン✕をクリックしてExcelを終了します。

Exercise.2 「年間カレンダー」を作成しよう

月単位に分かれているタイプのカレンダーを作成します。

カレンダー最上段（行2）の大きな四角には、その月の画像を貼り付けます。貼り付ける画像はみなさんで写真などを用意してください。2段目は月名で、各月ごとに変わります。3段目は曜日で、固定（左端を日曜日）です。4段目以降、最下段までは、日付が入ります。通常

の日付は黒字で、日曜および祭日の日付は赤字で表示します。最下段の週は、その月の最終日の右側に、次の月の先頭日を表示します。フォントサイズを縮小、文字色を変更し、斜体で表示します。

計算機能も習得してもらいたいので、日付の数値を計算式で算出しています。

▶ ここでは、仮想の年月日のカレンダーにしています。演習時には、実際の年月日を設定してください。また、紙面の表示上、小さめのサイズで作成していますので、画像やフォント、フォントサイズ等は好みで変更してください。

1 雛型シートの作成

最初に、下図のような月ごとのカレンダーのひな型シートを作成します。このひな型シートを複写して、各月（1月～12月）のカレンダーを順番に作成していきます。

・日付の計算式について

ここでは、雛型として、次のように計算式を設定します。

月の初日を"1"とし、2日以降は、前日＋1の計算式を順番に入れます。これによって、先頭日のセルを確定すると、残りはExcelが自動計算してくれることになり、すべての日付のセルへの数字の入力が不要となります。具体的には、下記の操作で雛形を作成します。

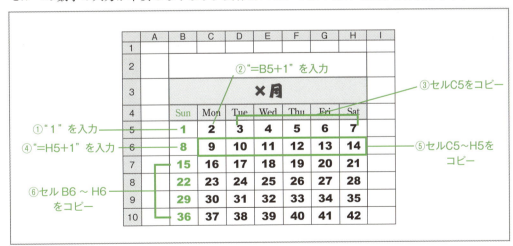

新たにExcelを起動します（デスクトップ上のショートカット、タスクバーのアイコンなどを利用）。カレンダーの雛形シートを作成するために、シート名「Sheet1」を「カレンダー雛形」に変更します。

▶ Excel2010 を使用している場合は、不要なシート（Sheet2 と Sheet3）を削除してから、上述の操作を行ってください。

●カレンダー枠の作成

①先頭の写真を貼り付けるセルの作成

　セル B2 ～ H2 をドラッグして、［セルを結合して中央揃え］ボタンをクリックします。行の高さをドラッグして、大きく拡げます。

②月を入れるセルの作成

　セル B3 ～ H3 をドラッグして、［セルを結合して中央揃え］ボタンをクリックします。行の高さをドラッグして、やや拡げます。

③曜日および日付を入れるセルのマス目（7 行 7 列）の作成

　セル B2 ～ H10 をドラッグして、［罫線］ボタンをクリックします。表示されたメニューから［格子］をクリックします。

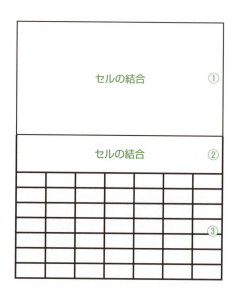

●「月」の書式設定

行 3 の結合セル（B3 ～ H3）に、「×月」を入力し、セルの書式を次のように設定します。

・フォント：HG 創英角ポップ体
・フォントサイズ：28 ポイント
・フォントの色：濃い青緑
・文字の配置：縦横ともに中央揃え
・罫線：外枠を直線の二重線
・塗りつぶしの色：薄い黄

●曜日の見出し作成

　左端のセル B4 に、「Sun」と入力します。セル B4 の右下隅にマウスカーソルを移動し、H4 までドラッグします。「Mon」から「Sat」までの曜日が自動的に生成されます。セル B4 ～ H4 までに、次の書式を設定します。

- フォント：Century
- フォントサイズ：11pt
- フォントの色："Sun"は赤、その他は黒
- 文字飾り：太字
- 文字の配置：縦横ともに中央揃え
- 罫線：外枠を直線の一重線
- 塗りつぶしの色：薄い緑

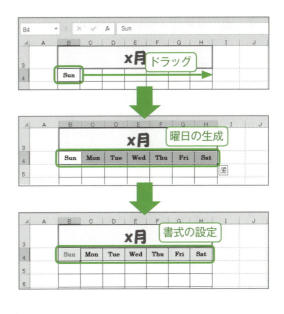

●日の作成

1カ月の日にちを入力します。曜日と同様、Excelのオートフィル機能を利用しますが、ここでは計算の演習も兼ねて、計算式をコピーすることで連続データを入力します。

①先頭行の日曜日のセルB5に、数字「1」を入力します。

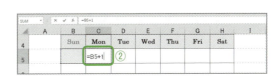

②月曜日のセルC5に、計算式を入力します。「＝」を入力し、セルB5をクリック、続いて「＋1」を入力します。「＝B5＋1」という計算式が設定されます。

③セルC5の右下隅をクリックし、そのままセルH5までドラッグします。C5の計算式がD5〜H5にコピーされます。

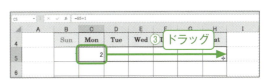

④その週の残り（火曜〜土曜）のセルに、月曜日のセルC5に入っている計算式がコピーされ、連続した数値が入力されました。

⑤第2週の日曜日（セルB6）には、先週末の土曜日＋1の計算式「＝H5＋1」を設定します。

⑥第2週の月曜日から土曜日に、第1週の月曜日から土曜日の計算式をコピーします。セルC5〜H5をドラッグして選択し、セルH5の右下のハンドルをクリックして下に向かってドラッグしてコピーします。

⑦同様の操作で、残りの4週に、第2週のセルの計算式をまとめてコピーします。セルB6〜H6を範囲選択したら、H6の右下隅のハンドルをクリックして、下方向にH10までドラッグします。

⑧4週分まとめて計算式が複写されました。

●カレンダーの書式設定
①セルB5〜H10の日付のセル全体を範囲選択し、文字の書式を次のように設定します。
　・フォント：ArialBlack
　・フォントサイズ：14ポイント
　・文字の配置：横位置：中央揃え
　　　　　　　　縦位置：中央揃え

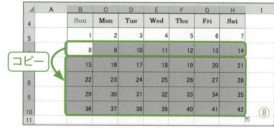
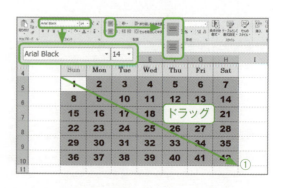

②日曜日の列、セル B5 〜 B10 をドラッグして範囲選択し、文字色を［赤］に変更します。

● 画像のテンプレート貼り付け

　カレンダーの最上段（セル B2）には、各月に適した画像（写真など）を貼り付けます。さらに毎月の画像の上には、タイトル（20xx 年カレンダー）と園の名前（なかよし保育園）の文字、うさぎのイラストを入れることにします。

　画像および、文字やイラストを、セルに直接貼り付ける場合、画像やイラストのサイズ調整および、貼り付け位置の調整などを月の数だけ繰り返すことになり、とても面倒です。そこで、ひな型シートのセル B2 には、以降に示す画像のテンプレートを貼り付けておき、各月のシート作成では、［図ツール］の画像差し替え機能を用いることにします。そうすると、各月の画像を入れ替えるだけで済みます。

　なおここでは、画像の上に貼り付ける文字やイラストがはっきりわかるように、白紙の画像をテンプレートにします。白紙の画像は、［描画ツール］で作成します。この操作をとおして、画像と図形の違いを理解しましょう。画面上で同じに見えているものでも、コンピューター内のデータ形式としては異なる場合があるということも学びましょう。

・白紙の画像の作成と貼り付け

① 背景が白色の図形をセル B2 上に作成します。

　セル B2 をクリックして選択後、［挿入］リボンの［図］グループにある［図形］アイコンの▼をクリックして図形部品の［正方形／長方形］を選択します。セル B2 の内側にほぼセルと同じ大きさの四角形をドラッグ操作で描画し、書式の［図形の枠線］は［枠線なし］、［図形の塗りつぶし］は白色に設定します。

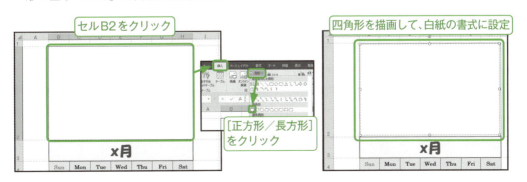

②作成した四角形のデータ形式を「図形」から「画像」に変換します。

B2 上の四角形を切り取って、[形式を選択して貼り付け] します。このとき、表示されたダイアログボックスで形式に [図（拡張メタファイル）] を選んで [OK] をクリックします。これで、B2 上に貼り付けた四角形のデータ形式が図形から画像に変わります。

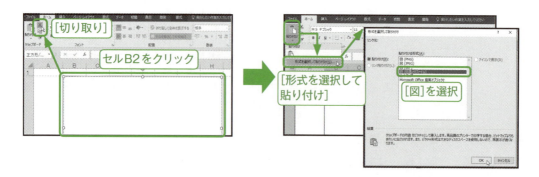

・タイトル、園名、イラストの挿入

画像が入るセル B2 にタイトルと園の名前、うさぎのイラストを追加します。

① [テキストボックス] または [ワードアート] を挿入して、「20xx 年カレンダー」と「なかよし保育園」を入力します。文字のサイズ、色は自由に設定してください。

② Unit3 で作成したうさぎのイラストを画像として縮小貼り付けします。PPT ファイルを開いて（イラスト Lib）、スライド上のうさぎの図形（グループ化）をクリックしてコピーします。セル B2 をクリックして、[貼り付け] ボタンの▼から [形式を選択して貼り付け] を選択します。表示されるダイアログボックスで [図（拡張メタファイル）] を選択して [OK] ボタンをクリックします。サイズを小さくし、コピーしてもう 1 つ貼り付けます。

これでひな型が完成しました。

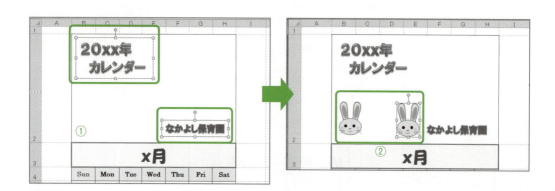

● ワークシートの保存

作成した「雛型シート」をファイルに保存します。

・保存先　　：「ホームフォルダ」内の「UNIT07」フォルダー
・ファイル名：なかよし保育園カレンダー .xlsx

2 雛形から 1 月のカレンダーの作成

月カレンダーの「雛形シート」を複写して、「1月」用のシートを作成します。
そのシート上に、画像の貼り付け、月名の設定および、日付の設定を次の手順で行います。日付については、先頭の 1 日を決定するだけで、自動的に残りの日付が確定します。最後に、あまった日付のセルを消去すればできあがりです。

● 「雛型シート」のコピー（複写）とシート名の変更

シート「カレンダー雛型」をコピーし、シート名を「1月」に変更します。
なお、ワークシートの複写やシート名の変更については、p.248 を参照してください。

● 月名、日付および休日の設定

①月名を「1月」に変更します。
②次に、日付を設定します。まず、月の初日（1日）を設定します。ここでは、1月1日が火曜日であることにします。セル D5 をクリックして、「1」を入力します。セル E5 以降の数値が自動的に変わります。

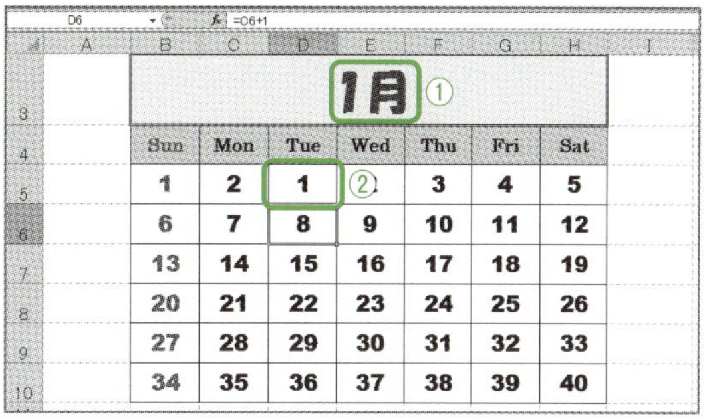

③続けて、余分な日を消します。セル B5、C5 および、1 月は 31 日が最終日なので、「32」以降（G9 および H9）を削除します。さらに、10 行目は不要なので行削除を行います。

④休日の数字（C7 と D5）を赤色に変更して日付編集が終了です。

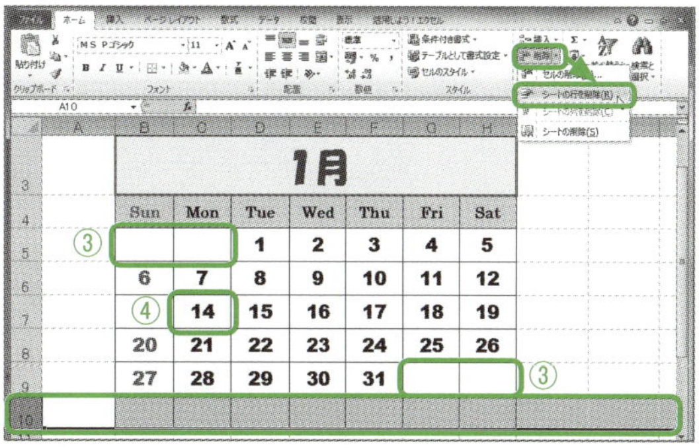

●画像の貼り付け

　セル B2 の画像テンプレートを 1 月用の画像に差し替えます。1 月用の画像を用意してください。サイズは自由です。ここでは、「ホームフォルダ」内の「UNIT07」に画像ファイル「1月の写真.jpg」を保存しておき、テンプレートの画像をその写真に差し替えます。

① セル B2 の中の白紙の画像をクリックし、[図ツール] の [書式] タブをクリックします。
② [調整] グループの [図の変更] ボタンをクリックします。

③ 表示された「図の挿入」ダイアログボックスで、画像ファイル「1月の写真.jpg」の保存先を開きます。目的のファイルを選択し、[挿入] ボタンをクリックします。

④ 1 月の画像に変わります。画像の内容に応じてタイトル等の文字色、サイズおよび配置の調整を加えてください。また、白紙と挿入した画像の縦横サイズ比が異なっている場合には、セル B2 内の縦または横に空きスペースができるので、配置等の調整をしてください。
これで、1 月のカレンダーが完成です。

シートを上書き保存して終了です。

Unit 8 児童台帳を作成しよう

■学習内容
園児や保護者の情報を管理することは、保育者にとって大切な仕事のひとつです。Unit8 では、児童台帳を例に、データベースの新規作成および更新の操作を習得します。さらに、カウント系の関数を使って、できあがった児童台帳の簡単なデータ集計についても習得します。

■習得すべき事項
セルへのデータ入力と更新／セルの編集／セルの書式設定
データの入力規則／表の並べ替え／シート名の設定と変更
関数（カウント系）／シートの保存と読み込み
ファイルのコピー

Exercise.1 「児童台帳」を新規に作成しよう

次のような児童台帳を新規に作成します。最初に、児童台帳の様式（入力フォーマット）を作成してから、データ入力を行い、児童台帳を完成させます。

20xx 年　児童台帳

	A	B	C	D	E	F	G	H	I	J	K
1	児童 氏名	性別	生年月日	年齢	クラス	保護者名	続柄	現住所	電話番号	入園日	備考
2	小川 楓	女	2012/8/12	0	ひよこ	小川 和志	父	東京都 文京区 XW 5-3-1	00-0123-1122	2013/4/6	
3	加藤 正志	男	2013/2/21	0	ひよこ	加藤 基樹	父	東京都 文京区 XP 62-7	00-0123-5588	2013/4/6	
4	佐々木 真由子	女	2012/7/12	0	ひよこ	佐々木 進	父	東京都 文京区 XE 4-3-3	00-0123-7766	2013/4/6	
5	伊藤 大地	男	2012/1/5	1	りす	伊藤 賢二	父	東京都 文京区 XE 3-32-5	00-0123-3355	2012/4/7	
6	山本 美咲	女	2011/7/14	1	りす	山本 拓也	父	東京都 文京区 XP 4-3-1	00-0123-4466	2012/4/7	
7	渡辺 啓太	男	2011/4/22	1	りす	渡辺 信一	父	東京都 文京区 XE 2-12-1	00-0123-6633	2012/4/7	
8	一瀬 和子	女	2010/5/17	2	うさぎ	一瀬 健介	父	東京都 文京区 XK 6-2-1	00-0123-9911	2011/4/7	
9	井上 桜	女	2011/3/3	2	うさぎ	井上 一郎	父	東京都 文京区 XE 4-8-5	00-0123-8877	2011/4/7	
10	小泉 次郎	男	2010/9/18	2	うさぎ	小泉 幸雄	父	東京都 文京区 XG 8-6-6	00-0123-0011	2011/4/7	
11	伊藤 花子	女	2009/11/24	3	ひつじ	伊藤 和夫	父	東京都 文京区 XP 68-1	00-0123-2233	2010/4/6	
12	佐藤 健太	男	2009/6/6	3	ひつじ	佐藤 孝太	父	東京都 文京区 XY 3-1-3	00-0123-2277	2010/4/6	
13	山田 太郎	男	2009/10/2	3	ひつじ	山田 一郎	父	東京都 文京区 XM 1-1-1	00-0123-0022	2010/4/6	
14	生田 正雄	男	2009/2/26	4	ぱんだ	生田 真弓	母	東京都 文京区 XC 6-6-3	00-0123-5599	2009/4/6	
15	石川 翔太	男	2008/10/13	4	ぱんだ	石川 三郎	父	東京都 文京区 XF 21	00-0123-0033	2009/4/6	
16	小島 一平	男	2008/7/19	4	ぱんだ	小島 三平	父	東京都 文京区 XC 3-2-2	00-0123-1177	2009/4/6	
17	坂本 蓮	男	2007/5/27	5	きりん	坂本 竜太	父	東京都 文京区 XF 225	00-0123-6688	2008/4/6	
18	高田 優花	女	2008/1/2	5	きりん	高田 純一郎	父	東京都 文京区 XF 648	00-0123-9922	2008/4/6	
19	長谷川 陸	男	2007/8/24	5	きりん	長谷川 浩	父	東京都 文京区 XR 2-1-2	00-0123-8811	2008/4/6	

▶ここでは、入力の時間を省くために、各クラスの児童を数名ずつ入れた全クラスの台帳としています。

1 様式と見出し部の作成

● Excel の起動とシート名の設定

Excel を起動して、新規のワークシートを作成します。先頭のシート名「Sheet1」を「児童台帳 20xx」に変更します。シート名の変更については、p.248 を参照してください。

● 見出し項目の作成

児童台帳の見出し（「児童氏名」～「備考」）を行 1 に作成します。

① 項目名をセル A1 から K1 まで順番に入力し、セルの書式を下記の値に設定します。

セルの書式設定には、［ホーム］リボンの［フォント］グループ内のボタンまたは、［セルの書式設定］ダイアログボックス（［セル］グループの［書式］）を使います。

- フォント：HGP 創英角ゴシック UB
- フォントサイズ：11 ポイント
- 配置位置：上下左右とも中央
- 背景色： 薄い水色
- 罫線：格子

② セル A1 の「児童氏名」にふりがなを付けます。

セル A1 をクリックし、［フォント］グループの［ふりがなの表示／非表示］ボタン▼をクリックします。メニューから［ふりがなの設定］を選び、種類を［ひらがな］、配置を［均等割り付け］にします。再度、［ふりがなの表示／非表示］ボタンをクリックして、ふりがなを表示させます。

● 見出しとデータ部の表示分け（ウィンドウ分割の設定）

上下スクロール時に常に見出しが表示されるようにウィンドウ枠を固定します。台帳内のデータ数が増えて一画面で収まらなくなった場合に便利です。

見出し行の下のセル A2 をクリックし（①）、［表示］タブの［分割］ボタンをクリックします（②）。行 1 と行 2 の間で行が分割されます。次に［ウィンドウ枠の固定］ボタンから［ウィンドウ枠の固定］をクリックして、ウィンドウ分割を確定します（③）。

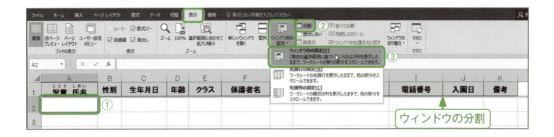

2 データ入力規則の設定

児童台帳への「データの入力規則」を設定します。

●「児童氏名」「保護者名」「続柄」「現住所」の入力規則（入力モード規則）

これら4つの項目は、いずれも全角の日本語で入力します。セルをクリックした時に入力モードが自動的に「ひらがな」に替わるように規則を設定します。

セルA2をクリックし（①）、[データ]タブの[データの入力規則]ボタンをクリックします（②）。「データの入力規制」ダイアログボックスの[日本語入力]タブをクリックして、リストから[ひらがな]モードを選び、[OK]ボタンをクリックします（③）。

▶ **複数のセルに対して、まとめて入力規則を設定**
規則の設定操作を効率的に行う方法です。同じ設定を行いたいセルが複数ある場合、[Ctrl]キーを押しながら対象セルをクリックしていきます。これで複数のセルが選択対象になります。この状態で、入力規則の設定操作を行うと、1つずつ設定するよりも手早くできます。

●「性別」および「クラス」の入力規則（リスト選択規則）

「性別」は、「男」と「女」の2種類です。また、「クラス」も、「ひよこ」から「きりん」までの6種類です。これらの項目については、文字を入力するのではなく、項目リスト表示したものから選択するようにすると、入力ミスの防止と入力の手間を省くことができます。

・「性別」の設定
①台帳項目セルの範囲外のところに「性別」用のリスト項目を用意します。「男」と「女」を列M（M2～M3）に作成します。

▶ **リスト項目用に使用するセルの場所についての留意点**
この演習例では、位置のわかりやすさから、台帳データの近くに設定していますが、実際の台帳作成では、別のシート内など、誤って消去される、書き変えられるようなことのない場所を選んでください。

②セル B2 をクリックして選択します。
③［データの入力規則］ボタンをクリックし、［データの入力規制］を選択します。
④表示されたダイアログボックスの［設定］タブをクリックして、［入力値の種類］から［リスト］を選びます。
⑤項目に表示するリスト文字列の格納セル群を［元の値］に設定するために、右端のボタンをクリックします。
⑥「男」と「女」が入力されているセル M2～M3 をドラッグして選択します。
⑦ドラッグした範囲のセルが［元の値］に設定されるので、［OK］ボタンをクリックします。これで設定は終了です。
⑧「性別」を、リスト項目から選択できるようになります。

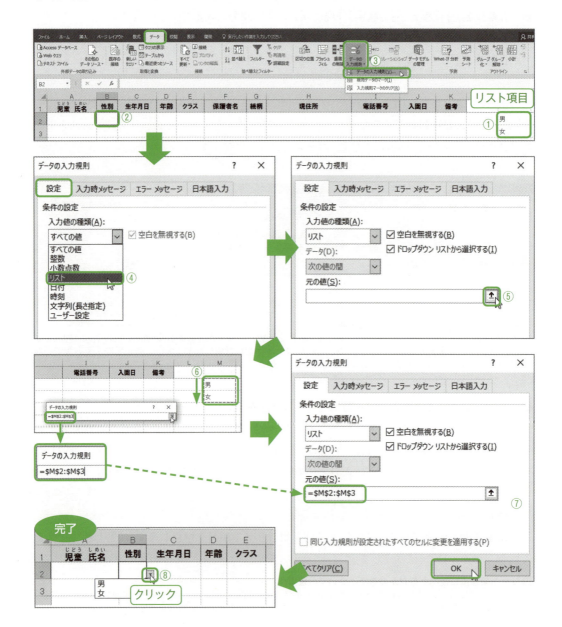

・「クラス」の設定

「性別」と同様の方法で、「クラス」用に次のリスト項目を用意して登録します。

　　ひよこ　りす　うさぎ　ひつじ　ぱんだ　きりん

①列N（N2～N7）に、リスト項目を入力します。
②セルE2を選択します。
③［データの入力規則］ボタンをクリックし、［データの入力規制］を選択します。
④「性別」と同様の操作でリスト項目を設定します。
⑤「クラス」を、リスト項目「ひよこ」～「きりん」の中から選択できるようになります。

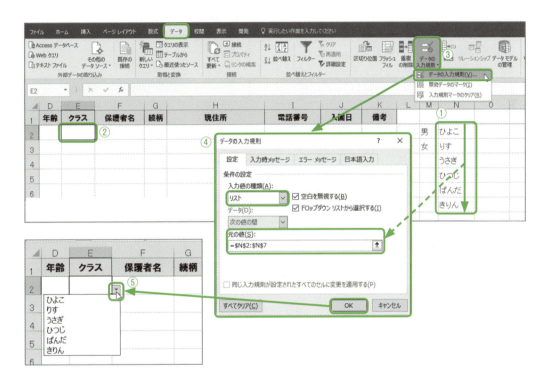

● 「生年月日」「入園日」の入力規則（日付規則）

「生年月日」と「入園日」の項目に対しては、「日付」の規則を設定します。「日付」としての形式および、年月日の区間チェックができます。ここでは、どちらも2007年4月1日（2007/04/01）以降の日付が入力できるように規則を設定します。

▶ ここでは「生年月日」と「入園日」を個別に設定していますが、2つのセルを選択することでまとめて設定することができます。離れた場所にある複数のセルを選択するには、[Ctrl]キーを押しながら目的のセル（ここでは「生年月日」のセルC2と「入園日」のセルJ2）をクリックします。

①セルC2をクリックします。
②［データの入力規則］ボタンをクリックして［データの入力規則］を選択します。

③表示されたダイアログボックスの［設定］タブをクリックして、［入力値の種類］から［日付］を選びます。
④［データ］から、［次の値以上］を選びます。
⑤［開始日］のテキストボックスに日付の「2007/04/01」を入力します。これで、入力日付の開始日が設定されました。

⑥次に、入力モードが自動的に半角の英字モードになるように設定します。［日本語入力］タブをクリックして、［半角英数字］を選択します。
⑦［OK］ボタンをクリックします。これで規則の設定が終了です。

⑧セルC2に設定した日付より前の「2007/03/31」を入力してみます。エラーメッセージが表示され、入力規則が機能していることがわかります。

同様の操作で、「入園日」の規則を設定します。

● 「年齢」の入力規則（数値規則）

「年齢」に対しては、「半角の数字で入力」「値は、整数で 0 以上 5 以下」という入力規制を設定します。

項目見出し「年齢」の下、セル D2 をクリックして「入力規則の設定」ダイアログボックスを表示し、［設定］と［日本語入力］の 2 つのタブで規則の設定をします。設定内容は、次のようになります。

［設定］タブ

・入力値の種類：整数
・データ：次の値の間
・最小値：0
・最大値：5

［日本語入力］タブ

・日本語入力：半角英数字

● 「電話番号」の入力規則

「電話番号」に対しては、入力モードを自動的に半角に切り替える設定をします。
項目見出し「電話番号」の下、セル I2 をクリックして「入力規則の設定」ダイアログボックスを表示し、［日本語入力］タブで［半角英数字］を設定をします。

● 「児童 氏名」のデータセルにふりがな設定

「児童 氏名」のセル A2 に対して、見出し部と同様の操作でふりがなを設定します。

①セル A2 をクリックします。
②［ホーム］タブにある［フォント］グループの［ふりがな］ボタンをクリックして、［ふりがなの設定］をクリックします。
③表示されたダイアログボックスで、種類に［ひらがな］、配置に［均等割り付け］を選択します。

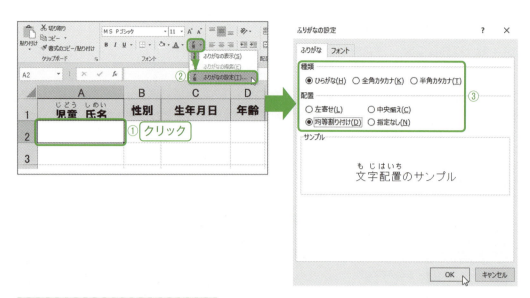

3 入力規則の他行への反映

　ここまでに設定した入力規則を、以降の行にコピーして、同じ規則を反映させます。この Exercise では、20 人程度のデータ入力を前提にしているので、余裕をもたせて行 3 ～行 30 まで規則を反映します。

　A2 ～ K2 をドラッグ選択したあと、コピー&ペースト操作、またはオートフィル操作で A3 ～ K30 にコピーします。

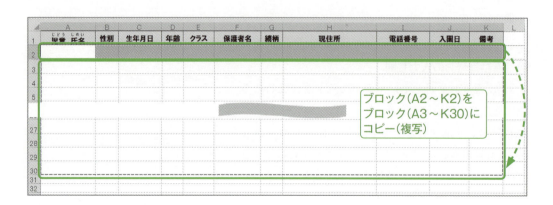

4 名前を付けて台帳ファイルの保存

　これで入力規則の設定が終わり、台帳のひな型ができあがりました。名前を付けてシートを保存します。なお、保存の前に、「ホームフォルダ」内に「UNIT08」フォルダーを作成してください。

・保存先　　：「ホームフォルダ」内の「UNIT08」フォルダー
・ファイル名：児童台帳 20xx.xlsx

5 データの入力

Exercise.1（p.275）の先頭ページの児童台帳一覧表に示した園児18人のデータを入力します。

項目名	データの入力説明
児童 氏名	園児の名前を入力する。入力モードが自動的に全角ひらがなに切り替わるので、そのまま入力できる。入力が終わると、自動的にふりがなが付けられる。なお、変換されたふりがなを変更したいときには、[ふりがな]ボタンの▼をクリックする。表示されたメニューから[ふりがなの編集]をクリックすると、ふりがなの編集モードに変わる
性別	セルをクリックすると、セルの右端にリスト項目選択ボタン▼が表示されるので、クリックして、表示された「男」「女」を選択する
生年月日	生年月日を西暦形式「yyyy/mm/dd」で半角文字入力する。2007年4月1日以降の日付が入力できる
年齢	年齢を半角数字0～5で入力する
クラス	性別と同様に、リスト（ひよこ～きりん）の中から選択する
保護者名	児童の氏名と同様に、入力モードが自動的に全角ひらがなに切り替わるので、そのまま保護者名を入力する
続柄	児童の氏名と同様に、入力モードが自動的に全角ひらがなに切り替わるので、そのまま続柄を入力する
現住所	児童の氏名と同様に、入力モードが自動的に全角ひらがなに切り替わるので、そのまま現住所を入力する
電話番号	入力モードが自動的に半角に切り替わるので、数字と「－」を組み合わせて、電話番号を入力する
入園日	生年月日と同様に、入力モードが自動的に半角英数字に切り替わるので、そのまま入園日を西暦形式で入力する。2007年4月1日以降の日付が入力できる

6 台帳ファイルの上書き保存

完成した児童台帳20xx.xlsx を上書き保存して終了です。

Exercise.2　既存台帳を更新しよう－今年度の台帳を使って次年度を作成－

Exercise.1で作成した20xx年度の児童台帳ファイル「児童台帳20xx.xlsx」をもとに、次年度の20yy年度の児童台帳ファイルを作成します。年度が切り替わるときの園児の入れ替えによる台帳更新を行います。

1 新台帳ファイルの作成

●台帳ファイルのコピー（複写）

台帳ファイル「児童台帳20xx.xlsx」をコピーして、次年度の台帳ファイル「児童台帳20yy.xlsx」を作成します。

20yy年度児童台帳

	A	B	C	D	E	F	G	H	I	J	K
1	児童 氏名	性別	生年月日	年齢	クラス	保護者名	続柄	現住所	電話番号	入園日	備考
2	石田 早苗	女	2013/8/22	0	ひよこ	石田 健介	父	東京都 文京区 XY 2-6-4	00-0123-7722	2014/4/5	
3	稲垣 次郎	男	2013/11/3	0	ひよこ	稲垣 六郎	父	東京都 文京区 XP 37-2	00-0123-5577	2014/4/5	
4	山本 聡	男	2013/5/21	0	ひよこ	山本 曜子	母	東京都 文京区 XF54	00-0123-1144	2014/4/5	
5	小川 楓	女	2012/8/12	1	りす	小川 和志	父	東京都 文京区 XW 5-3-1	00-0123-1122	2013/4/6	
6	加藤 正志	男	2013/2/21	1	りす	加藤 基樹	父	東京都 文京区 XP 62-7	00-0123-5588	2013/4/6	
7	佐々木 真由子	女	2012/7/12	1	りす	佐々木 進	父	東京都 文京区 XE 4-3-3	00-0123-7766	2013/4/6	
8	石井 洋子	女	2011/10/11	2	うさぎ	石井 花子	母	東京都 文京区 XW 5-4-2	00-0123-7733	2014/4/5	
9	伊藤 大地	男	2012/1/5	2	うさぎ	伊藤 賢二	父	東京都 文京区 XE 3-32-5	00-0123-3355	2012/4/7	
10	山本 美咲	女	2011/7/14	2	うさぎ	山本 拓也	父	東京都 文京区 XP 4-3-1	00-0123-4466	2012/4/7	
11	渡辺 啓太	男	2011/4/22	2	うさぎ	渡辺 信一	父	東京都 文京区 XE 2-12-1	00-0123-6633	2012/4/7	
12	一瀬 和子	女	2010/5/17	3	ひつじ	一瀬 健介	父	東京都 文京区 XK 6-2-1	00-0123-9911	2011/4/7	
13	井上 桜	女	2011/3/3	3	ひつじ	井上 一郎	父	東京都 文京区 XE 4-8-5	00-0123-8877	2011/4/7	
14	小泉 次郎	男	2010/9/18	3	ひつじ	小泉 幸雄	父	東京都 文京区 XG 8-6-6	00-0123-0011	2011/4/7	
15	吉田 肇	男	2010/4/24	3	ひつじ	吉田 太一	父	東京都 文京区XW 6-2-1	00-0123-4400	2014/4/5	
16	伊藤 花子	女	2009/11/24	4	ぱんだ	伊藤 和夫	父	東京都 文京区 XP 68-1	00-0123-2233	2010/4/6	
17	佐藤 健太	男	2009/6/6	4	ぱんだ	佐藤 孝太	父	東京都 文京区 XY 3-1-3	00-0123-2277	2010/4/6	
18	山田 太郎	男	2009/10/2	4	ぱんだ	山田 一郎	父	東京都 文京区 XM 1-1-1	00-0123-0022	2010/4/6	
19	生田 正雄	男	2009/2/26	5	きりん	生田 真弓	母	東京都 文京区 XC 6-6-3	00-0123-5599	2009/4/6	
20	石川 翔太	男	2008/10/13	5	きりん	石川 三郎	父	東京都 文京区 XF 21	00-0123-0033	2009/4/6	
21	小島 一平	男	2008/7/19	5	きりん	小島 三平	父	東京都 文京区 XC 3-2-2	00-0123-1177	2009/4/6	

Part 3　表計算ソフトの機能と操作を学ぼう

ファイルのコピー方法には、次の2つがあります。

①ファイルをコピーしてからファイル名を変更します。

　エクスプローラーを開き、コピー&ペースト操作などで台帳ファイル「児童台帳20xx.xlsx」をコピーします。末尾に「コピー」と付いた名前でファイルの複製ができるので、ファイル名を「児童台帳20yy.xlsx」に変更します。

◎操作例　ファイルをコピーしたあと、ファイル名を変更する

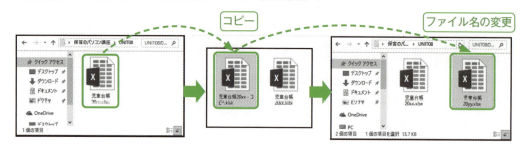

②ファイルを開き、別名で保存します。

　台帳ファイル「児童台帳20xx.xlsx」のアイコンをダブルクリックして開きます。[ファイル]リボンの[名前を付けて保存]を選択し、同一フォルダー内に「児童台帳20yy.xlsx」というファイル名で保存します。

◎操作例　ファイルを開いて、名前を付けて保存する

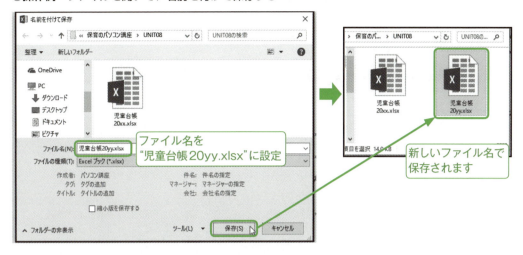

●シート名の変更（「台帳20xx」→「台帳20yy」）

　台帳ファイル「児童台帳20yy.xlsx」のアイコンをダブルクリックしてExcelを起動し、ワークシートを開きます。シート名を「児童台帳20xx」から「児童台帳20yy」に変更します。

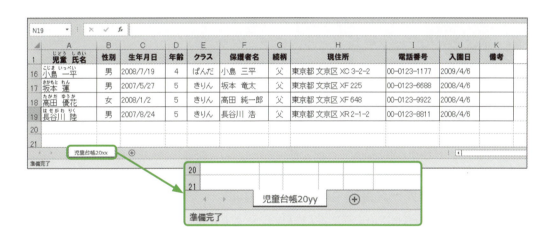

2　卒園児のデータ削除

　「きりん」クラスの卒園児のデータを削除します。削除対象の行全体を選択して、［ホーム］タブの［セル］グループにある［削除］ボタンを使用します。

①削除したい行（ここでは行番号17～19）をドラッグして選択します。
②［ホーム］タブの［削除］ボタンをクリックし、メニューから［シートの行を削除］をクリックします。
③選択した行が削除されました。

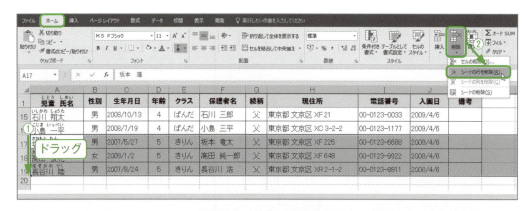

▶ 行削除での注意点
行を削除する場合、同じワークシート内に入力規則で利用しているリスト項目部分（本 Exercise での性別、クラス）がある場合には、そのセルを削除しないように注意しましょう。

3 進級園児のデータ更新（セル内のデータ更新）

進級園児全員の年齢を1つ上げ、進級後の新たなクラス名に変更します。

- 年齢： 0→1　　1→2　　2→3　　3→4　　4→5
- クラス： ひよこ→りす　　りす→うさぎ　　うさぎ→ひつじ
  ひつじ→ぱんだ　　ぱんだ→きりん

4 新入園児のデータ追加（行データの追加）

20yy 年度の児童台帳に次のように新入園児のデータを登録します。既存データの末尾行にデータを続けて追加入力します。

5 園児データの並び替え（[データ] タブの [並び替え] ボタン）

・最優先キー：「年齢」小さい順

① 見出し行（行1）を含めて、すべての園児のデータセル（A1～K21）をドラッグして選択します。
② [データ] タブをクリックし、[並べ替えとフィルター] グループの [並べ替え] ボタンをクリックします。

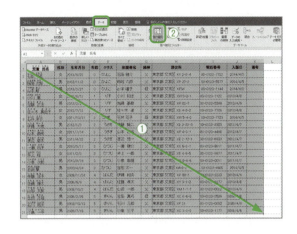

③ 「並べ替え」ダイアログボックスが表示されます。[最優先されるキー] に [年齢] を、[順序] に [小さい順] または [昇順] を設定します。

・次に優先するキー：「児童氏名」昇順

④ [レベルの追加] ボタンをクリックして、[次に優先されるキー] の入力ボックスを表示します。そこに、キーとして [児童氏名] を、[順序] に [昇順] を設定して、[OK] ボタンをクリックします。

⑤ これで年齢および児童氏名が昇順に並べ替えられました。

6 新台帳ファイルの上書き保存

完成した児童台帳20yyのシートを上書き保存して終了です。

Exercise.3　児童台帳の検索と集計をしよう

　Exercise.2 で作成した「児童台帳 20yy」を使って、データの簡単な検索と、関数による計算式を使った集計をしてみましょう。Excel のフィルターとテーブル機能、条件付き書式機能および、関数利用について演習します。

①検索とフィルター機能
②条件付き書式機能
③関数を使った集計機能

1　検索とフィルター機能

　氏名、クラスなど、名称（文字列）を使って、データを探す（検索する）には、［検索］または［フィルター］機能が便利です。

●検索機能 … 文字列の検索

　［ホーム］タブの［編集］グループにある［検索］ボタンを使用します。探したい名称そのものまたは、名称の一部を指定して、セルを検索します。一致する文字列を見つけた場合には、その位置（シート名、行及び列、セル番地）を表示してくれます。

・「児童台帳 20yy」の中から「山田」を検索

① 児童台帳 20yy.xlsx を開き、［ホーム］タブの［検索と選択］ボタンをクリックして、表示されたメニューから［検索］をクリックします。
②「検索と置換」ダイアログボックスが表示されます。［検索］タブで［検索する文字列］に「山田」を指定します。
③［すべて検索］をクリックします。
④ 2 件のデータが見つかり、その情報が表示されました。

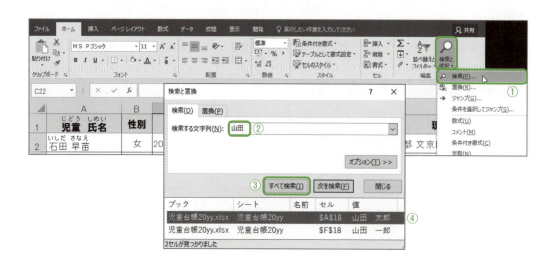

●フィルター機能……［データ］タブ

　台帳内の一部または、すべての列に対して［フィルター］を設定すると、項目ごとの絞り込み検索などができます。たとえば、性別が「男」の園児だけを表示したいとか、さらにクラスが「ひよこ」の園児を絞り込みたいといった場合には、次のように操作します。

・男児のデータだけを表示
①性別の列 B の列記号をクリックします。
②［データ］タブの［フィルター］ボタンをクリックします。
③列記号の上にフィルターマークが付きます。
④フィルターのマークをクリックすると、そのセル内に入力されているすべての値のリストが表示されます（列 B では、「男」と「女」の 2 つ）。
⑤チェックマークをオン（既定値）またはオフにして、表示されるデータを絞り込みます。
⑥たとえば、「男」だけにチェックをすると、男児だけのデータを表示できます。

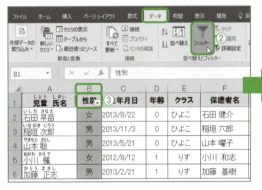

・複数の条件で絞り込む（男児で「ひよこ」クラスの園児データを表示）

　複数の列の条件を組み合わせて絞り込みたいときには、表内のすべての列を選択してフィルター設定しておくと便利です。必要に応じて、任意の条件を組み合わせて絞り込み表示することができます。

①列 A から列 J まで列記号をドラッグして選択します。
②フィルター設定します。すべての列にフィルターのマークが付きます。
③列 B の値として「男」にのみチェックをつけます。
④列 E （クラス）の値としては「ひよこ」だけにチェックします。
⑤絞り込みが行われ、「男児でかつひよこクラスの園児」データだけが表示されます。

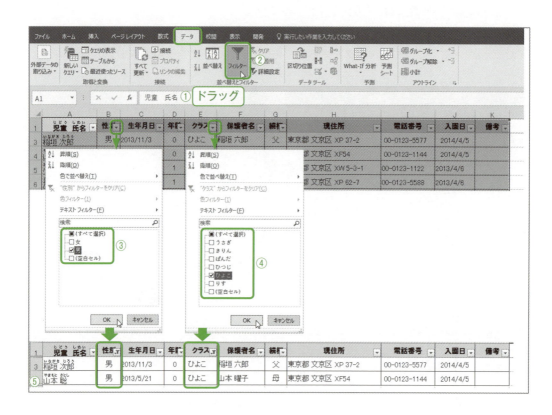

2　条件付き書式機能（［ホーム］タブ）

　台帳上で目的のデータを視覚的に見たいときには、［ホーム］タブの［スタイル］グループにある［条件付き書式］ボタンが便利です。特に、台帳のデータ数が多い場合などに一目で目的のデータを見つけられます。文字データ、数値データなど、さまざまなタイプを視覚的に編集・表示できます。

● 4歳以上の園児を強調表示

① 「年齢」のデータをドラッグしてすべて選択します。
② ［条件付き書式］ボタンをクリックし、表示されるメニューから［セルの強調表示ルール］を選び、［指定の値より大きい］を選択します。
③ 表示されたダイアログボックスで数値「3」と、「濃い赤の文字、明るい赤の背景」を指定し、［OK］ボタンをクリックします。
④ 4歳と5歳の園児の年齢のセルが赤で強調されます。

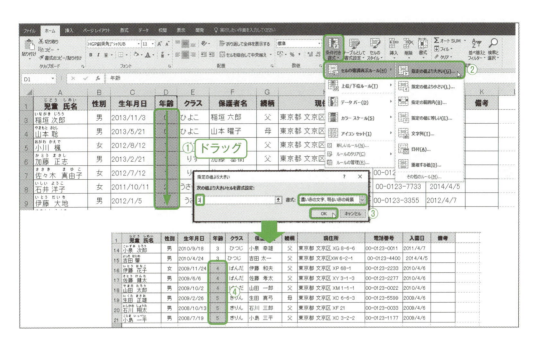

● 2008年1月1日～2009年12月31日までの間に生まれた園児を強調表示

指定した期間に生まれた園児を強調表示します。

① 「年齢」の場合と同様の操作で、生年月日のデータセルをドラッグして選択します。
② ［条件付き書式］ボタンの［セルの強調表示ルール］にある［指定の範囲内］を選択します。
③ 表示されたダイアログボックスで日付と強調色（緑）を指定します。
④ 該当日付のデータが強調表示されました。

児童台帳の上部（抜粋）:

	A 児童 氏名	B 性別	C 生年月日	D 年齢	E クラス	F 保護者名	G 続柄	H 現住所	I 電話番号	J 入園日	K 備考
14	小泉 次郎	男	2010/9/18	3	ひつじ	小泉 幸雄	父	東京都 文京区 XG 8-6-6	00-0123-0011	2011/4/7	
15	吉田 肇	男	2010/4/24	3	ひつじ	吉田 太一	父	東京都 文京区 XW 6-2-1	00-0123-4400	2014/4/5	
16	伊藤 花子	女	2009/11/24	4	ぱんだ	伊藤 和夫	父	東京都 文京区 XP 68-1	00-0123-2233	2010/4/6	
17	佐藤 健太	男	2009/6/6	4	ぱんだ	佐藤 孝太	父	東京都 文京区 XY 3-1-3	00-0123-2277	2010/4/6	
18	山田 太郎	男	2009/10/2	4	ぱんだ	山田 一郎	父	東京都 文京区 XM 1-1-1	00-0123-0022	2010/4/6	
19	生田 正雄	男	2009/2/26	5	きりん	生田 真弓	母	東京都 文京区 XC 6-6-3	00-0123-5599	2009/4/6	
20	石川 翔太	男	2008/10/13	5	きりん	石川 三郎	父	東京都 文京区 XF 21	00-0123-0033	2009/4/6	
21	小島 一平	男	2008/7/19	5	きりん	小島 三平	父	東京都 文京区 XC 3-2-2	00-0123-1177	2009/4/6	

3 関数をつかって集計する

　計算式の習得演習を兼ねて、児童台帳の園児データのカウント集計を行います。クラス表に似た、右のような集計表を作成して、COUNTIF関数で各クラスの園児数をカウントします。

集計表:

	A 児童 氏名	B 性別	C 生年月日
1			
30			
31	クラス	人数	
32	ひよこ		
33	りす		
34	うさぎ		
35	ひつじ		
36	ぱんだ		
37	きりん		
38	合計		
39			

　本来は、別のシートに集計表を作るほうがよいのですが、シート内で参照しながらの計算のほうがわかりやすいので、園児データが登録されていないセルA31～セルB38に集計表を作ります。人数欄には、各クラスの園児数をカウントする計算式を入れ、合計には、セルB32～B37の合計の計算式を入れます。

●集計表の作成

　セルA31に「クラス」、B31に「人数」と見出し項目を入力します。次にセルA32～A37にクラス名を設定します。クラス名をキーボードから入力するのではなく、次の手順でクラスの入力規則設定用に用意したクラス名リストを参照する計算式を使います。

①セルA32をクリックして半角文字で「=」を入力します。
②入力規則用リストの「ひよこ」のセルN2をクリックして、[Enter] キーを入力します。
③セルA32に、計算式「=N2」が設定され、A32に「ひよこ」が表示されます。
④セルA32の計算式をA33～A37にコピーします。セルA32の右下隅にあるハンドルをA37までドラッグしてコピーします。
⑤セルA38に「合計」を入力したあと、次の書式を設定します。

・A31～B38に一重罫線付け
・セル内の配置：中央揃え
・文字のフォント：[HG創英角ボールドUG]
・塗りつぶし： A31,B31、A38,B38をピンク色

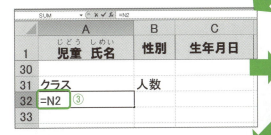

●人数の計算

COUNTIF関数を使って、各クラスの人数をカウントします。

① セルB32をクリックします。
② ［関数の挿入］ボタンをクリックします。
③ 検索条件に「countif」と入力して［検索開始］をクリックします。検索結果から「COUNTIF」を選択して［OK］ボタンをクリックします。

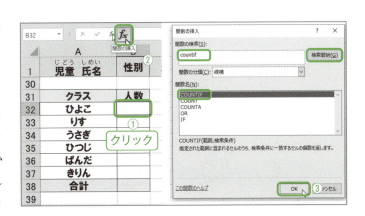

④「関数の引数」ダイアログボックスが表示されます。第一引数の［範囲］を設定するために、右端をクリックします。

⑤クラス名が入っているセル群（E2〜E21）をドラッグして指定します。［範囲］としてE2:E21が生成されます。

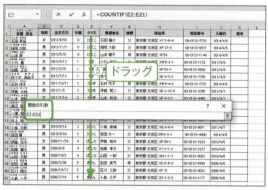

⑥計算式を複写するため、範囲指定を絶対参照形式E$2:E$21に変更します。次に検索条件に「ひよこ」のセルA32を入力して［OK］ボタンをクリックします。

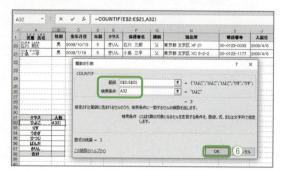

⑦計算式（=COUNTIF(E$2:E$21,A32)）が設定され、カウント結果が表示されます。
⑧次に、この計算式を以下の5つのセルに複写します。セルA32の右下隅のハンドルをセルA37までドラッグして貼り付けます。これでカウント処理が終了です。

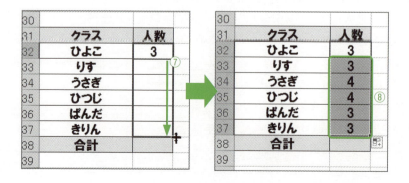

●合計の計算

セル B32 ～ B37 までの人数を合計します。

①セル B38 をクリックします。
②［ホーム］タブの［編集］グループにある［Σ］ボタンをクリックし、表示されたメニューから［合計］を選択します。
③合計対象のセル区間 B32 ～ B37 が範囲指定されるので、確認して［Enter］キーを押します。
④セル B38 に合計値が表示されます。これで集計表が完成です。

4 台帳ファイルの上書き保存

更新した児童台帳ファイル「児童台帳 20yy」を上書き保存して終了します。

Unit 9 グラフと計算式を活用しよう

■学習内容
Unit7では、表作成と簡単な計算式について学びました。Unit9では応用編として、表データの集計とグラフ表示、関数を使った計算式について学習します。

Part 3 表計算ソフトの機能と操作を学ぼう

■習得すべき事項
セルへのデータ入力と更新／セルの編集
計算式／セルの書式設定／セルの入力規制
表データのグラフ化／シートの保存と読み込み

Exercise.1 「身体計測記録表」の様式を作成しよう

ここでは、園児の成長記録を管理するための「身体計測記録表」の様式を作成します。

	A	B	C	D	E	F	G	H	I	J	K	L	M	N
1	身体計測記録													
2										氏名（				）
3				4月	5月	6月	7月	8月	9月	10月	11月	12月	1月	2月	3月
4		身長													
5	0歳	体重											
6		胸囲													
7		胴囲													
8		身長													
9	1歳	体重											
10		胸囲													
11		胴囲													
12		身長													
13	2歳	体重											
14		胸囲													
15		胴囲													
16		身長													
17	3歳	体重											
18		胸囲													
19		胴囲													
20		身長													
21	4歳	体重											
22		胸囲													
23		胴囲													
24		身長													
25	5歳	体重											
26		胸囲													
27		胴囲													

（測定月見出し／測定項目見出し）

1 シート名の設定とファイルの保存

Excel を起動し、新しいブックを開きます。

●シート名の設定

シート名「Sheet1」を「身体計測記録表（様式）」に変更します。

▶ Excel2010 を使用している場合は、不要なシート（「Sheet2」と「Sheet3」）を削除してから、上述の操作を行ってください。

●ファイルの保存

この時点でいったん名前を付けてファイルを保存します。以後は、表作成の途中で適宜、上書き保存を繰り返します。なお、事前に本 Unit で作成するファイルの保存先「UNIT09」フォルダーを作成しておいてください。

・保存先　　：「ホームフォルダ」内の「UNIT09」フォルダー
・ファイル名：身体計測記録表（様式）.xlsx

2 測定項目見出し（0 歳）の作成

●見出し文字の入力と列幅の調整

①セル A4 に「0 歳」を入力します。続いて、B 列の B4 ～ B7 に、「身長」「体重」「胸囲」および「胴囲」の文字を入力します。

②列 A および列 B の幅を狭くします。列見出し A と B の間にマウスカーソルを置き、左へドラッグして、列 A の列幅を調整します。

③同様の操作で、列 B の列幅を調整します。

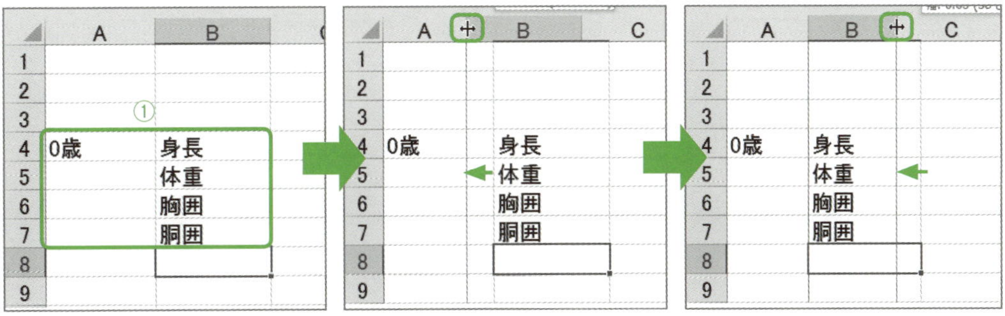

● 「0 歳」のセルの結合と書式の設定……「セルの書式設定」ダイアログボックスの使用

4つのセル（A4 ～ A7）を結合し、次の書式を設定します。

・文字の配置：縦および横　共に、[中央揃え]
・文字の方向：縦書き

①セル A4 ～ A7 をドラッグして選択します。
②[ホーム]タブの[セル]グループにある[書式]ボタンの▼をクリックし、表示されたメニューから[セルの書式設定]を選択します。
③表示されたダイアログボックスの[配置]タブをクリックして、[文字の配置][文字の制御]および[方向]の書式を設定します。
④セルが結合されました。

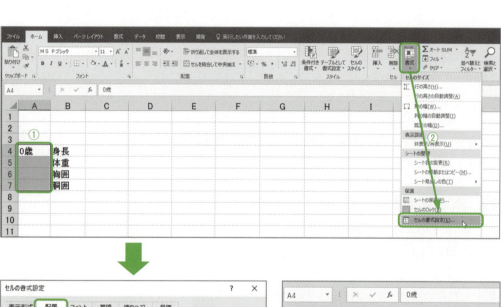

●「身長」〜「胴囲」の配置設定（中央揃え）
①セル B4 〜 B7 をドラッグして選択します。
②「0 歳」のセルと同様、「セルの書式設定」ダイアログボックスを表示し、[文字の配置] を横位置 [中央揃え] に設定します。
③書式が設定されました。

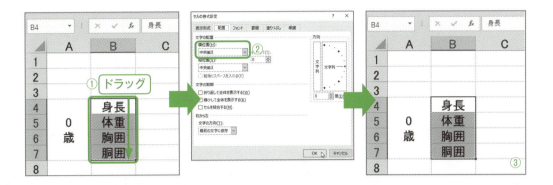

3 測定月見出しの作成

●月見出し（4月〜3月）の入力

オートフィル機能を使い、「4 月」から「3 月」までをドラッグ操作で自動入力します。

①セル C3 に「4 月」と入力します。
②セル C3 の右下隅にカーソルを合わせ、マウスの形状が＋に変わったらセル N3 まで右側にドラッグします。
③列 N のところでマウスのボタンを離します。月名が「5 月」から「3 月」まで、自動的に生成されます。

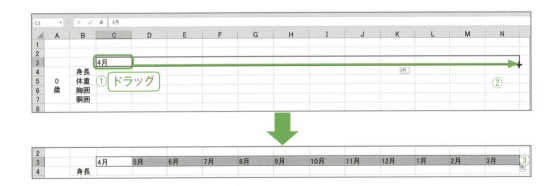

●列幅の設定

4 月から 3 月までの列幅をまとめて狭くします。

①列 C 〜列 N まで、列見出し上をドラッグして範囲選択します。

②［書式］ボタンの▼をクリックし、表示されたメニューから［列の幅］を選択します。
③「列幅」ダイアログボックスが表示されるので、［列幅］を「5」に設定して（半角で入力）、［OK］ボタンをクリックします。

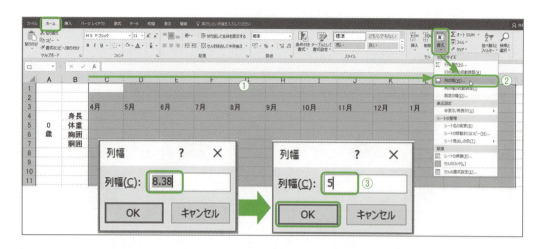

●月見出しの配置設定（中央揃え）……［配置］グループのボタンを使用

列A、Bの見出しと同様に、月見出しの文字の横配置を［中央揃え］に設定します。

①セルC3～N3をドラッグして選択します。
②［ホーム］タブの［配置］グループにある［中央揃え］ボタンをクリックします。
③月の文字表示が中央揃えになります。

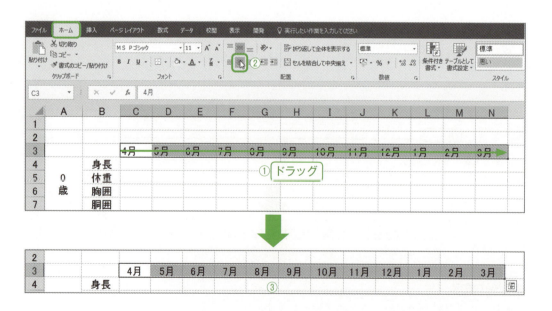

4 測定項目の見出し（1～5歳）の作成

作成した「0歳」の測定項目の見出し（A4～B7）をオートフィル操作でコピーして、1歳～5歳用の測定項目の見出しを作成します。

セルA4～B7をドラッグして範囲選択後、マウスポインタをB7の右下隅に位置付けます。矢印が＋に変わったら、そのまま下方向にドラッグを続け、セルB27の右下隅でマウスを離します。範囲選択したセルブロックが5個コピーされ、年齢の数値も連続番号（1歳～5歳）に変わります。

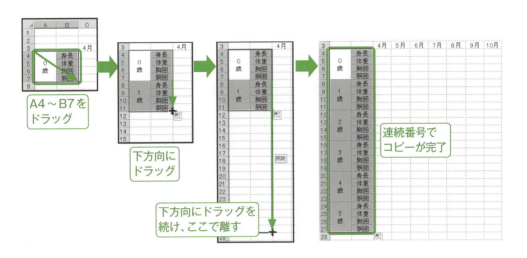

5 表タイトルと氏名欄の作成

●表タイトルの作成

① セルA1に表のタイトル「身体計測記録」を入力します。
② セルA1～N1までをドラッグして範囲を選択します。
③ ［ホーム］タブの［配置］グループにある［セルを結合して中央揃え］ボタンをクリックします。
④ セルが1つに結合されます。
⑤ ［ホーム］タブの［フォント］グループにあるボタンを使用して、フォントを［MS Pゴシック］、サイズを［14］、［太字］を設定します。

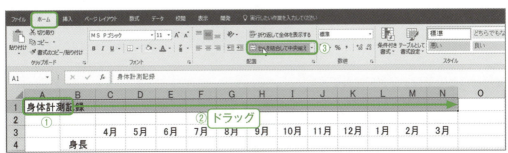

●氏名欄の作成

セル J2 に氏名欄を作成します。「氏名（　　）」と入力します。セル J2 〜 N2 までをドラッグして選択し、［セルを結合して中央揃え］ボタンをクリックします。

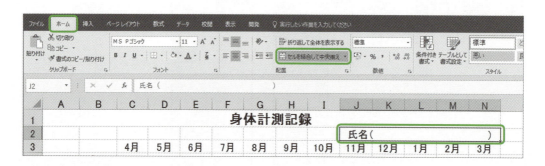

6　罫線の設定

できあがった身体計測記録表に罫線を付けます。

●表全体に細罫線を設定

①セル A3 〜 N27 までのブロックをドラッグして範囲を選択します。
②［罫線］ボタンの▼をクリックし、表示される線種メニューから［格子］を選択します。

範囲指定したすべてのセルに細実線の罫線が付けられます。

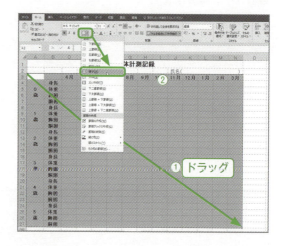

●年齢ごとのブロック枠に太罫線設定

①0歳の表枠 A3 〜 N7 のブロックの範囲を選択します。
②［罫線］ボタンのメニューから［外枠太罫線］を選択します。
③同様の操作で、1歳児から5歳児の記録ブロックに太実線の外枠罫線を付けます。

7 測定データ入力用セルの入力規則と属性設定

●入力規則の設定

測定データの入力セル群（C4～N27）に、次の入力規則を設定します。ここでは、まとめて範囲設定していますが、身長、体重など、それぞれに数値の範囲を設定してもかまいません。

・入力値の種類：小数点数　　・最小値　　：0.0　　・最大値　　：120.0

① 入力セル群（C4～N27）を範囲選択します。
② ［データ］タブをクリックして、［データの入力規則］ボタンをクリックし、［データの入力規制］を選択します。

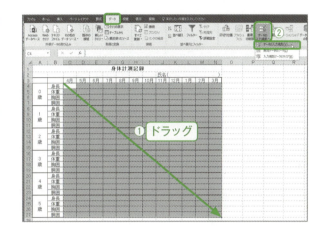

③ 表示されたダイアログボックスの［設定］タブに入力数値の種類と値の範囲を設定します。
④ ［日本語入力］タブで入力モードを［半角英数字］に設定し、［OK］ボタンをクリックします。

●表示書式の設定（小数点以下第一位までの数値）

① 入力セル群（C4～N27）を範囲選択します。
② ［ホーム］タブの［セル］グループにある［書式］ボタンをクリックします。表示されたメニューから［セルの書式設定］を選択します。
③ 表示されたダイアログボックスで、［表示形式］タブをクリックします。［種類］に［数値］を選択し、［少数点以下の桁数］に［1］を選択して［OK］ボタンをクリックします。

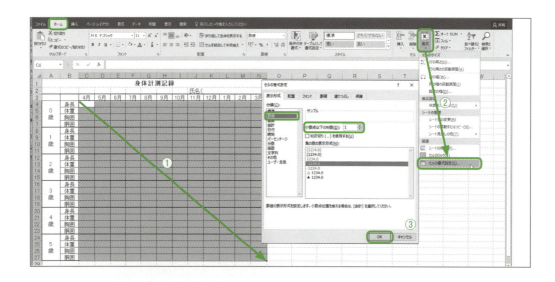

8 ファイルの上書き保存

完成したシートを上書き保存して、Excel を終了します。

Exercise.2 「身体計測記録台帳」を作成しよう

Exercise.1 で作成した「身体計測記録表」をもとに、園児の身体計測記録台帳を作成します。

1 空の台帳ファイルの作成

Exercise.1 で作成した「身体計測記録表」の様式ファイル（身体計測記録表（様式）.xlsx）をもとに、園児データが入っていない空の台帳ファイルを作成します。

・保存先　　　：「ホームフォルダ」内の「UNIT09」フォルダー
・ファイル名：身体計測記録台帳 .xlsx

保存先フォルダーを開いて、「身体計測記録表（様式）.xlsx」のアイコンをコピー＆ペーストまたは、[Ctrl]キーを押しながらドラッグ＆ドロップでコピーします。ファイル名の末尾に「コピー」と付いた複製ファイルができます。ファイル名を「身体計測記録台帳.xlsx」に変更します。

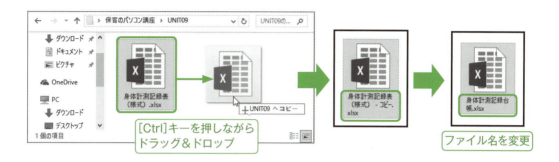

2 様式シートをコピー（複写）して園児シートを作成

●最初の園児（加藤正志くん）のシート作成

「身体計測記録台帳.xslx」をダブルクリックして開きます。シート「身体計測記録表（様式）」をコピーしたあと、園児名（先頭は、加藤正志くん）のシートを作成します。なお、ブック内では、様式シートが右端になるように配置します。そこで、様式シートの右側にコピーした場合は（たとえば、ドラッグ＆ドロップ操作では右側にコピーが作られる）、コピー後に様式シートの左側へ移動してください。なお、シートのコピーおよび、シート名の変更操作の手順については、p.248を参照してください。

●氏名欄の記入

表の上部（セルJ2）の氏名欄に、園児名「加藤正志」を入力します。

	A	B	C	D	E	F	G	H	I	J	K	L	M	N
1						身体計測記録								
2										氏名（　加藤　正志　）				
3				4月	5月	6月	7月	8月	9月	10月	11月	12月	1月	2月	3月
4		身長													

●残りの園児シート作成

残りの園児のシートを順番に作成します（ここでは、次の2名）。

佐々木真由子

小川楓

前述と同様の操作で、様式シートをコピーし、シート名と氏名欄を園児名に変更します。

3 園児データの入力

加藤正志くんの身長と体重のデータ（下記）を入力してください。

月	4月	5月	6月	7月	8月	9月	10月	11月	12月	1月	2月	3月
身長	50.2	56.1	60.1	63.0	65.1	66.7	68.2	69.5	70.7	71.9	73.1	74.2
体重	3.2	5.0	6.1	6.9	7.4	7.8	8.2	8.5	8.7	9.0	9.2	9.3

▶ ここでは、Excelの操作練習として、計測データをまとめて入力しますが、実際の保育現場では、台帳へのデータ入力は、月ごとの身体計測のつど行われます。

4 台帳ファイルの上書き保存

完成した台帳ファイルを上書き保存して、Excelを終了します。

Exercise.3　身体測定結果をグラフ表示しよう

Exercise.2で作成した「身体計測記録台帳」をグラフ表示します。

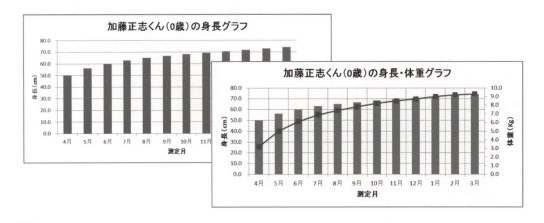

1 身体計測記録台帳を開く

台帳ファイルの保存先「UNIT09」フォルダーを開きます。Exercise.2 で作成した「身体計測記録台帳.xlsx」をダブルクリックして開き、園児「加藤正志」くんのシートを表示します。

2 身長グラフの作成

加藤正志くんの計測データ（4月～3月までの12カ月分）を使って、身長グラフを作成します。毎月の身長の伸び（推移）を見るために、「縦棒グラフ」を選択して表示します。

●グラフ化するデータ範囲の選択

月見出し（4月～3月）を含めて、身長データのセル群（セル B3～N4）を選択します。

●グラフ表示

［グラフ］ツールで選択した範囲のデータをグラフ化し、シート内に貼り付けます。縦棒グラフで、2次元スタイルを選択します。

［挿入］タブをクリックし、［グラフ］グループの［縦棒／横棒グラフの挿入］ボタンを選び、表示されたスタイルの中から［2-D 縦棒］の［集合縦棒］をクリックします。グラフツールの規定によるグラフがシート内に貼り付けられます。

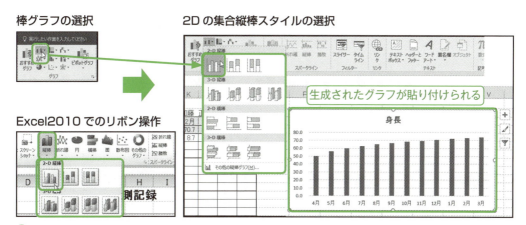

▶ Excel のバージョンによって、グラフツールのリボン機能およびグラフに表示される項目（グラフ要素）の既定値が多少異なります。Excel2010 のリボンは上図のとおりです。

●表示項目の追加・変更（オプション操作）

既定値で表示されたグラフ要素の追加と変更をします。

- グラフタイトル： 「加藤正志くん（0歳）の身長グラフ」に変更
- 軸ラベル ： 横軸ラベルに「測定月」、縦軸ラベルに「身長（cm）」を追加

［グラフタイトル］の「身長」をクリックし、これを削除（［Delete］キー等を使用）してから、「加藤正志くん（0歳）の身長グラフ」を入力して変更します。

次に、以下の手順で軸ラベルを追加します。グラフをクリックすると右上隅に表示される ➕ ボタンを使って、グラフ要素を追加します。➕ ボタンをクリックしてグラフ要素の一覧を表示し、項目のチェックボックスに ✓ を付けると、その要素が表示されます。逆に、チェックをはずすと設定が解除されて表示が消えます。ここでは、［軸ラベル］に ✓ を追加します。軸ラベルが表示されます。仮のラベル名を上記名称に変更して終了です。

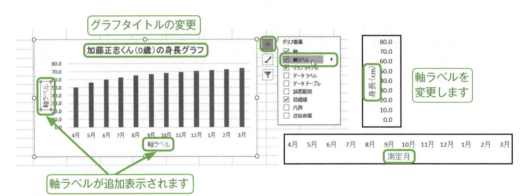

▶ 軸目盛りの最大値および最小値の変更
　グラフツールの既定値では、軸目盛りの値は表データの最小値と最大値をもとに設定されます。この値を変更したい場合には、軸目盛りをダブルクリックまたは、軸目盛り上で右ボタンクリックします。表示されたメニューから［軸の書式設定］をクリックして、表示された画面で変更します。

▶ グラフツールの［デザイン］リボンでグラフ要素を追加・設定変更することもできます。
　［グラフ要素を追加］をクリック後、表示された要素リストから選択します。

軸ラベルの追加　　　　　　　　グラフタイトルの解除　　　　データラベルの追加
　　　　　　　　　　　　　　　　　　　　　　　　　　　　下図の例では、棒の上部に値が表示される

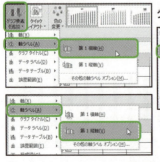  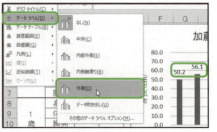

▶ Excel2010では、グラフ要素の編集操作をグラフツールの［レイアウト］リボンで行います。
　たとえば、上の軸ラベルの追加などは、次のように操作します。
　なお、グラフ要素の表示を解除したい場合は、リストから［なし］を選択します。

横軸ラベルの追加（Excel2010）　　　　　　　　　　　　　グラフタイトルの追加
　　　　　　　　　　　　　　　　　　　　　　　　　　　　（Excel2010）

　　縦軸ラベルの追加（Excel2010）　

「身長(cm)」のラベルを縦型表示するために回転指定

3　身長と体重を重ねたグラフの作成

　今度は、身長を縦棒形式、体重を折れ線形式に、それぞれ異なるスタイルのグラフで作成して表示します。グラフと表が重なっている場合は、身長グラフの枠線上をドラッグして右横に移動しておきましょう。

●既定値でのグラフ作成

　前述の Exercise「身長グラフの作成」と同様の操作で、データ（見出しを含め身長および体重の全データ）を範囲選択して、身長・体重共に 2D 形式の縦棒グラフを作成します。

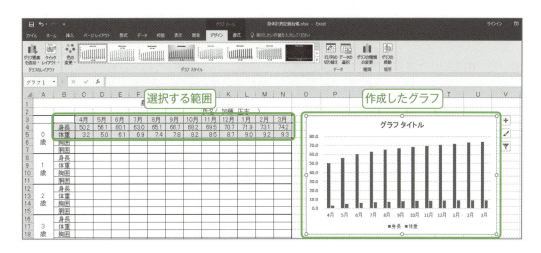

●表示項目の追加・変更

　既定値で表示されたグラフ要素を追加および変更します。「身長グラフの作成」での操作手順を参考に演習してください。

- ・グラフタイトル：　「加藤正志くん（0 歳）の身長・体重グラフ」に変更
- ・軸ラベル　　　：　横軸ラベルに「測定月」、縦軸ラベルに「身長 (cm)」を追加
- ・凡例　　　　　：　表示しないように変更

▶ ➕ボタンで凡例を解除するには、表示したグラフ要素［凡例］の ✓ をはずします。

●体重を折れ線グラフに変更

　グラフをクリックしてアクティブにしたあと、グラフツールの［デザイン］タブをクリックします。次に、［グラフの種類の変更］をクリックしてダイアログボックスを表示します。［おすすめグラフ］タブをクリックし、［組み合わせ］を選択して、「体重」を［折れ線］グラフに変更して［OK］ボタンをクリックします。これで、体重が棒グラフから折れ線グラフに変わります。

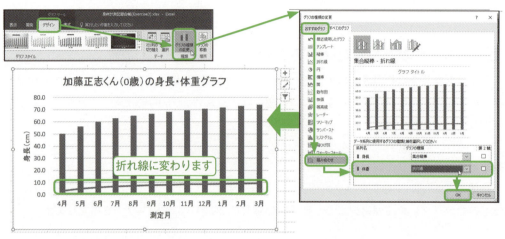

▶ Excel2010では、体重のグラフをクリックしてから［グラフの種類の変更］をクリックします。表示されたダイアログボックスで［折れ線］を選択すると、体重のグラフが縦棒から折れ線に変わります。

●グラフの右側に体重用の第2軸を設定

　身長と同じスタイルで、体重用の軸目盛りと軸ラベル「体重（kg）」をグラフの右端に設定します。

　体重の折れ線グラフをダブルクリック、または右ボタンクリックして表示メニューから［データ系列の書式設定］をクリックします。使用する軸として［第2軸］を選択します。グラフの右端に体重の第2軸が設定されます。

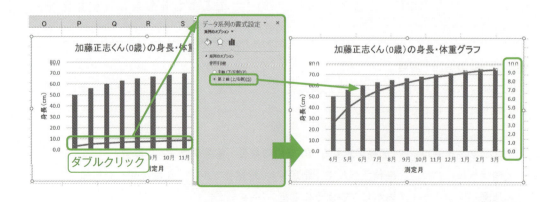

第2軸の軸ラベルを ボタンで追加し、ラベルに「体重（kg）」を設定します。

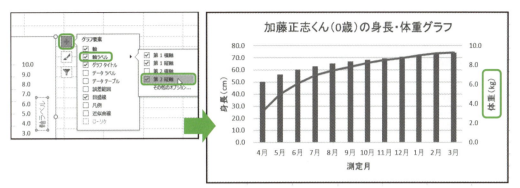

▶ Excel2010 では、グラフツールの［書式］タブをクリックし、［選択対象の書式設定］をクリックします。表示されたダイアログボックスの［系列のオプション］で［第2軸］を選択して、軸目盛りを追加します。軸ラベルの追加は、［レイアウト］タブの［軸ラベル］で設定します。

4 簡単なデータ分析

身長と体重のデータから、計算式とグラフを使った簡単なデータ分析の演習を行います。幼児の身長と体重のバランス、肥満かやせているかなど体格の様子を見るときの参考指数として、「カウプ指数」があります。そこで、加藤正志くんの測定月ごとのカウプ指数を計算して、体格状況の判定をしてみましょう。カウプ指数は、次のような式で求めます。

　　カウプ指数 ＝ 体重（g）÷（身長（cm）の2乗）× 10

カウプ指数は、月齢によって基準となる値が変わりますが、ここでは、次のように判定することにします。

指数値	判定	指数値	判定
14.5未満	やせすぎ	17.5以上19.5未満	ふとりぎみ
14.5以上15.5未満	やせぎみ	19.5以上	ふとりすぎ
15.5以上17.5未満	ふつう		

● 計算式の挿入とカウプ指数の計算

7行目と8行目の間に1行挿入し、カウプ指数の計算式を入力します。

①8行目の前に空行を1行挿入します。

行8の行番号をクリックし、[ホーム] タブの [挿入] をクリックして、表示されたメニューから [シートの行を挿入] をクリックします。

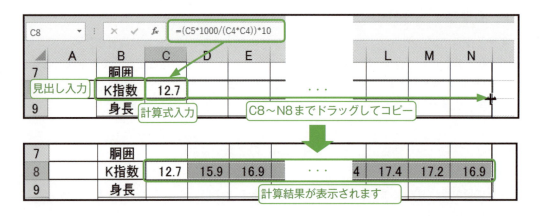

②挿入行にカウプ指数の計算式を設定します。

セル B8 に見出しの「K指数」を入力し、セル C8 にカウプ指数の計算式「=(C5*1000/(C4*C4))*10」を入力します。次に、コピー&ペーストまたは、オートフィルによるドラッグ操作で C8 の計算式をセル D8 〜 N8 にコピーします。

●指数値のグラフ化による判定

加藤くんの月ごとのカウプ指数値を折れ線グラフにして、体格の推移を見ます。

①グラフ範囲(見出しとデータ値)を選択して、折れ線グラフを作成します。

各月の見出し(セル B3 〜 N3)とカウプ指数値(セル B8 〜 N8)のセル群を範囲選択します。見出しと数値のセルが連続していないので、[Ctrl] キーを押しながらドラッグして範囲選択します。[挿入] タブをクリックし、[折れ線/面グラフの挿入] をクリックして、スタイルリストから [マーカー付き折れ線] をクリックします。

[挿入] タブ [折れ線／面グラフの挿入]

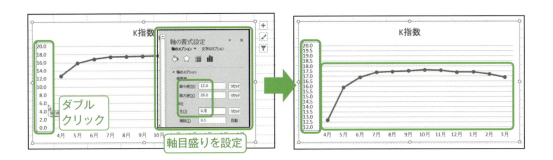

②体格の推移判定をより視覚的に行うためにカウプ指数の軸目盛りを下記の値に変更します。

・最小値：12.0　　・最大値：20.0　　・目盛間隔：0.5

軸目盛りをダブルクリック、または右ボタンクリックして表示メニューから［軸の書式設定］をクリックします。表示された［軸の書式設定］画面で上記数値を設定します。

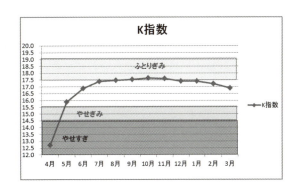

③視覚的に指数の判定がしやすいように、グラフ上に［描画］ツールで色付けをします。

この折れ線グラフをみると、4月はやせすぎですが、月ごとに太ってきました。8月～1月はややふとりぎみですが、2月以降はふつうに戻っているのがよくわかります。

●条件付き書式機能による判定

今度は、条件付き書式機能を使って、値を視覚的に判断します。指数値のセル群に対して強調表示ルールを使うと、数値の範囲ごとに異なる表示色を設定することができます。判定基準値の範囲に対して、下記のような色を表示するようにルールを設定します。

・ふとりぎみ：濃い赤　　・やせぎみ：水色　　・やせすぎ：濃い緑

①セル C8 ～ N8 までをドラッグして範囲を指定します。
②［ホーム］タブの［スタイル］グループにある［条件付き書式］をクリックします。表示されたメニューから、［セルの強調表示ルール］を選び、さらに表示されたメニューに対して、次のように設定します。

・[指定の値より大きい]： 17.4 より大　　[濃い赤] を表示
・[指定の値より小さい]： 14.5 より小　　[濃い緑] を表示
・[指定の範囲内]　　 ： 14.5 〜 15.5 　[水色] を表示

③強調表示ルールを設定した結果、画面のようにセルが色付けされて表示されます。
この方法でも月ごとの体格変化の推移をみることができます。

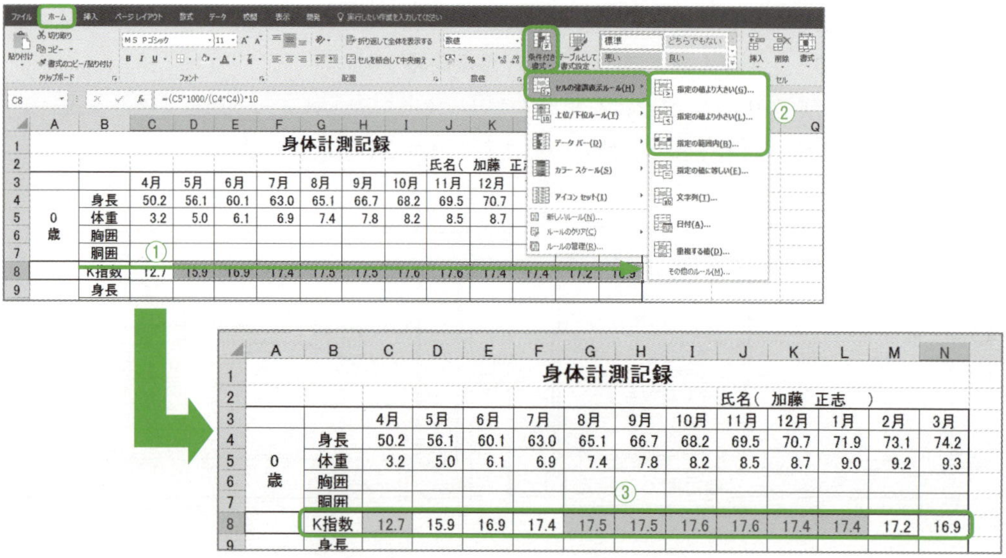

●各月のカウプ指数の結果をかぞえて判定

最後は、計算式とグラフを組み合わせます。各月のカウプ指数に対する判定結果（やせすぎ、やせぎみ〜ふとりすぎ）をかぞえて表にまとめ、その数の割合で体格の変化をみます。

やせすぎ	やせぎみ	ふつう	ふとりぎみ	ふとりすぎ
1	0	8	3	0

次の手順で、身体計測記録表の右側に上のような表を作成します。

・表の項目見出し入力と枠組み作成

①セル P7 〜 T7 に項目見出し（やせすぎ〜ふとりすぎ）を入力後、表（P7 〜 T8）全体に細罫線を設定します。見出し部の文字配置を［中央揃え］にし、計算式の書式（表示形式を数値、少数点以下の桁数 0）を設定します。

	F	G	H	I	J	K	L	M	N	O	P	Q	R	S	T
	身体計測記録														
				氏名（ 加藤　正志　）											
		7月	8月	9月	10月	11月	12月	1月	2月	3月					
		63.0	65.1	66.7	68.2	69.5	70.7	71.9	73.1	74.2					
		6.9	7.4	7.8	8.2	8.5	8.7	9.0	9.2	9.3					
											やせすぎ	やせぎみ	ふつう	ふとりぎみ	ふとりすぎ
		17.4	17.5	17.5	17.6	17.6	17.4	17.4	17.2	16.9					

①

・計算式の設定（COUNTIF 関数を使う）

　COUNTIF 関数を使ってかぞえます。この関数は、第 1 引数のセル群を検索して、第 2 引数の条件に合致するセルの個数をかぞえてくれます。そこで、第 1 引数には、4 月から 3 月までのカウプ指数が入っているセル群（C8 〜 N8）を指定し、第 2 引数には、やせすぎからふとりすぎに対応する数値条件を指定します。各項目の計算方法および計算式は、次のようになります。

項目	セル	計算方法	計算式
やせすぎ	P8	指数が 14.5 未満のセル数	=COUNTIF(C8:N8,"<14.5")
やせぎみ	Q8	指数が 15.5 未満のセル数から 14.5 未満のセル数を引き算	=COUNTIF(C8:N8,"<15.5") - COUNTIF(C8:N8,"<14.5")
ふつう	R8	指数が 17.5 未満のセル数から 15.5 未満のセル数を引き算	=COUNTIF(C8:N8,"<17.5") - COUNTIF(C8:N8,"<15.5")
ふとりぎみ	S8	指数が 19.5 未満のセル数から 17.5 未満のセル数を引き算	=COUNTIF(C8:N8,"<19.5") - COUNTIF(C8:N8,"<17.5")
ふとりすぎ	T8	指数が 19.5 以上のセル数	=COUNTIF(C8:N8,">=19.5")

①セル P8 をクリックして選択します。

②数式バーの右側の関数ボタン「fx」をクリックします。

③「関数の挿入」ダイアログボックスが表示されるので、COUNTIF 関数を検索して呼び出し、[OK] ボタンをクリックします。

④COUNTIFの「関数の引数」ダイアログボックスが表示されます。第1引数の［範囲］に、セルC8～N8をドラッグして指定し、第2引数に、「"<14.5"」を入力して、［OK］ボタンをクリックします。

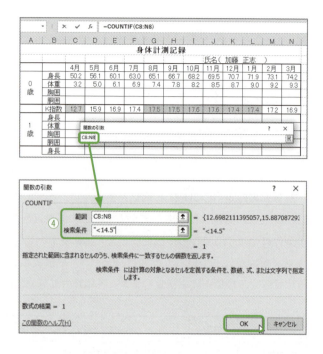

⑤計算式が完成し、セルP8に該当セル数の1が表示されます。
⑥同様の操作で、セルQ8～T8に計算式を設定し、表が完成しました。

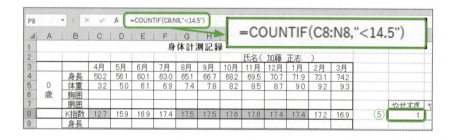

・作成した表のグラフ化

作成した表を2種類のグラフ、円グラフと100％積み上げ横棒グラフで表示します。1年間の体格状態の割合がどのようになっているかを比較することができます。

それでは、これまでの演習操作を参考にして、次ページに示したスタイルのグラフを作成してください。

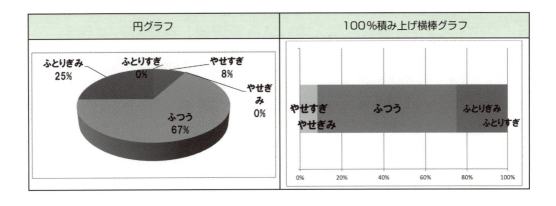

5 加藤くんのシートを別ファイルに保存

作成した加藤くんのシートだけを残し、新たなファイルとして保存をします。余分なシート（様式シート、佐々木さんおよび小川さんのシート）は削除します。

- 保存先　　：「ホームフォルダ」内の「UNIT09」フォルダー
- ファイル名：加藤正志くんの身体計測グラフ .xlsx

Exercise.3 の操作の復習
記録表の1歳児の表で同じ操作を実行

加藤くんの1年後の記録表作りを模擬操作して、Exercise.3 の演習の復習をします。
データは0歳のものをそのまま使い、下記の手順で操作した結果が同じになれば合格です。

手順1：Exercise.3 で作成した加藤くんの記録表ファイルを同じフォルダー内に複写してください。ファイル名は「加藤正志くんの身体計測グラフ（復習）.xlsx」とします。
　［ファイル］タブをクリックし、［名前を付けて保存］で上記ファイル名に変更して保存します。
手順2：作成済みのグラフを操作のじゃまにならない場所（シート右上端など）に移動します。グラフをクリック＆ドラッグ操作で移動できます。
手順3：0歳の身長・体重の値（セル C4:N5）を1歳の表（セル C8:N9）にコピーします。
手順4：以降は、Exercise.3 と同じ操作（身長・体重グラフの作成～簡単なデータ分析）を1歳の表で行ってください。

Column　記録表（グラフ、分析結果）の再利用による操作の効率化

他の園児の記録表を作成する際に、それぞれの園児のデータを使って Exercise.3 での操作を同じように繰り返してもかまいませんが、このやり方では手間がかかります。すでに作成済みの加藤くんのシートを利用して他の園児の記録表作成の方法を紹介します。作業時間の短縮と操作ミスの軽減といった効率化が図れるので、覚えておいてください。
①加藤君の記録ファイルを開き、加藤君のシートをブック内にコピーしてシート名をほかの園児名に変更します。
②ほかの園児名のシートを選択し、シート内の加藤くんのデータ（セルとグラフタイトル内の名前、身長・体重の値）をほかの園児データに変更します。これで、ほか児用のグラフおよびデータ分析ができます。
③同様に、残りの園児の記録表シートを作成後、別のファイル名を付けて保存して終了です。

Exercise.4 「行事写真購入申し込み管理簿」を作成しよう

　関数を含む計算式を使って、次の図のような行事写真の購入申し込み管理簿（例として運動会写真の購入申し込み）を作成します。Exercise.4 は、これまでの操作の応用演習とし、詳細な説明をしません。概略手順のみ示しますので、具体的な操作手順はみなさんが考えて演習してください。

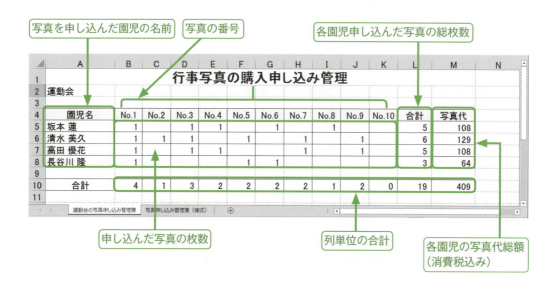

作成の手順は次のとおりです。
　　①管理簿の様式シート作成とファイル保存
　　②運動会の写真申し込み管理シートの作成とファイル上書き保存

1　管理簿の様式シート作成とファイル保存

	A	B	C	D	E	F	G	H	I	J	K	L	M	N
1	行事写真の購入申し込み管理													
2														
3														
4	園児名	No.1	No.2	No.3	No.4	No.5	No.6	No.7	No.8	No.9	No.10	合計	写真代	
5												0	0	
6												0	0	
7												0	0	
8												0	0	
9														
10	合計	0	0	0	0	0	0	0	0	0	0	0	0	
11														

▶ 表示の関係で園児の数は4人、写真の種類は10枚（No.1～No.10）までとします。

（1）Excel の起動と既定シート名の変更

新たに Excel を起動し、表示された規定シート名（Sheet1）を「写真申し込み管理簿（様式）」に変更します。

（2）管理簿の様式シート作成

行事写真の購入申し込み管理簿の様式シート（前図の完成図を参照）を作成します。
セルの書式、入力規則および、計算式の設定仕様は次のとおりです。

セルの書式設定

項番	書式項目	説明
1	文字フォント	すべて［MSゴシック］
2	フォントサイズ	1行目のタイトルは ［16］Pt、4行目以降はすべて ［11］Pt
3	セル内の配置	1行目のタイトル及び見出し項目は　［中央揃え］ 枚数入力セル及び計算式のセルは　　［右揃え］
4	セルの列幅	列B～列K　列幅5、　列L　列幅6、　　列M　列幅8
5	罫線の種類	すべて　［細罫線］
6	セルの塗りつぶし	セルA4～M4　［薄い黄色］　左記以外は塗りつぶしなし
7	数値の表示形式	「枚数」及び「写真代」共に　整数形式で小数点以下の桁数　［0］ 「写真代」には3けた区切り(,)を付ける　例：　1,425

入力規則の設定

項番	項目名	セル位置	入力規則
1	園児名	A5～A8	［日本語入力］タブ　［ひらがな］に設定
2	申し込み枚数No.1 ～No.10	B5～K8	［設定］タブ　［種類］　数値　範囲0～10 ［日本語入力］タブ　［半角英数字］

計算式の設定

項番	項目名	セル位置	計算式
1	園児一人の 購入枚数合計	L5～L8	No.1～No.10の枚数合計 〔計算式例　5行目L5〕　=sum(B5:K5)
2	園児一人の 写真代	M5～M8	項番1の枚数×20円×(1＋消費税率) 1円未満は切り捨てとする。 (切り捨て処理には、INT関数またはROUNDDOWN関数を使用) 〔計算式例　5行目M5〕　=INT(L5 * 20 * 1.08)
3	列合計	B10～M10	5行目～8行目の合計

▶消費税率は 0.08（8％）とします。

・小数点以下の値の扱いに要注意

　Excel では、整数は小数点以下の値（小数部）がすべて 0 の実数と同じ扱いになっています。たとえば、整数 15 と小数点付きの数値 15.0 または 15.00 の入力は、すべて同じ値（整数部が 15 で小数部が 0）になります。セルの数値は、「入っている値」と「表示される値」が必ずしも等しくはなりません。表示値は、[セルの書式設定] で決まります。数値の整数部と小数部をどのように表示するかを [セルの書式設定] で指定します。たとえば、セル内に 10.45（整数部が 10 で小数部が 0.45）が入っているとします。[セルの書式設定] で、[表示形式] を [数値] を選び、[小数点以下の桁数] 指定を次表のように変えると、表示値は異なります。

小数点以下の桁数	セルに表示される値	備考
0 の場合	10	
1 の場合	10.5	第二位を四捨五入

　さらに、とくに注意が必要なのは、本 Exercise での税込み金額計算のように、小数点以下の端数が生じる場合です。表中の金額表示では、書式設定の [小数点以下の桁数] を 0 にします。すると、端数が出ても表示されないので、つい見逃して次のようなミスを犯します。

　税込金額の計算（5 行目を例）を　=L5*20*1.08　と単純に税率だけを乗じた式にすると、表示金額は小数点以下第一位が四捨五入された整数になり、端数切捨ての金額になりません。さらに、これらを合計した園児全員の金額も誤りとなります。

　このような間違いを起こさないよう、小数点以下の端数処理には気をつけてください。

（3）様式シートのファイル保存

作成した様式シートをファイルに保存します。

- 保存先：「ホームフォルダ」内の「UNIT09」フォルダー
- ファイル名：写真申し込み管理簿 .xlsx

2　運動会の写真申し込み管理シートの作成

作成した様式シートを使って、運動会の写真申し込み管理簿を作成します。

（1）運動会用のシート作成

　様式シート「写真申し込み管理簿（様式）」をコピーし、シート名を「運動会の写真申し込みシート」にします。

（2）データ入力と計算式の確認

　管理簿シート内に見出しの設定と購入申込みデータを入力し、計算結果が正しく表示されていることを確認しなさい。

①セル A2 に「運動会」を設定します。
②セル A5 ～ A8 に下記 4 人の園児名を設定します。
　　坂本 蓮　　清水 美久　　高田 優花　　長谷川 隆
③p.318 の図を参照して、各園児の購入申し込み枚数を入力します。

（3）グラフ表示演習

　前述の入力値で作成した表を使って、下図のグラフ（2 種類）を作りなさい。

写真別の申し込み枚数合計の比較折れ線グラフ　　**園児の写真代の比較棒グラフ**

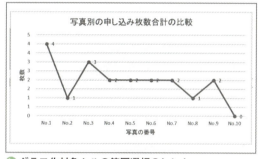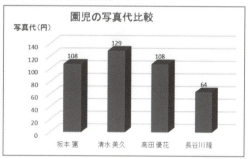

▶ グラフ化対象セルの範囲選択のヒント
　離れたセル群を対象範囲にする場合には、Ctrl キーを押しながらセル選択（ドラッグ等）をします。

（4）管理簿ファイルの上書き保存と Excel 終了

　完成した管理簿ファイルを上書き保存して、Excel を終了します。

3 表の改変演習

　前項で作成した管理簿ファイルを開きます。写真申し込み管理簿の様式シートを複写してシート名を「写真申し込み管理簿（様式改）」に変更し、下記の改変1と2を行ってファイル保存しなさい。

◆改変 1：写真の値段と税率の値をセル参照に変える
　写真代の計算式では、写真の値段 20 円と消費税率（8％）の数値を直接記述していました。
　表の上部に、値段と税率を入力するセルを作り、そのセル値を計算式で参照するように変更しなさい。

[表: 行事写真の購入申し込み管理]

◆改変2：園児数と写真の種類を増やす

園児数を4人から8人、写真の種類を10枚から15枚（No.1〜No.15）に増やしなさい。

Let's Try! いろいろなグラフを作成してみよう

❶単純な表のグラフ化

Unit7のExercise.1で作成した表「クラス表1」を使って、右図に示すクラス別人数表のグラフを作りましょう。

・タイトル：なかよし保育園クラス人数比較
・グラフの種類：円グラフ（3Dタイプ）
・凡例：なし
・データラベル：分類名、パーセンテージ

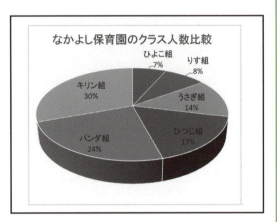

❷やや複雑な表のグラフ化

p.241の図内にある「園のクラス表」を作成し、以下の4種類のグラフ（p.243の図を参照）を作りましょう。

・クラスの人数　3-D積み上げ縦棒グラフ　　・クラスの人数（男女別）　折れ線グラフ
・男児の比率（クラス比較）3-D円グラフ　　・人数の構成比較

5 園で行われる行事について

　入園式など園独自のものと、七夕など伝統的な年中行事などがあります。

　日常の保育とは別に、行事用の案を立て、会場や小道具を作ったり、プログラムやお知らせなどの文書が必要となりますが、前もって計画をしっかり立て、日々の保育案に盛り込むことによって、普段の保育に潤いとハリを与えることができます。保育者が行事の準備と運営に追われて、落ちついて日常の保育に取り組めなくなってしまうのを避けるためのコツがあります。

　年間行事の日程は、年度の初めには決められていることが多いので、年間の保育の計画案に反映させ、日常の保育の中に積極的に組み込みます。たとえば、運動会なら、出し物の練習の他に、応援グッズ作りを製作活動に取り入れたり、応援ソングをうたったり、手作り楽器を作ってリズムを付けてみたりすることができますし、運動会終了後には絵画製作や話し合いなどで振り返ることもできます。つまり、あらかじめ長期的な見通しをもった保育の計画を作り、日常の保育の中に組み込むことによって、職員が行事の準備や進行に振りまわされずに済むだけでなく、行事への子どもの参加の度合いを高め、保育全体のレベルアップにつながります。この点が、家庭のレジャーとの大きな違いでしょう。

　もうひとつのコツとして、毎年、ゼロから案を立てるのではなく、前年度の反省をもとに、よりよいものとなるよう発展させることです。パソコンを使って、行事に必要なプログラム・お知らせ・掲示物などを作成すると、次年度も必要に応じてデータを上書きして利用することができます。看板や装飾など、道具の中には次回に使えるものもあるので、行事が終わってからも、次年度に備えてきちんと整理し、保管しておきましょう。

　園で行われるさまざまな行事の際は、子どもの側にも、日常保育とは異なる準備が必要となることが多いので、保護者への通知は早めに行います。

○ 春の行事

　入園式・進級式（4月）では、多くの場合、家庭から初めて子どもが「集団」に入ることになるため、子どもはもちろん保護者にとっても感慨深い儀式となるでしょう。ただし、園によっては入園が随時行われるため、式という形をとらない園もあります。また、卒園式に準じる形で進級式を前年度のうちに行う園もありますが、新しい学年、クラスになったことの意識付けとして、格式ばった行事ではなく、集会や交流会のような形をとることもあります。

新年度が始まってしばらくはクラスが落ち着かない時期ですが、節句のころには、こいのぼりを製作するくらいの余裕がもてるようになるでしょう。母の日や父の日に保護者を招いて、保育参観をしてもらったり、親子遊びの機会とする園もあります。

○ **夏の行事**
　夏を迎える前の梅雨になると室内で過ごす機会が多くなりますが、七夕に向けて、いろいろな笹飾りを製作してもいいですね。クラスも落ち着く時期なので、ハサミやのりの使い方をじっくりと身に付けることができます。
　夏といえばプールに代表される水遊び。プール開きでは、水遊びの注意事項を子どもにしっかり伝えます。夏祭りは、保護者会と協力して開催することが多いようです。盆踊りやみこしの他、夜店で軽食やゲームコーナーを設けられます。夏の終わりを告げるプール閉まいのころには、子どもたち自身も日焼けをしてたくましくなり、成長を実感できることでしょう。

○ **秋の行事**
　運動会の練習が始まると、どうしても「練習」「競争」という要素が強くなりがちですが、運動遊びの苦手な子どもへの配慮も必要です。日常の保育で取り組んできた運動遊びや体力作りの成果を発表する機会になるといいですね。また、実りの秋、芋掘りや焼き芋など、自分たちの手で収穫し、味わう貴重な機会です。ふだんの保育の中で、掘り出すまでの成長の過程を観察したり、収穫した芋で芋版画をするなど、工夫次第で日常の保育と行事を連携させて、保育内容を充実させることができます。

○ 冬の行事

　今や国民的行事となったクリスマス会ですが、元来、キリスト教の宗教行事なので、「お楽しみ会」という名称にするなど、多くの園では宗教色が強くならないように配慮しています。寒くなって室内活動が増える時期なので、その点を配慮しながら、クリスマスソングを利用して歌や楽器遊びを楽しんだり、ツリー飾りやプレゼントの製作の機会を設けることもできます。

　お正月遊びでは、餅つきをしたり、凧揚げやコマまわしなど日本古来の風習にふれる機会となります。学年の枠を越えて、年上の子どもが年下の子どもに伝承遊びを伝える機会にもなりますね。

　節分や雛祭りが終わると、そろそろ卒園式・進級式の時期です。保護者を招いての行事の要素が強くなりますが、子どもたちなりにこの1年を振り返る機会となるとよいですね。

○ 園によって実施時期の有無や時期の異なるもの

　職員や外部団体の出し物を楽しむお楽しみ会（観劇・コンサートなど含む）や、製作活動のまとめとして行われる作品展、表現活動のまとめとして行われる生活発表会（いわゆるお遊戯会）、園外保育の機会として遠足などがあります。

○ 毎月実施されるもの

　誕生会では誕生月の子どもを紹介して祝い、職員が出し物を披露する園が多いようです。身体測定では、心身の健康をチェックすると同時に、子どもたちと成長を喜び合うことができます。年齢が上がると、体への意識が芽生え、性差にも敏感に反応するようになるので、大切さを教える機会にもできますね。

　また、不自然なケガや成長の遅れなどに気付くことは、虐待や障害の早期発見にもつながります。日常の保育活動の中で観察眼を養い、適切な対応がとれるように努めています。内科検診・歯科検診では、医師の眼による健康観察が行われますが、病院での受診のマナーを教える機会にもなります。

プレゼンテーションを学ぼう

プレゼンテーション・ソフトでスライドを作ろう！

Part4では、保護者などへの説明会や職員同士の会議などで使用するプレゼンテーション資料の作成を行います。プレゼンテーション・ソフト「PowerPoint」を使って、説得力のある、わかりやすいスライドを作る方法を習得しましょう。

このPartで学ぶこと

これまでのPartでは、WordやExcelなどOfficeの機能理解と具体的な操作方法の習得を目指して、保育の素材を使った演習を行っていただきました。まずは、Officeおよび付属ツールの基本的な操作を習得することに比重を置きました。

Part4では、プレゼンテーションについて学びます。プレゼンテーションに関しては、目的・用途の理解をはじめとして、代表的な支援ソフトPowerPointの機能、基本操作および、実践的な活用について、大学および、保育の現場での利用を事例に学びます。

知識と基本技能の習得
①プレゼンテーションの目的、要点
②PowerPointによるプレゼンテーションと基本操作

応用スキルの習得
①プレゼンテーション・ソフトの活用
　保育園の案内やクラス紹介など、保育現場での具体的な事例でスライドを作成する

プレゼンテーション

プレゼンテーションとは

　プレゼンテーションとは、目的（意図）をもって、情報を他の人々に伝える行為です。単なる情報伝達ではなく、目的が達成できなければ意味がありません。正しい情報を的確にわかりやすく伝えることが必須であり、さらに、限られた時間の中で、納得、賛同できるような内容・構成になっていなければなりません。同じ情報をもとに行う場合でも、相手が異なれば、聴き手の立場になって発表内容・構成、説明のしかた、重みづけなどを変える必要があります。

　具体的なプレゼンテーションの場面としては、学生であれば、「ゼミナール」「卒業研究」「学会論文」などの発表から、クラブ活動での「新入部員の募集」といったようなものまでさまざまです。また、保育所、幼稚園など保育の現場では、1年の中で定常的に、保護者や関連自治体への説明、報告および、園内の職員同士による会議での発表などが行われています。

プレゼンテーションの流れ

　プレゼンテーションの準備から実施までは次のような手順で行います。

　①プレゼンテーションのシナリオ作り
　②発表内容の詳細設計
　③プレゼンテーション資料の制作
　④レビュー（リハーサル）＆プレゼンテーション資料の完成
　⑤プレゼンテーションの実施
　⑥実施後のフォロー

● プレゼンテーションのシナリオ作り

　最初に、プレゼンテーションのシナリオを考え、いわゆるレジュメを作ります。発表者の意図（主張）を含め、目的を達成するための最適なシナリオを作ります。聴き手に対して何を伝えたいのか、伝えた結果、聴き手にどうしてもらいたいのかを明確にします。したがって、聴き手がどういう人たちなのか、何が知りたいのかを把握したうえで、どうすれば理解し納得、共感してもらえるかなど、聴き手に応じて内容などを決める必要があります。これらをすべて考慮し、発表内容の効果的な説明順序を考えて、レジュメにまとめていきます。

●発表内容の詳細設計

　上述のシナリオ、レジュメをもとに、発表内容をさらに具体化・詳細化して、プレゼンテーション資料の設計をします。限られた時間の中で、発表者の主張を的確に述べなければなりません。そのため、話の組み立てが重要になります。基本的には、序論、本論、結論の順で行いますが、結論について早い段階で述べることも効果があります。また、持っているすべての情報を発表することはできませんから、情報の取捨選択も大切です。さらに、聴き手に納得してもらうためには、伝える内容の根拠・裏付けが必須です。もし、それらが不足している場合には、この段階で準備をしておきます。

●プレゼンテーション資料の制作

　スピーチのみで行う場合には、レジュメおよび配布資料を用意するだけですが、後述のPowerPointなど、プレゼンテーション・ツールを使用する場合には、上述の「発表内容の詳細設計」の結果をもとに、スクリーンに表示するプレゼンテーション資料を作ります。

　スクリーン表示用のプレゼンテーション資料の作成においては、限られた時間内に多人数の聴衆に対するプレゼンテーションであることを前提にして、説明（発表）したい内容を、簡潔に、わかりやすく、見やすく表現しなければいけません。そこで「表示する項目と口頭で説明する項目のバランスをとる」「文章は箇条書きを基本とする」「図表、グラフや写真・イラストなど、視覚的な素材を効果的に利用する」といった工夫が必要になります。

▶ **スピーチ原稿の作成**
必須ということではありませんが、スピーチ原稿を作成することで、プレゼンテーションの成功率を高められます。とくに、慣れない発表やかなり時間的な制約が厳しい場合などでは用意すべきです。実際にスピーチする言葉で記述し（録音でもよいと思います）、リハーサルの前までにはすべて暗記します。

●レビュー（リハーサル）＆プレゼンテーション資料の完成

　できあがったプレゼンテーション資料をもとに、少なくとも1回以上のリハーサルをします。どのようなプレゼンテーションでも、ぶっつけ本番というのは厳禁です。身近な人たちに協力してもらって行うのがよいと思います。終了後には、参加者の忌憚のない印象を聴いて、発表内容、時間配分、プレゼンテーション資料などに反映させます。事前にチェックして欲しい項目などを伝えておくと、漏れなども防げるので効果的です。リハーサルを行うことによって時間配分もよくなり、また、発表者に余裕が生まれてくるので、必ず実施しましょう。最後に、完成したプレゼンテーション資料の送付、配布資料の準備などをあわせて行います。

●プレゼンテーションの実施

　表示用のプレゼンテーション資料（PowerPointを使用する場合は、スライド）と手元資料を使って、はっきりとした口調で落ち着いてスピーチします。単調なスピーチの連続ではなく、聴衆の反応を見ながら、話の内容に合わせてメリハリをつけるとよいでしょう。制限時間は厳守なので、事前に時間経過のチェックポイント（手元資料に印付け）を設定しておいて、そこで確認すると共に、ズレが生じたときには調整を図ります。

● 実施後のフォロー

プレゼンテーションの実施後には、自己評価を含め、結果のフォローアップを行い、次回のプレゼンテーションに反映させます。一般的には、アンケートに答えてもらう方法が多いですが、聴き手の人から直接印象を聴くことが可能であればより効果的です。

Introduction 2 Microsoft PowerPointの操作

講演会やセミナー、発表会といった場面で、多人数の人を相手にパソコンを使ったプレゼンテーションをしている姿を頻繁に見かけます。昨今、大きなスクリーンにプロジェクターから映し出された画面を見せながら話をするという光景は当たり前となっています。

数人以内の人を対象にプレゼンテーションを行うのであれば、プレゼンテーション用データ、たとえば、研究発表であれば研究論文そのものを使用すればよいわけです。しかし、多人数を相手に限られた時間内で行うような場合には、「文字が小さくて見えない」「資料のコピーが多すぎて大変」「時間内に読みきれない」などの問題があります。そこで、プレゼンテーション専用ツールを使用して、もとのデータを多人数向けプレゼンテーション用に作り替えたもので実行するという方法が昔から行われてきました。かつて利用されていた専用ツールが、スライド映写機やOHPです。現代では、パソコンと共にプレゼンテーション・ソフトが一般的に利用されるようになり、その代表的なものにMicrosoft社のPowerPointがあります。

PowerPointには、大別すると、スクリーン表示用プレゼンテーション・ファイル（以降、プレゼンファイル）を作成する機能と、このプレゼンファイルを実行（スライドショー）する機能があります。PowerPointでは、このプレゼンファイルのことを「プレゼンテーション」と呼んでいますが、ここでは、広義のプレゼンテーションと意味を分けるために、「プレゼンファイル」と呼ぶことにします。

PowerPointのプレゼンファイルは、いわゆる電子版紙芝居です。紙芝居の1枚の紙に相当するものを「スライド」と呼びます。スライドの作成においては、説明（発表）したい内容を、多人数の聴衆向けを前提にして、できるだけ簡潔に、わかりやすく、見やすく表現します。視覚性を一層高めるために、素材として、文字テキスト以外に図形や画像、音声、映像など、マルチメディアのデータを容易に利用することができます。また、メインタイトル用、目次用、箇条書き用など標準的なスライド様式群が用意されています。これらを用いることで効率的にスラ

イドが作れます。スライドの視覚効果に関して、スライド内の項目を強調表示、アニメーション動作付けなどの機能も用意されています。さらに、分野別のスライド集、デザイン集なども多数そろっているので便利です。

プレゼンテーションの実行では、スライドを順番に表示しながら、発表者がスライドの内容を説明するスタイルがもっとも一般的です。スライド表示は、スライドを1枚ずつ前進させるだけでなく、後退（バック）や、特定スライドへジャンプさせることも可能です。発表者がいなくても、自動表示ができるオートプレゼンテーション機能もあります。

PowerPointの起動と終了

● PowerPointの起動

Word、Excelの起動操作と同様の手順で、PowerPointを起動します。Part1（p.35参照）で説明した、デスクトップ上のPowerPointのショートカットやタスクバーのアイコンを使用します。

①新たにシートを作成する場合、PowerPointを起動後にテンプレートの選択画面が表示されます。テンプレートを選択します（下図の例では「新しいプレゼンテーション」を選択）。PowerPointのウィンドウが表示されます。
②すでに作成済みのプレゼンファイルを更新または閲覧する場合は、ファイルの保存フォルダーを表示して、ファイルのアイコンをダブルクリックすると、PowerPointが自動起動します。先頭のスライドがウィンドウに表示され、編集または閲覧が可能になります。

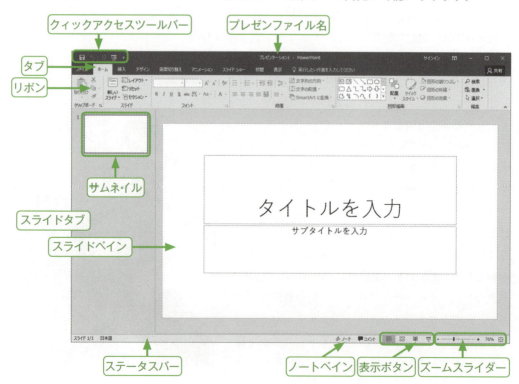

● PowerPointの終了

WordやExcelと同様に、タイトルバーの右端にある［閉じる］ボタン（X）をクリックすると、PowerPointが終了します。

リボンの機能

PowerPointのリボンは、次のようなタブで構成されています。

タブの名前	説明
ファイル	ファイルの読み込みや保存（新規保存と上書き保存）、ファイル情報、印刷、ヘルプ、などのメニューからなるリボン。このタブをクリックすると、Backstageビューと呼ばれる画面が表示され、上記メニューを選択できる
ホーム	WordやExcelと同様、編集操作で使用するコマンド群（［クリップボード］［フォント］［段落］［図形描画］などのグループ）で構成されている。PowerPoint固有のコマンドとしては、スライド操作用がある
挿入	スライドへの挿入操作に関するコマンド群で構成されている
デザイン	スライドのデザインに関するコマンド群が入っている
画面切り替え	スライドへの画面切り替え効果の設定に関するコマンド群が入っている
アニメーション	スライドのアニメーション効果の設定に関するコマンド群が入っている
スライドショー	スライドショーの設定および実行時の操作に関するコマンド群で構成されている
校閲	WordやExcelと同様、スライド内の情報に対する校閲に関するコマンド群で構成されている
表示	スライドの表示、スライド編集での各種設定および、画面表示に関するコマンド群が入っている

PowerPointのデザインとスライドのひな型

本書では、既定値の無地のスライドで操作を解説しますが、PowerPointには、一般的なプレゼンテーションのテーマに応じたデザイン集が用意されているので、これを利用することで簡単に見栄えの良いスライドを作成することができます。

デザイン一覧

PowerPointで新規プレゼンファイルのスライドを作成する際に、最初に［デザイン］タブをクリックし、表示された［テーマ］一覧の中から、好きなデザインを選びます。

また、PowerPointには、スライドの標準的なレイアウトのひな型（11種類）が用意されています。これらを利用すると、効率的にスライドを作成することができます。各ひな型には、レイアウトのタイプに応じて「プレースホルダー」と呼ばれる入力枠（右図での点線で示され

ている箇所）が設定されています。プレースホルダーには、文字や図表、写真など、いろいろなコンテンツを挿入できます。複雑なレイアウトのスライドでは、プレースホルダーの入っていない「白紙」または、「タイトルのみ」のタイプを選んで、スライドの中身はすべて自分で作成します。

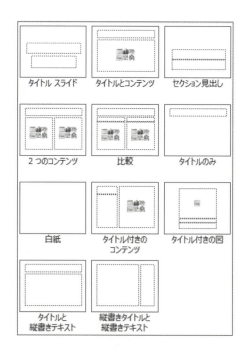

　PowerPointを起動時（p.332参照）には、既定値のタイトルスライドのひな型が1枚表示されます。そこで、タイトル文字を入力すると、タイトルスライドができます。2枚目以降は、スライドのひな型から目的にあったものを選択して挿入し、その中に文字などのコンテンツを入力していきます。以降は、スライドのひな型の挿入とコンテンツ入力・編集の操作を繰り返して、スライド群を完成させます。

スライドの作成

　それでは、スライド作成の基本的な操作について説明します。ここでは、これまでのUNITでも出てきた「なかよし保育園」を紹介するプレゼンテーション（なかよし保育園のご案内）を例に操作を説明します。みなさんもいっしょに操作を行ってください。Unit10のExercise.1およびExercise.2で、このプレゼンファイル作成の全体の手順を説明しているので、そちらをあわせて参照しながら操作演習を行ってください。

●タイトルスライド

　PowerPointを起動すると、白紙の「タイトルスライド」が表示されます。メインタイトルおよびサブタイトル用の2つのプレースホルダーが付いています。文字のフォントやサイズなどの書式が設定済みなので、この中に文字列を入力するだけでタイトルスライドができあがります。

①タイトルスライドのタイトル欄に「なかよし保育園のご案内」と入力し、サブタイトルとして、「20xx年〜鈴木　花子」を入力します。設定済みの書式で入力結果が表示され、タイトルスライドができました。
②さらに、文字の書式を変更することもできます。テキストボックスの操作と同様に、変更したい文字列を選択して、［ホーム］タブの［フォント］グループで任意のフォントやサイズを設定します。ここでは、次のように変更しました。

・タイトル文字　　　　：HGP創英角ポップ体

- タイトル文字のサイズ：54P
- サブタイトルの文字　：太字

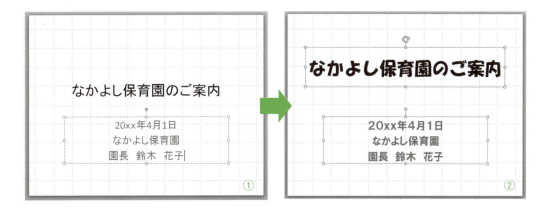

●目次スライド……スライドひな型の挿入

タイトルスライドができたので、次に続くスライドを挿入します。

① ［ホーム］タブをクリックし、［スライド］グループの［新しいスライド］をクリックします。表示されたメニューの中から［タイトルとコンテンツ］を選びます。
② 2枚目のスライドとして、［タイトルとコンテンツ］タイプのスライドが挿入されます。

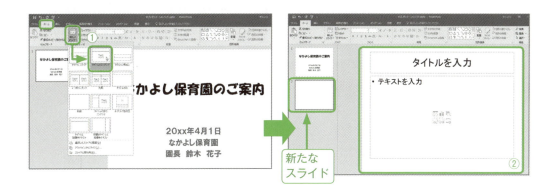

●目次用の箇条書きの入力（「タイトルとコンテンツ」スライド）

「タイトルとコンテンツ」のスライドひな型には、上部に見出し用、その下にコンテンツ用のプレースホルダーがあります。コンテンツ用には、箇条書きテキスト、図表などのコンテンツ素材が挿入できます。

ここでは、目次スライドを例に、プレースホルダーへの箇条書きテキストの入力について説明します。次のような階層構造になっている目次スライドを作成します。この目次例での

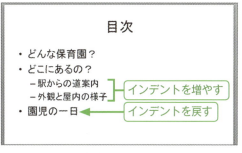

注意点は、インデントを増やす操作と戻す操作です。

①上部のタイトル用プレースホルダーに「目次」と入力します。

②その下のプレースホルダーに「どんな保育園？」と入力後、[Enter] キーを押します。次の行には、「どこにあるの？」と [Enter] キーを入力します。

　先頭の2行が画面のように入力され、3行目の行頭に「・」が表示されます。

③次の行はインデントを増やしたいので、ここで [Tab] キーを押します。インデントが増えて、行頭文字が「-」に変わります。

④続いて、「駅からの道案内」と [Entet] キーを入力後、「外観と園内の様子」と [Enter] キーを押します。画面のように4行ができました。

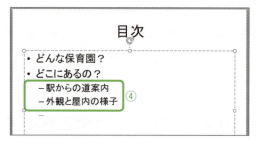

⑤次の行は、インデントを戻したいので、今度は、[Shift] キーを押しながら [Tab] キーを押します。行頭文字が「-」から「・」に変わり、入力位置も戻りました。

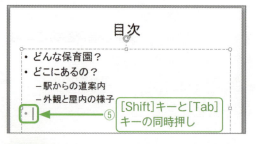

⑥ここで、「園児の一日」を入力します。これで目次スライドの完成です。

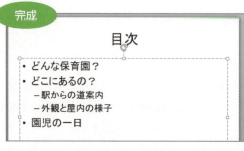

● テキストボックスとの組み合わせ（「タイトルのみ」スライドの利用）

「どんな保育園？」のスライドを例に、文字テキストだけで構成する3枚目のスライドを作成します。「タイトルのみ」のスライドひな型を使用します。

基本的な操作は、Unit3での図形描画と同じです。［挿入］タブの［図形］ボタンを使って、右のような文章スタイルのスライドを作成します。テキストボックスを使用してもよいのですが、貼り紙のように見せたいので、メモ用紙スタイルの図形を使っています。

完成スライド（3枚目）

① ［ホーム］タブの［新しいスライド］ボタンから［タイトルのみ］を選んで挿入し、タイトル部に「どんな保育園？」と入力します。
② 続いて、［ホーム］タブまたは、［挿入］タブから［図形］ボタンをクリックします。表示された図形一覧から、［メモ］を選びます。

③ 挿入された図形をスライド内に配置し、サイズの調整をして、その中に上段の文章を入力します。

④ 図形をクリックし、［描画ツール］の［書式］タブをクリックします。［図形のスタイル］をクリックして表示されたスタイル一覧から［パステル・アクア］を選びます。図形の塗りつぶしなどを個別に設定してもよいのですが、ここではスタイル一覧を使用しました。手軽にきれいな図形が作成できます。

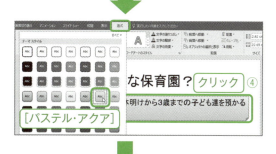

⑤ さらに、［フォント］グループを使用して、文字の色（濃い青）、フォント（HG創英角ゴシックUB）、サイズ（28P）を変

更してできあがりです。

この図形を複写して、中段および下段の文章図形を作成すれば完了です。同様に残りの操作も行ってください。

●作図と写真の組み合わせ（「タイトルのみ」スライドの利用）

文字テキスト、描画図形、写真などの画像を挿入（貼り付け）して、スライドを作成します。「タイトルのみ」のスライドひな型を使用します。

・駅からの案内図

最初の操作例として、なかよし保育園の駅からの案内図を作ります。Unit3 での Exercise. で作成した案内図を利用して、このスライドを作成します。

完成スライド（4枚目）

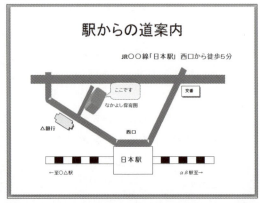

① ［新しいスライド］ボタンをクリックして、［タイトルのみ］のスライドを挿入します。タイトルに、「駅からの道案内」と入力します。

② 次に、［挿入］タブで［テキストボックス］を選んで、その中に「JR ○○線「日本駅」西口から徒歩5分」と入力します。文字のフォントやサイズはみなさんで自由に設定してください。

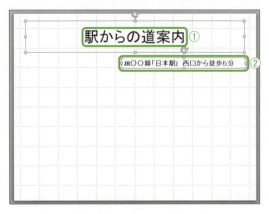

③ Unit3 の Exercise で作成したファイル（イラスト Lib.pptx）から案内図のスライドを探します。案内図の部分をドラッグで範囲選択したあと、［ホーム］タブの［配置］ボタンから［グループ化］を選択します。

「イラスト Lib.pptx」内のスライド

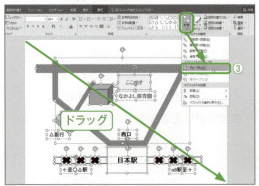

④グループ化した図を右クリックして、表示メニューから［コピー］をクリックします。

「イラスト Lib.pptx」内のスライド

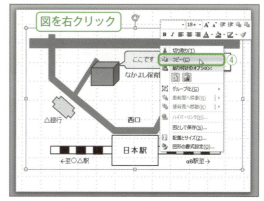

⑤ウィンドウを切り替えて、スライドペインの中央部で右ボタンクリックします。表示されたメニューから図の［貼り付け］をクリックします。
貼り付けた図の配置を調整して完了です。

プレゼンテーションのスライド

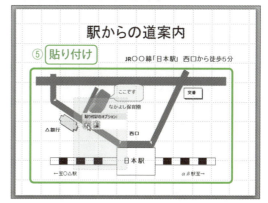

・外観と屋内の様子

2つ目の操作例として、なかよし保育園の外観と屋内の様子のスライドを作ります。

外観および部屋の写真（4枚）は、画像ファイルを用意します。ひよこ、りす、うさぎのイラストは、Unit3のExerciseで作成した図形データを使います。画像データ、図形データともに、図の形式としてスライドに挿入し、配置およびサイズ調整（縮小）します。文字テキスト「外観」「ひよこ組」「りす組」「うさぎ組」は、描画ツールのテキストボックスで作成します。

完成スライド（5枚目）

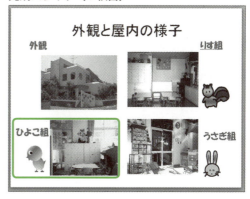

それでは、ひよこ組の部分を例に、操作手順を説明します。残りの部分は、同様の手順で作成してください。

①［挿入］タブの［画像］ボタンをクリックして、ひよこ組の画像（Jpeg）をファイルから挿入します。貼り付け後にサイズを縮小します。
②テキストボックスを使って、文字列「ひよこ組」を入力し、書式を設定します。

③Unit3で作成したひよこの図形を保存したファイルから読み込んで、ひよこ全体をグループ化します。

④ひよこの図形をコピーし、前ページの「駅からの案内図」での④、⑤と同様の操作で［図］として貼り付けます。あとはサイズを縮小し、配置を調整します。

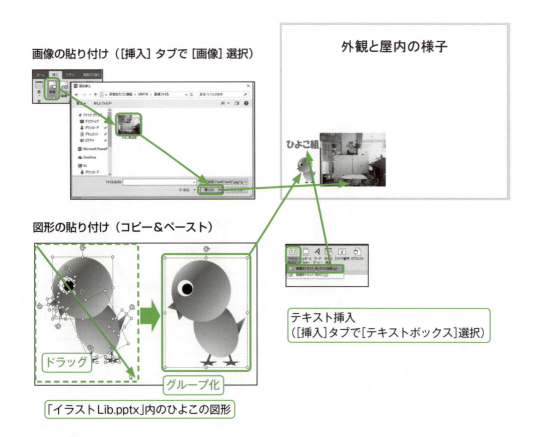

● SmartArt グラフィックの活用

　プレゼンテーションでは、手順や階層構造、循環などの情報を視覚的にわかりやすく図解するスタイルがよく使われます。これらのひな型が Office 共通機能として提供されており、「SmartArt グラフィック」といいます（以降、SmartArt と略）。SmartArt を利用すると、面倒な構成図などもきれいにかつ短時間で作成できます。

　［挿入］タブの［図］グループにある［SmartArt］ボタンをクリックして、「SmartArt グラフィックの選択」ダイアログボックスを表示し、この中からひな型を選び、その中に文字や図などを挿入するだけでできあがります。

　先に作成した「外観と屋内の様子」のスライドを、SmartArt を使って次ページのように作り替えてみます。「外観と屋内の様子」のスライドとは、雰囲気の変わったスライドができます。

・SmartArt の使用例

　SmartArt を使って、クラス（ひよこ、りす、うさぎ）の屋内写真とマスコット（図形描画）および見出し（テキスト）をテンプレート内に挿入して、下図のようなスライドを作成してみましょう。

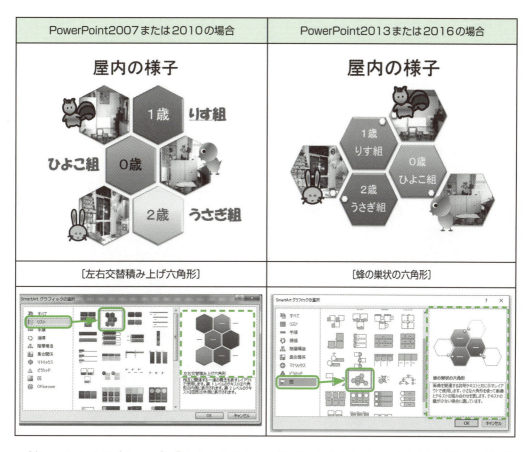

　新しいスライド（テーマ名「タイトルのみ」を選択）を挿入して、タイトルに「屋内の様子」を入力します。次に、［挿入］タブをクリックし、［SmartArt］のアイコンをクリックします。ダイアログボックスに一覧が表示されるので、上図と同じ種類を選択します。選択したテンプレートがスライド内に挿入・貼り付けられます。［SmartArt の色］および［スタイル］を立体グラデーションに変更したあと、以降に示す操作を行います。

　なお、PowerPonit は、バージョンによって AmartArt の仕様が一部異なっています。2007 または 2010 で提供されている［左右交替積み上げ六角形］に対応するのは、2013 または 2016 では［蜂の巣状の六角形］になります。次項以降では、それぞれの操作方法を示しているので、みなさんの使用しているバージョンに合わせて選択してください。

◎ PowerPoint2016での［蜂の巣状の六角形］の活用例

挿入したテンプレートには、「テキスト」と「図」を入れる六角形のペアが3セット用意されており、クラスの写真とマスコット図形をこの中に挿入します。

① 「テキスト」用の六角形を選択（クリック）して、［テキスト］と表示されているところに、年齢とクラス名をキーボードから入力します。フォント等は設定済みなので、変更の必要はありません。
② 「図」用の六角形の真ん中のアイコンをクリックします。インターネットからの画像入力ではないので、オフラインモードにして、クラスの写真が入っているファイルの格納フォルダーとファイル名を指定して画像を挿入します。六角形の中に屋内写真がはめ込まれます。
③ 先ほど作成した「外観と屋内の様子」スライドからマスコット図形をコピーして、「屋内の様子」スライド内のクラスの写真の近くに貼り付けます。

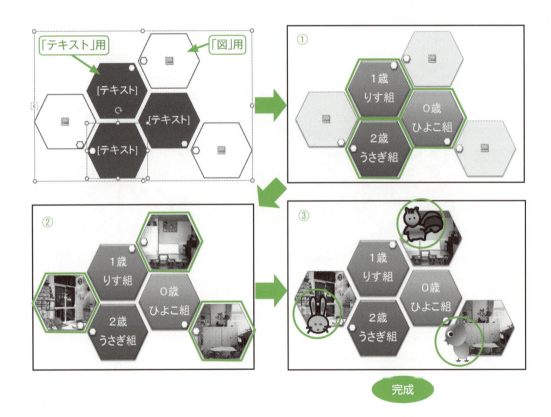

◎ PowerPoint2010での［左右交替積み上げ六角形］の活用例

六角形の配置が蜂の巣状のテンプレートと少し異なりますが、このテンプレートにも「テキスト」と「図」を入れる六角形のペアが3セット用意されています。こちらには、「テキスト」用が六角形の中と外に2つあるので、年齢とクラス名を別々に入れます。操作の手順は、［蜂の巣状の六角形］と同様なので、そちらを参考にしてください。

● 表スタイルのスライド（[表] ボタン）

表が中心の「園児の一日」のスライドを作成します。

表イメージがExcelなどですでに作成済みの場合には、表を複写して図として貼り付けるのが一般的で手軽ですが、新たに作成するような場合には、[表]を使いましょう。

完成スライド（6枚目）

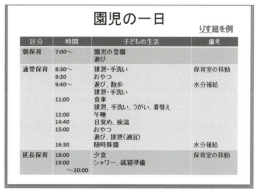

① [新しいスライド] ボタンから [タイトルとコンテンツ] を選んで挿入し、タイトル部に「園児の一日」と入力します。
② 続いて、マウスをスライドの中央に移動し、半透明で表示されているオブジェクト一覧から [表] をクリックします。
③ 「表の挿入」ダイアログボックスで、行数2、列数4を設定し、[OK] します。
④ 2行4列の表枠が挿入されます。[表] ツールの [デザイン] タブをクリックして右のように表のスタイルを変更します。

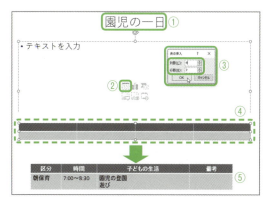

⑤ セルの中に画面のように項目タイトルなどを入力し、列幅を調整します。

⑥ 次は、行を追加挿入して、中段の表枠を作ります。2行目を選択したあと、[表] ツールの[レイアウト]タブをクリックして、[行と列]グループの[下に行を挿入]をクリックします。

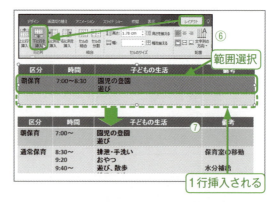

⑦ 1行が新たに追加されます。行と文字入力を繰り返し、表を完成させます。作成した表の2列目と4列目の文字色を濃い青に、すべての文字を太字に設定、テキストボックスで「りす組を例」を追加して完了です。

スライドのコピー（複写）・移動・削除

スライドのコピー（複写）や移動、削除は、文字編集などと同様に、コピー&貼り付け、切り取り&貼り付けおよび[Delete]キー操作で行います。画面の左側、またはスライド一覧表示（画面下部の表示ボタンで[スライド一覧]を選択）のサムネイルを使って操作します。

操作の種類	手順の説明
スライドのコピー	サムネイルのコピー&貼り付け コピーしたいスライドのサムネイルをクリックして、[ホーム]タブの[クリックボード]グループにある[コピー]をクリックする。コピーしたい位置（サムネイルとサムネイルの境界）をクリックし、[貼り付け]をクリックする
スライドの移動	サムネイルの切り取り&貼り付け 移動したいスライドのサムネイルをクリックして、[ホーム]タブの[クリックボード]グループにある[切り取り]をクリックする。移動したい位置（サムネイルとサムネイルの境界）をクリックし、[貼り付け]をクリックする。または、サムネイルをクリック後、ドラッグ&ドロップでも移動できる
スライドの削除	サムネイルの削除 削除したいスライドのサムネイルをクリックして選択し、[Delete]キーを押す

▶ [Shift]キーを押しながら範囲指定、または[Ctrl]キーを押しながら複数選択すると、複数のスライドをまとめて操作（コピー、移動、削除）することができます。

スライドの動作および効果の設定

スライド全体および、スライド内に挿入したオブジェクトに対して、視覚効果や動作を設定することができます。これらはスライドショーの実行時に機能します。

・アニメーション効果
・画面の切り替え効果
・動作

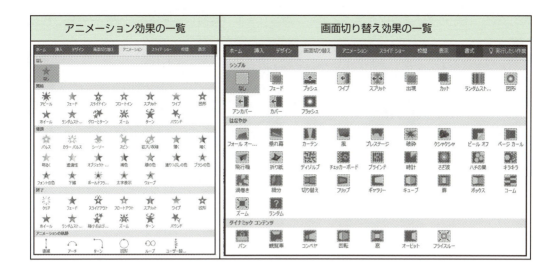

●アニメーション効果

スライド内のテキストや図表などのオブジェクトに対して、視覚効果のある動きを設定できます。アニメーション効果には、オブジェクトの表示を開始するときの効果、表示中の強調、表示を終えるときの効果、スライド上をそのオブジェクトが動く軌跡の効果の4種類があります。

・例1:「スライドイン」の設定

次のように、3つのテキストからなるスライドにアニメーション効果を設定します。3つのテキストを最初からすべて表示するのではなく、説明のつど、1個ずつ順番に表示するようにします。そこで、マウスクリックするとオブジェクトが画面の下から上にスライドインして出てくる効果を設定します。

スライドインの流れ

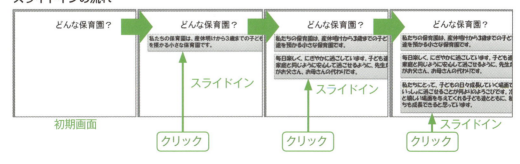

①上段のテキストをクリックします。
②［アニメーション］タブをクリックします。［アニメーション］グループの右下（▼）または［アニメーションの追加］をクリックして効果一覧を表示します。
③［スライドイン］を選択します。既定値の効果でアニメーションが設定されます。
④既定値を変更する場合は、［効果オプション］をクリックして、別の効果をクリックします。

⑤さらに、開始のタイミング、スライドインのスピード（時間）など詳細な設定をすることもできます。

残りの中段および下段のテキストに対しても、同じ効果を設定すれば終了です。

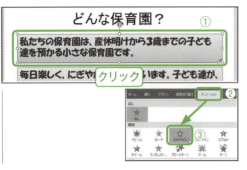 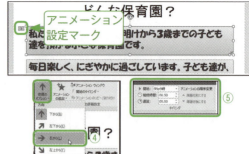

▶ アニメーション効果のコピー
同じ設定を複数のオブジェクトに設定する場合、先に設定した内容をコピーして適用することも可能です。アニメーションが設定されているテキストをクリックして、［アニメーションのコピー／貼り付け］をクリックします。コピー先のテキストを選択すると、設定をコピーできます。

・例2：「軌跡」の設定

「駅からの道案内」のスライド軌跡の設定を行います。実行時に、駅から保育園までの道順にそって、歩いているように動く軌跡を表示します。ここでは、スマイルマークの図形を駅から保育園まで歩かせるようなアニメーションを設定します。

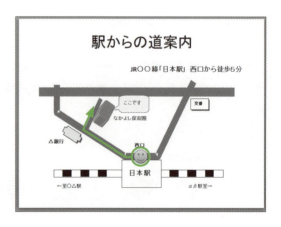

① 「駅からの道案内」のスライドに切り替えます。駅前のところにスマイルマークを貼り付けます。スマイルマークを駅前の位置に挿入して、サイズ、色を変更します。
② スマイルマークをクリックして選択し、［アニメーション］タブをクリックします。アニメーションの一覧を表示し、［アニメーションの軌跡］の中から［ユーザー設定］をクリックします。
③ 最初に、スマイルマークの中央をクリックして、軌跡の開始位置を設定します。以後は、道路のかどになるところ（2カ所）をクリックしていきます。最後、保育園の前でダブルクリックして軌跡の終了を設定します。これで完了です。

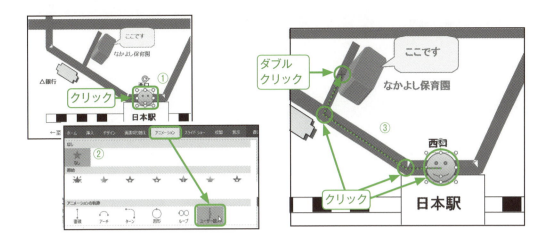

●画面の切り替え効果

　スライドが切り替わるときに、スライドを少しずつ表示、回転表示、モザイク表示など、画面の切り替えを設定できます。
　効果の設定は、設定したいスライドを選択して、［画面切り替え］タブをクリックします。［画面切り替え］グループの右下（▼）をクリックして、効果一覧を表示し、その中から設定したい効果を選択します。

●動作の設定

　視覚効果だけでなく、次のような種類の動作の設定をすることができます。スライド内の図、テキストなどのオブジェクトをクリックしたときに、離れたスライドに分岐（ジャンプ）、Web ページを表示、映像を再生するといったことが可能です。

- ・スライドの分岐
- ・オブジェクトの表示・再生（文書やシート表示、音声・映像の再生など）
- ・Web ページの表示

　動作の設定には、［挿入］タブの［リンク］グループにある［動作］ボタンを使用します。スライド内のオブジェクトを選択して、［動作］ボタンをクリックすると、「オブジェクトの動作設定」ダイアログボックスが表示されます。ここで、アニメーションなどの視覚効果と同様に、動作の種類、実行のタイミングなどを設定します。動作のタイミングについては、マウスをクリックしたとき、またはマウスが通過したときのどちらかを選ぶことができます。

マウスクリック時の効果　　マウス通過時の設定

動作の種類	設定方法
スライドの分岐	［ハイパーリンク］をチェックして、分岐先のスライドをドロップダウンメニューの中から選んで指定する。メニューの中から［スライド］を選ぶと、「スライドへのハイパーリンク」ダイアログボックスが表示される。タイトル付きのスライドを使用していると、タイトル一覧が表示されるので、その中から分岐先を選ぶことができる
オブジェクトの表示・再生	［ハイパーリンク］をチェックして、ドロップダウンメニューの中から［その他のファイル］または［その他のPowerPointプレゼンテーション］を選ぶ。表示されるダイアログボックスで表示・再生したいファイル（文書や画像、シートなど）を指定する。オブジェクトに対応したソフトが起動する
Webページの表示	［ハイパーリンク］をチェックして、ドロップダウンメニューの中から、［URL］を選ぶ。「URLへのハイパーリンク」ダイアログボックスが表示されるので、URLを指定する。実行時は、ブラウザー（IEなど）が起動し、指定URLのWebページが表示される

・設定例：別のスライドに分岐

　動作の設定例として、作成した目次スライドから別スライドへの分岐を設定します。目次の3行目の文字列「駅からの道案内」をクリックすると「駅からの道案内」のスライドに分岐し、4行目の「外観と屋内の様子」をクリックすると「外観と屋内の様子」のスライドに分岐するような設定にします。ここでは、3行目の設定操作の手順を説明します。4行目については、みなさんで行ってください。

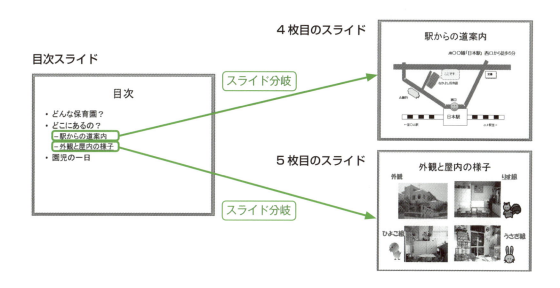

目次スライドは、箇条書きで作成しているため、部分文字列（テキスト）に対して、動作を設定することにします。

①目次スライドを表示します。「駅からの道案内」をドラッグして範囲選択します。
②次に、［挿入］タブをクリックして、［動作］ボタンをクリックします。
③「オブジェクトの動作設定」ダイアログボックスでは、［マウスのクリック］タブをクリックし、［ハイパーリンク］にチェックを付けます。ドロップダウンリストを表示して、［スライド］をクリックします。
④「スライドへのハイパーリンク」ダイアログボックスが表示されるので、タイトル一覧から［4. 駅からの道案内］を選んでクリックし［OK］します。［マウスのクリック］タブの［OK］ボタンをクリックして終了です。

表示オプション機能の設定

スライドの余白部にヘッダーやフッター、スライド番号などを設定したい場合には、［挿入］タブの［テキスト］グループにある［ヘッダー/フッター］ボタンを使用します。次のような「ヘッダーとフッター」ダイアログボックスが表示されるので、各タブをクリックして必要な項目にチェックを付け、表示文字列などを入力します。

設定項目	説明
ヘッダー	［ノートと配布資料］タブを選択。［ヘッダー］をクリックしてチェックマークを付け、その下にヘッダー文字列を入力する。ヘッダーをタイトルスライドに表示しない場合には、［スライド］タブをクリック後、［タイトルスライドに表示しない］をクリックしてチェックマークを付ける
フッター	［フッター］をクリックしてチェックマークを付け、その下にフッター文字列を入力する。タイトルスライドに表示しない場合には、［スライド］タブをクリック後、［タイトルスライドに表示しない］をクリックしてチェックマークを付ける
スライド番号	［スライド］タブを選択。［スライド番号］をクリックしてチェックマークを付ける

スライドショーの実行と終了

●スライドショーの開始

プレゼンファイルは、次の方法でスライドショーとして実行できます。

・［スライドショー］タブを使用

［スライドショー］タブをクリックします。スライドの先頭から実行する場合には、［スライドショーの開始］グループの［最初から］をクリックします。途中から始める場合には、そのスライド（サムネイル）を選択してから、［現在のスライドから］をクリックします。

・表示ボタンを使用

ウィンドウ下部のステータスバーの右側にある表示ボタンの中から、右端にある［スライドショー表示モード］をクリックします。現在のスライドから実行が始まります。

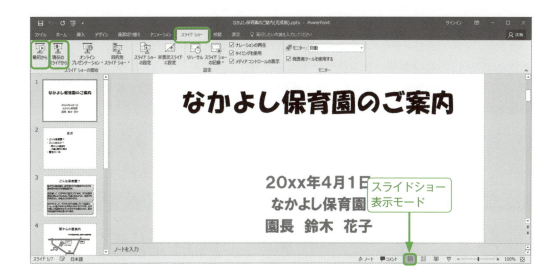

●スライドの移動（前進・後退）

スライドショーの実行中には、次のような操作でスライドの前進、後退を行います。

次のスライドに移りたいときには、表示されているスライドをマウスでクリックします。右向きまたは、下向き矢印キー（［→］［↓］）を使用することもできます。1つ前のスライドに戻るときには左向きまたは上向き矢印キー（［←］［↑］）を押します。マウスの右クリックで表示されるメニューを使って、移動先のスライドを指定することもできます。

なお、スライドにアニメーション効果、および動作が設定されている場合には、マウスのクリックなどに応じて、その機能が働きます。

●スライドショーの中断・終了

最後のスライドの表示が終わったあとにクリックすると、スライドショーが自動的に終わります。スライドショーの途中で中断または、終了したいときには、［ESC］キーを押して、スライドの編集モードにします。ここで、［閉じる］ボタンをクリックすると、PowerPointが終了します。

その他の機能

●スライド群のファイル保存

作成したスライド群に名前を付けてファイル保存するには、［ファイル］タブを使用します。［ファイル］タブをクリックして、表示されたBackstageビューから［名前を付けて保存］を選択します。

なお、クイックアクセスツールバーの［上書き保存］ボタン（FDのアイコン）をクリックすると上書き保存されます。または、［ファイル］タブをクリックして表示されたBackstageビューから［上書き保存］を選んでも同様に操作できます。

●スライド群の印刷

スライドの印刷には、[ファイル]タブから[印刷]を使用します。

PowerPointでは、3種類（フルページサイズ、アウトライン、ノート）の印刷レイアウトおよび、配布資料の印刷ができます。配布資料印刷では、1ページに印刷するスライドの枚数を指定できます。枚数は、1、2、3、4、6および9枚の中から選びます。

PowerPointの印刷指定はフルページとして、プリンターの機能を使って、1ページに複数枚のスライドを印刷することもできます。

Column　表示ボタンを利用する

PowerPointの画面右下に用意されている表示ボタンを使うと、スライドの表示モードを簡単に切り替えることができます。

① ② ③ ④

アイコン	説明
①標準	表示モードの規定値。スライドの作成など編集操作ができる
②スライド一覧	すべてのスライドの一覧がサムネイルを表示する。スライド構成の確認、スライドの移動、削除、複写操作を行うことができる
③閲覧	タイトルバー、ステータスバーなどPowerPointウィンドウが残った状態でスライドを拡大表示する。スライドに設定している効果などの確認に利用できる
④スライドショー	ウィンドウ枠等がすべて非表示になり、スライドショーを実行する

Column　PowerPointで動画の編集①[スライドへの動画の挿入と再生]

PowerPointのスライド内に、画像だけでなく動画や音声を挿入（貼り付け）してプレゼン実行時に再生できます。バージョン2010以降では、動画の編集機能（タイトルや効果付け、動画内のカット編集など）が追加されています。スライドに動画を挿入・再生するには、[挿入]タブから[メディア]グループの[ビデオ]ボタンをクリックし、動画ファイルの読み込み先を指定します。これで動画がスライド内に挿入されます。実行時に再生ボタン（▶）をクリックして再生します。

なお、カット編集（部分再生）の方法については、p.356を参照してください。

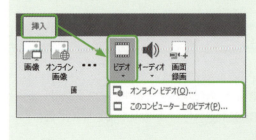
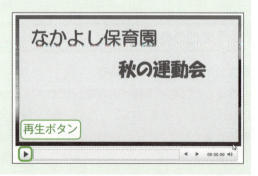

保育を学ぼう **6 保護者とのコミュニケーション ①**

　どんなにICTが進化し、それらを使いこなせるようになったとしても、円滑なコミュニケーションの土台にあるのは、保護者との信頼関係です。お互いに慣れてくると、ちょっとした気配りをうっかり忘れてしまいがちですね。どんなに仕事が大変な状況であっても、職員側から笑顔で挨拶したり、気軽に話しかけたり、保護者が大変そうに見えるときはていねいに気遣ったりすることが基本です。

　とくに、子どもの事故はいうまでもなく、体調が悪くなった場合や、ほんの小さなかすり傷であっても、親しい関係に甘えず、そのときの状況や経過を詳しく報告し、ていねいに謝罪しましょう。悪い報告のときは、文字や声だけでやりとりするのではなく、できるだけ直接会う機会を作り、保護者の目の前で頭を下げた方が、あとに響かずにすむようです。

　幼稚園や保育園でも、ホームページやメールなどICT活用が当たり前となりましたが、これらの新しいコミュニケーション手段では、手紙などの従来のものに比べて、より迅速な対応が求められる傾向があります。返信のタイミングや期限など、園としての方針を決めておくとよいでしょう。

　また、集まった情報は、適宜、園長やまわりの職員に報告し、クラス担任だけではなく、職員全体が確実に把握し、同じような対応ができるようにします。なぜなら、職員によって対応にバラつきがある場合、子どもも保護者も戸惑い、園への不信感につながることが多いからです。職員間で確実に情報を共有するためには、全体で共有しなければならない情報をすばやく見極め、適切に記録をとり、すぐに回覧できるようにしておくことが大切です。どの園でも、そうした業務連絡用のノートやボードがあります。ミーティングや会議の機会も活用しましょう。

　また、個人情報はとくに注意しないと、プライバシーの侵害につながりますので、扱いは慎重に行わなければなりません。安易にもち出さず、決められた場所で見るようにし、破棄するときはシュレッダー等を利用します。

Unit 10 プレゼンテーションをやってみよう

■学習内容
Unit10では、PowerPointを使用したプレゼンテーションについて演習を行います。PowerPointを使ったスライドの作成と、プレゼンテーションの実践力を身に付けるためのトレーニングをしましょう。

■習得すべき事項
プレゼンテーションの設計
PowerPointの基本操作（起動や終了など）
スライドの作成／スライドショーの実行

Part 4 プレゼンテーションを学ぼう

　Exercise.1および、次のExercise.2は、スライドの作成・編集を中心に、PowerPointの基本操作の習得を目的にしています。次のような7枚のスライドで構成する「なかよし保育園のご案内」のPowerPointプレゼンファイルを作成します。これらのスライドは、タイトル、目次、文字テキストだけ、図形を利用したもの、イラストや写真を利用したものなど、一般的なプレゼンテーションで使用頻度の高い様式のスライドを、少ない枚数で組み合わせて、操作手順の説明用に用意したものです。Exercise.1では、アニメーションなど効果設定をしていないスライドを作成し、Exercise.2で効果設定の演習をします。

　スライドごとの詳細な操作手順については、Part4の「Introduction2　Microsoft PowerPointの操作」を参照しながら演習を進めてください。

Exercise.1とExercise.2で作成するプレゼンファイル

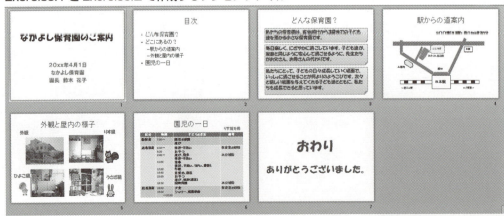

Exercise.1　保育園の案内を作る（基本操作の習得）

1　PowerPoint の起動とファイル保存

　PowerPoint を起動します。「プレゼンテーション 1」（既定値）という名前のプレゼンファイルが開きます。タイトルスライドが 1 枚だけ表示されます。

　この時点で、空のファイルに名前を付けて保存します。［ファイル］メニューから「名前を付けて保存」を選び、次のように保存先とファイル名を設定して保存します。保存先のフォルダーがない場合は、作成してください。以降は、スライドを作成するつど、上書き保存を繰り返します。

・保存先　　：「ホームフォルダ」内の「UNIT10」フォルダー
・ファイル名：**なかよし保育園のご案内 .pptx**

　タイトルバー内の表示が「プレゼンテーション 1」から「なかよし保育園のご案内 .pptx」に変わったことを確認します。

2　スライドの作成

❶**タイトルスライド**（操作手順の詳細は、p.334 を参照）
　スライドひな型を使用して、先頭のタイトルスライドを作成します。

❷**目次スライド**（操作手順の詳細は、p.335 を参照）
　次に、2 枚目の目次スライドを作成します。箇条書きテキストの使い方を覚えてください。

❸**文字テキストだけのスライド**（操作手順の詳細は、p.337 を参照）
　3 枚目のスライド（どんな保育園？）を作成します。図形描画操作を復習します。

❹**別のスライド内の図形の引用**（操作手順の詳細は、p.338 を参照）
　4 枚目のスライド（駅からの道案内）を作成します。Unit3 で作成したイラスト図形（「イラスト Lib.pptx」内の道案内スライド）を読み込んで複写します。別のプレゼンファイル内のスライドのデータを利用する操作を覚えてください。

❺**マルチメディア素材の利用**（操作手順の詳細は、p.339 を参照）
　5 枚目のスライド（外観と屋内の様子）を作成します。ファイル保存されている画像をスライドに挿入する操作を覚えてください。

❻**表を使ったスライド**（操作手順の詳細は、p.343 を参照）
　6 枚目のスライド（園児の一日）を作成します。PowerPoint での表作成の操作を覚えてく

ださい。

❼エンド・スライド

プレゼンテーションの終了を示すスライド（ここでは、エンド・スライドといいます）です。最後がはっきりわかるように、エンド・スライドは必ず作成してください。内容は、聴衆へのお礼、その後の対応（問い合わせなど）に関する情報を必要に応じて記述します。

ここでは、最もシンプルに、「おわり」と「ありがとうございました。」だけにしていますが、イラストを加える、あいさつを変えるなど、みなさんで自由に表示内容を考えて、エンド・スライドを作成してください。

3　実行確認と修正（スライドショーの実行）

一通りスライドの作成が終わったので、実行を確認をします。スライド編集時と実行時では、表示イメージなどが違ってきます。また、誤字脱字など、編集時に見逃したようなミスも発見できるので、実行確認は必ず行ってください。

先頭のスライドを選択（サムネイルをクリック）してスライドショーを開始します。ウィンドウ下段のステータスバーの右端にある［スライドショー］ボタンをクリックしてください。スライドの内容を順番に確認チェックし、修正が必要と判断したときは、［ESC］キーを押します。スライドショーを中断して、そのスライドを修正し、修正が終わったら再度、そこからスライドショーを再開します。これを最後のスライドまで繰り返します。

4　上書き保存とPowerPointの終了

すべてのスライドの完成を確認できたら、クイックアクセスツールバーの［上書き保存］ボタン（FDアイコン）をクリックして、上書き保存します。あとは、ツールバーの右端 ✕ をクリックしてPowerPointを終了してください。

Column　PowerPointで動画の編集②［カット編集（部分再生）］

スライド内に挿入した動画の再生部分を変更するには、スライド内の動画オブジェクトをクリックし、表示された［ビデオツール］リボンの［再生］タブをクリック後、［ビデオのトリミング］ボタンをクリックします。カット編集画面が表示されるので、再生開始時間と終了時間をドラッグ操作で設定します。実行時に設定区間の動画が再生されます。

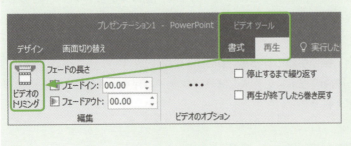

Exercise.2　保育園の案内を更新する（基本操作の習得）

Exercise.1 で作成した「なかよし保育園のご案内」のスライドに、アニメーションなどの 3 種類の効果を設定します。

対象スライド	設定する効果の内容
スライド 2 「目次」	3 行目「駅からの道案内」をクリックすると、「駅からの道案内」スライドを表示。4 行目「外観と屋内の様子」をクリックすると、「外観と屋内の様子」スライドを表示するように動作を設定する
スライド 3 「どんな保育園？」	最初は、タイトルのみが表示されており、マウスをクリックすると上段の文章がスライドイン表示され、以降、クリックするたびに残りの文章がスライドインするようにアニメーション効果を設定する
スライド 4 「駅からの道案内」	駅の中央からスマイルマークが道案内してくれるように動くアニメーション（軌跡）を設定する

1　Exercise.1 で作成したファイルを開く（PowerPoint の起動）

保存先のフォルダーを開いて、プレゼンファイル「なかよし保育園のご案内 .pptx」のアイコンをダブルクリックします。PowerPoint が起動し、プレゼンファイルが読み込まれ、スライドの編集モードで先頭のスライドが表示されます。

2　スライドに効果を設定

❶スライド 2　目次スライド（操作手順の詳細は、p.348 を参照）

別のスライドへ分岐する動作を設定します。スライドの分岐だけでなく、文書や画像の表示、映像の再生、Web ページの表示などのやり方も覚えてください。

❷スライド 3　「どんな保育園？」スライド（操作手順の詳細は、p.344 を参照）

スライドインのアニメーション効果を設定します。使用頻度の高いアニメーション効果の設定方法を覚えてください。

❸スライド 4　「駅からの道案内」スライド（操作手順の詳細は、p.346 を参照）

軌跡のアニメーション効果を設定します。

❹戻りの設定　スライド 4、5 の改変

目次スライドから分岐して分岐先スライドの説明が終了したあと、目次に戻るための効果の設定です。この操作は応用演習とします。

①スライド 4 および 5 の中に、戻り設定用のオブジェクト図形を挿入してください。描画ツールで提供している［図形］の中に［動作設定］グループがあります。この中から、左向きの白抜き三角形が入っている図形を使用してください。挿入後の図形の書式および、挿入位置

は任せます。挿入した図形に対して、戻り先のスライドを「目次」として、動作の設定を行ってください。

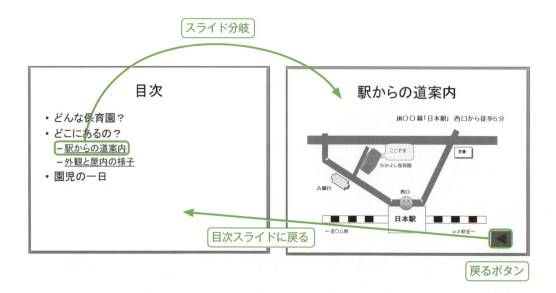

3 実行確認と修正（スライドショーの実行）

Exercise.1 でのスライドを1枚ずつ逐次実行し、3種類の設定効果を確認するためのスライドショーを実行します。動作に問題があった場合には、スライドを修正して、再実行を繰り返します。

4 上書き保存と PowerPoint の終了

ファイルを上書き保存して、PowerPoint を終了してください。

Exercise.3　クラス紹介をつくってみよう（応用）

スライド制作の応用演習です。具体的なスライド内容をみなさん自身が考えてください。
　テーマは、保育園の3歳児のクラスを題材に、次のようなスライドで構成する「クラス紹介」のプレゼンテーションです。本文のスライド（No.3～5）は、保育テキスト、学内にある図書、Webサイトなどの情報をもとに、仕上げてください。

1　作成するスライドの要件

スライド・タイトル	スライドの内容
○○クラスのご紹介	タイトルスライド。○○にはクラス名を入れる。 サブタイトルは、学科名、学籍番号、氏名、作成年月日を入れる
自己紹介	あなたの自己紹介を用意する。スライド1枚で、顔写真（または、似顔絵イラスト）、特技・好きなこと、好きなものなどを使ってPRする
3歳児の保育	保育関連科目の教科書などを参考に、3歳児の保育のポイントについて、1～2枚のスライドにまとめる。視覚的なオブジェクトおよび効果なども利用する
クラスの目標	保育関連科目の教科書などを参考に、3歳児クラスの目標について、1枚のスライドにまとめる
園児の一日	保育関連科目の教科書などを参考に、3歳児クラスの園児の一日の活動を、1枚のスライドにまとめる
エンド・スライド	内容は、自由

2　作成したプレゼンファイルの保存

作成したプレゼンファイルにファイル名を付けて保存してください。

・保存先　　：「ホームフォルダ」の「UNIT10」フォルダー
・ファイル名：○○クラスのご紹介 - 学籍番号 .pptx（学籍番号は、各自の番号を設定）

Exercise.4　10年後の姿についてプレゼンする（応用）

●課題演習

　この演習は、保育系の学科の学生さんを対象にしたプレゼンテーションの応用演習です。PowerPointでプレゼンファイルを作成したあと、みなさんで実際にプレゼンテーション（1人3分程度のスピーチ）を行ってください。

1　課題テーマとスライド構成

「10年後の私」をテーマに、下記構成のスライド群（6～8枚）を作成してください。

❶**タイトルスライド（1枚）**

・タイトル　　：10年後の私
・サブタイトル：学校名、所属学科名、学籍番号、氏名、作成年月日

❷**目次スライド（1枚）**

自由なスタイル（箇条書き、SmartArtの利用など）で目次を作成してください。

❸**本文スライド（3～4枚程度）**

本文は、次の3部構成とします。それぞれ、1～2枚のスライドで作成してください。

タイトル	スライド内容
保育の魅力	あなたが抱いている保育の魅力について、2～3個選んで、1枚のスライドに表現する。10文字以内の見出しを付け、文字による説明又は、イラスト、写真などで概要を示す
10年後の姿	10年後の保育者としてのあなたの姿を想像して、1枚のスライドに表現する。どんな立場でどんな仕事をしているか、していたいかなど、私生活での姿を含めて、期待を込めたかたちで表現する。ここでも、ポイントを3個程度にまとめて示す
今後の成長プラン	上記10年後の姿を実現するために、これからの10年間をどのように過ごしていくか、自分自身の成長プランを示す。3～5年の期間ごとのマイルストーン（中間目標）を設定して、目標、目標達成のために修得すべきこと、具体的な修得プランなどを示す

❹**エンド・スライド（1枚）**

内容は自由です。

❺**その他指示**

項目	内容
ヘッダー	なし
フッター	Copyright ⓒ 20xx zzzzzz xx:西暦末尾2けた　　zzzzzz:あなたの英文イニシャル
スライド番号	設定します
テーマのデザイン	任意のテーマを選ぶ
引用・参考	外部のデータ（Webなど）を使用（参照・引用含む）している場合には、引用元を各スライド内に明記する

2　作成したプレゼンファイルの保存

・保存先　　　：「ホームフォルダ」の「UNIT10」フォルダー
・ファイル名：10年後の私 - 学籍番号 .pptx（学籍番号は、各自の番号を設定）

ネットワークを学ぼう

Part5

幼稚園や保育所（園）においても、業務の効率や幼児教育／保育の質的な向上を図る目的で、日常の作業（文書作成、園児管理、関係者とのコミュニケーションなど）を、パソコンなどコンピューターを利用して行うようになっています。個々のパソコンを単独使用スタイル（スタンドアロン型といいます）だけでなく、園内 LAN やインターネット接続環境を利用するスタイルも増加しています。そこで、Part5 では、インターネットを含めたコンピューター・ネットワークについて、基礎知識と園での具体的な利用イメージについて説明します。

Introduction 1 コンピューター・ネットワーク

LAN（Local Area Network）

　限られたエリア内で、複数（最小単位は2台）のネットワーク対応機器（パソコンなどコンピューター、スマートフォン、タブレット、テレビ、ゲーム機など）を接続して構築したデータ通信網を LAN（Local Area Network）といいます。さらに、多数の LAN を国内外まで広域接続したものを WAN（Wide Area Network）といいます。

　LAN 同士を接続することができます。たとえば大学では、それぞれの研究室や教室の中で小さな LAN が構築され、それらが学部や学科ごとにまとめられて上位のネットワークを構築します。最終的に、学校全体でひとつの統合的なネットワーク環境としてまとめられます。このようにひとつの組織体の中で閉じたネットワーク環境のことを「イントラネット」と呼びます。企業やさまざまな機関などでも、このようなイントラネット環境が構築されています。

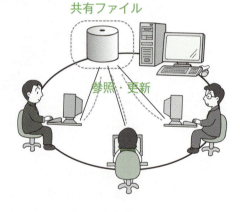

LAN を使ってプリンターやファイルを共有

　LAN には、ケーブルなど有線による接続（以後、有線 LAN と呼びます）と、電波を使った無線（ワイヤレス）による接続（以後、無線 LAN と呼びます）があります。無線 LAN の技術を Wi-Fi（ワイファイ）といいます。みなさんもご存知のように、現在では有線 LAN よりも便利な無線 LAN の利用が多くなっています。Wi-Fi を使うと、屋内だけでなく、屋外でも高速にネットワークに接続することができます。近年、国内でもインターネット・プロバイ

ダーなどによって、公共の場など屋外での無線 LAN スポットの設置が進んでおり、屋外でインターネットを利用できる環境が広がっています。

インターネット

　LAN の接続環境が国内だけでなく、世界規模でつながった状態が「インターネット」です。インターネットの大きな産物として WWW（World Wide Web）があります。世界中のコンピューターネットワークがクモの巣状態につながっていることから Web（クモの巣）と呼ばれます。ネットワーク上に散在するデータベースには、文字、画像、音声、映像などさまざまな情報が大量の Web サイトとして格納されており、日々、成長を続けています。これらの情報を世界中からインターネットを経由して提供・利用できるしくみです。

　インターネットに接続されているコンピューターやネットワークの識別には、数値で表現された「IP アドレス」を使用します。IP アドレスは、郵便における住所のような役割をもっており、全世界で同じ番号が重複しないように管理されています。

　しかし、数字では覚えにくく不便なので、通常は「ドメイン名」（たとえば「hoiku.ac.jp」など）と呼ばれる名前を利用しています。IP アドレスとドメイン名の関連付けは DNS と呼ばれるシステムが担っています。

　インターネットおよび WWW の基盤になっているしくみの中で特徴的なものが、「双方向コミュニケーション」と「ハイパーリンク」です。従来のラジオやテレビは、放送局から家庭など視聴者への一方的な通信でしたが、インターネットでは接続されているパソコンなどの端末同士が双方向で通信を行えます。この機能を利用したサービスに、メールや掲示板、SNS（ソーシャル・ネットワーキング・サービス）などがあります。現在では、テレビもインターネット接続されており、放送局からの通信に加えて、視聴者からの通信（アンケートへの返信など）が加わり、双方向通信になっています。

　WWW では、かつて「ネットサーフィン」などと呼ばれたように、Web サイトの中をあちこち遷移しながら閲覧できますが、これを実現させているしくみのひとつが「ハイパーリンク」です。

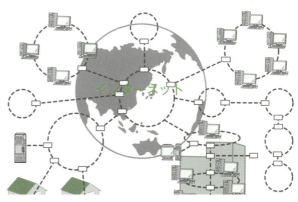

携帯電話やスマートフォンによる通信

　携帯電話およびスマートフォンは、携帯電話基地局（以後、基地局と呼びます）と電波でつながっており、いくつかの基地局を介して携帯電話など相手先と通信しています。携帯電話と基地局との間は無線ですが、基地局間は光ファイバーなど有線の電話回線または、無線、衛星回線で接続されています。

　スマートフォンには、パソコンと同じようにOS（AndroidやiOSを代表とするモバイルOS）が搭載されており、Web閲覧、電子メールのやりとり、SNS利用、文書作成、画像や映像再生など、携帯電話よりも高度な機能が利用できます。また、インターネット経由で好みのアプリケーションソフト（通称、アプリ）をダウンロード追加して使用することが可能です。

クラウド・サービス

　近年、クラウドで提供されるサービス（以後、クラウド・サービスと呼びます）が増えています。クラウドとは、インターネット上のどこかにあるサーバー内のコンピューター資源を指し、これをインターネット経由でだれでも利用できるような形態のサービスがクラウド・サービスです。使用料については、有料・無料それぞれあります。

　ソフトウェアのサービスでは、みなさんがよく知っている代表的なものとして、Webメール（Google社のGmail、Microsoft社のOutlook.comなど）があります。Webブラウザーを使ってサイトにアクセスして、メールアカウント（メールアドレスの獲得）を作り、必要な設定を行えば、すぐにEメールのやりとりができます。メールソフトをパソコンにインストールする必要もなく、保管スペースを用意しなくても、送受信したメールデータはクラウド内のストレージに保存されます。ディスク障害などへの対策もサービス提供側が行ってくれます。

　また、ソフトウェア以外のサービスでは、データなどファイル保管スペースの提供サービス（オンラインストレージ）が有名です。たとえば、Microsoft社のOneDriveなどです。割り当てられたストレージ内にいろいろなファイル（写真、映像などのマルチメディア系、文書ファイルなどビジネス系などさまざま）を保管でき、インターネット接続によって、どこからでもアクセス（読み書き）が可能です。

　従来、パソコンなどのコンピューターの利用者は、必要なソフトウェアを入手（購入など）して、自分のコンピューターにインストールしていました。そのソフトウェアで作成したデータ類（ファイル）は、コンピューターの中または、外部媒体（ハードディスクなど）を用意して保存管理します。ファイルのバックアップやセキュリティ対策などは、利用者の責任で行います。

　従来型のデスクトップスタイルとクラウド利用スタイル、いずれもメリット・デメリットがあり、どちらがよいかを絶対的に決めることはできません。利用者が自分の条件で比較判断するしかありませんが、信頼できるサービス提供者であることは必須要件になります。

近年、幼稚園や保育所（園）（以後、園と略します）では、幼児教育および保育の質的な向上をより一層図る目的で、ICT活用が推進されています。そのため、園の業務を支援するクラウド・サービスも増加しています。

IoT（Internet of Things 物のインターネット）

あらゆる機器がインターネットにつながることをIoT（Internet of Things）といいます。近年、職場や家庭などにあるさまざまな機器にコンピューターやセンサーなどがたくさん組み込まれています。パソコンなど汎用コンピューターほど高機能ではありませんが、基本的な機能を備えています。具体的には、自動車、家電、携帯機器、カメラ、各種プレイヤー類（音声、映像、ゲームなど）などに組み込まれ、インターネットにつなぐことで知的な機器に変身します。

これまでは、コンピューターやハードディスクなどの記憶装置を接続したネットワークは法人のビジネス利用が中心でしたが、IoT機器の出現により、個人や家庭での利用においても利便性の高いネットワーク環境が実現しています。

Introduction 2 Webサイト

Webサイトのしくみ

Webページは、「ハイパーテキスト」（具体的には、HTMLなど）と呼ばれる文書システムで構成しており、これらは各ネットワークコンピューターのWebサーバー内に格納されています。ハイパーテキストの特徴は、ページ内容自体は文字テキストで記述されているにもかかわらず、画像、音声、映像などマルチメディアコンテンツを扱えることです。さらに、「ハイパーリンク」と呼ばれる方式によって、Webページから別のWebページを直接参照し、簡単に移動することができます。このハイパーリンク機能を利用して、階層的なWebページ群によるWebサイトが構築されています。

Webページ上の情報は、どこからでも自由に閲覧が可能になっているものや、アクセス制限が付いているものなど、セキュリティ管理もさまざまです。

▶**Webページ記述言語（HTML、XML）**
Webページは、おもにHTML（HyperText MarkupLanguage）やXML（eXtensible MarkupLanguage）と呼ばれる言語で記述されています。Webページを作成するには、テキストエディタやWebページ作成専用のツールを使用します。

Webページの検索と閲覧

ここでは、Webページの検索や閲覧、検索した情報の保存操作について学びます。

Webページにアクセスして、Webページに登録されている情報をパソコンの画面上に表示するためのソフトがWebブラウザーです。Microsoft社のインターネット・エクスプローラー（Internet Explorer　以降、IEと略）、Edge（エッジ）などがあります。

● **Webページの場所（URL）を直接指定する**

Webブラウザーに Webページの場所を直接指定するやり方です。Webページには、そのページを一意に特定するためのアドレス（URLといいます）が設定されています。

このURLをWebブラウザーに直接指定して、そのページを表示します。URLは、英数字などが長々とつながっているので、閲覧するたびに指定し直すのは面倒です。そこで、二度目以降は記録しておき、それを引用します。こうしたURLの記録をまとめておける機能を「ブックマーク」と呼びます。IEでは、「お気に入り」と呼ばれていますが、内容は同じです。ここに登録しておけば、次からは呼び出すだけで目的のWebページを閲覧できます。お気に入りに登録したURLは、不要になれば削除することができます。

◎ ［操作例］　厚生労働省のページにアクセス…URLを指定（ http://www.mhlw.go.jp/ ）

目的のページが表示されたら、画面を上下にスクロール（右端のバーを使用）しながらページ内を閲覧します。ページ内にリンク設定されている箇所（テキスト、画像など）があれば、そこをクリックすると、リンク先のページが表示されます（現在のページ内容が切り替わる場合と、別の新しいウィンドウに表示される場合があります）。ウィンドウの左上にある矢印ボタン（・［戻る］、・［進む］）で前のページに戻ったり、再度、先のページに進んだりします。

● **検索用ポータルサイトを利用**

インターネット上には、「ポータルサイト」と呼ばれるWebサイトがあります。一般的な情報を体系的に分類して階層メニュー化したもの、分野別の専門サイトなど、種々の視点でWebページへのアクセスの基点となるサイトです。その中でも、最も多く使われているのが検索用のサイトです。

ポータルサイトを表示後、メニューなどを階層的にクリックして目的のページにアクセスする方法、キーワードなどを指定して表示された検索結果リストの中からさらに絞り込んでいく

方法の2つが一般的です。

　キーワードを指定する検索では、そのキーワードを含む Web ページの候補リストが表示されます。キーワードは AND、OR など論理演算記述で条件設定ができます。表示された候補リストに対して、さらに、別のキーワードを指定して、絞り込んでいきます。膨大な候補が表示される場合が多いので、効率的な検索を行うためには、キーワードの選択、条件指定方法など、利用に際してのテクニックが要求されます。近年ではいずれのサイトも、キーワードなど種々の検索機能を組み合わせて利用できるようになっています。

　代表的な検索サイトでは、「Google」や「Yahoo！」などがあります。

◎［操作例］厚生労働省のページにアクセス（Google で検索）
　Google の画面で、キーワードに「厚生労働省」を入力し、［Google 検索］をクリックします。表示された検索結果に表示された「厚生労働省」を選んでクリックすると、厚生労働省のページが表示されます。

Google（https://www.google.co.jp/）

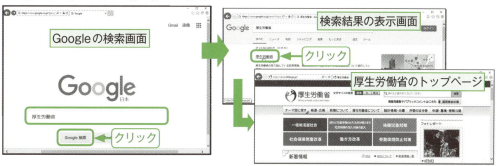

Web ページ上のデータの取り込み

　Web ページ上には、さまざまな種類のデータが登録・貼り付けられています。発信側が許可している限り、これらのデータを閲覧者が自分のコンピューター内に取り込み保存することができます。このことをデータの「ダウンロード」といいます。

●テキストおよび画像をクリップボード経由でコピー&ペースト
　文章などの文字列や写真などの画像データを Web サイトから引用して、作成中の文書内に直接挿入するやり方で、コピー&ペースト操作を使います。

　Web ページ上で対象物を選択したあと、右ボタンをクリックして、表示メニューから［コピー］をクリックします。対象物の選択方法は、文字列の場合には、ドラッグ操作で範囲選択します。画像の場合には、画像上をクリックして選択します。貼り付け先の文書内で貼り付け位置を決めてクリックしたあと、［ホーム］リボンの［貼り付け］オプションから［形式を選択して貼り付け］をクリックします。表示された形式一覧から選んで［OK］ボタンをクリッ

クします。文字列の場合は［テキスト］を選び、画像の場合は［ビットマップ］または［図］のグループから選びます。

◎操作例：厚生労働省ページの文字列とビットマップ画像をWord文書に直接貼り付け

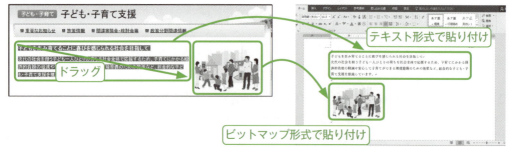

● 画像やリンク文書などをファイルに保存

　Webページ上に文書などがファイル（Word文書、pdfなど）でリンク貼り付けされている場合の保存方法について説明します。なお、ページ上のビットマップ画像もファイルに保存できます。

　リンク貼り付けされている箇所（テキストや画像）をクリックします。ダウンロード許可されているファイルであれば、処理を選択するメッセージが表示されます。［保存］→［名前を付けて保存］の順にクリックして保存先を指定します。あとは、Word等での名前を付けて保存の操作と同じです。

　ページ上に表示された画像をファイル保存する場合は、画像を右クリックして、表示されたメニューから［名前を付けて画像を保存］をクリックします。保存先を指定するダイアログが表示されます。あとの操作は上記と同じです。

　どちらの場合も、保存フォルダーとファイル名の設定に気を付けて保存してください。

幼稚園や保育所でのコンピューターおよびネットワーク利用

　以上、コンピューター・ネットワークの基礎について述べてきました。ここでは、保育所を例に、ネットワークを含めたコンピューターの具体的な活用について紹介します。

●幼稚園や保育所でのLAN構築

　先に述べたように、コンピューターをLANに接続することによって、ファイルなどの資源を共有できます。機器共有の代表として、プリンターが知られています。たとえば、プリンターを共有にすると、離れているコンピューターからも印刷ができます。データファイルも、保管場所を一元化でき、無用な分散がなくなります。台帳ファイルなどもみんなで参照・更新することができます。わざわざ外部媒体（ポータブルHDD、USBメモリー、DVDなど）にコピーして渡しあう必要もなくなります。

　さらに、LAN環境をインターネットに接続すると、どのコンピューターからでも、電子メール、Web閲覧、SNSなどのサービスが利用できます。園内の職員同士、保護者や関連自治体とのやりとりなど、園内外のコミュニケーション効率が向上します。

　コンピューターをルーター（有線または無線）と呼ばれる機器で接続するとLAN環境に変わります。さらに、通信プロバイダーなどが提供しているブロードバンドルーターにLANをつなぐと、インターネットも利用できる小規模なLAN＆インターネット環境になります。なお、園児数が多く規模の大きい園などの場合は、専用のサーバーシステムやクラウド・サービスなどが必要になります。

● **LAN環境でのファイル共有とインターネット活用**

　園で作成する業務用ファイル（文書など）も、「一人で作成・更新するもの」と「複数の人が共同で作成・更新するもの」があります。一般的に台帳などと呼ばれるファイルは後者になります。できあがったファイルの閲覧に関しては、複数の人が対象になります。園内の人、保護者など園外の人です。不特定多数の第三者も含まれます。

　かつてのように、コンピューターを導入していなかった時代には、紙に作成しての保存管理でした。閲覧者に対しては、できあがったもの（紙）を複写（手写しまたプリンターを利用）して、送付、回覧、掲示で対応します。閲覧者が多い場合には、複写～送付等の作業に意外と手間（時間と費用）がかかります。

　コンピューター導入の初期（スタンドアロン型の時代）には、作成・更新作業にコンピューターを使いますが、できあがると印刷して紙で保存でした。したがって、あくまで、原本は紙であり、紙の管理が基本でした。手書き時代よりも、ファイル作成作業での下書き、書き直しなどの効率化は得られますが、できあがったあとはほとんど変わりません。複数の人が共同で行う場合には、一度、外部記憶媒体に出力して、ファイルを受け渡しする必要があり、これも手間を要します。さらに、中身が異なる同じ名前のファイルが複数箇所に分散（複数のコンピューター内、外部媒体内など）するので、その弊害もありました（作業ミスでファイルの新旧逆転、新ファイルが消去、旧ファイルを渡すなど）。

　これが、LANなど、ネットワーク環境を利用することで、大きく改善できます。

①**同じファイルを一箇所で管理できることのメリット（共有機能の活用）**

　フォルダーやファイルを共有設定すると、アクセス権のある人は、どのコンピューターからでも、それらを直接読み書きできます。LAN内のどれかのディスクスペースを共有フォルダーに設定して、業務としての正式なファイルは、すべてこの共有フォルダーに保存します。その結果、下記のようなことが実現し、上述の課題が解決でき、効率、品質ともに向上します。セキュリティ面でも、共有フォルダーだけに注力すればよくなります。

- 同じファイルが複数箇所に分散しない
- 各コンピューターのローカルディスクにファイル類を保存する必要がない
- 共同作業のとき、ファイルを外部媒体などで受け渡しの必要がない

②**閲覧対応処理の効率＆品質向上（LAN＆インターネット活用）**

　ファイルが一元管理されたことで、閲覧対応でも、従来のような「コピー」「直接渡し」「郵送・配送」といった作業がほとんど不要になります。園内であれば、作成者が不在でも、みんながいつでもファイルを直接参照できます。外部の人に対しても、インターネット接続で電子メール等を使えば、閲覧用ファイルを共有フォルダーから添付送信だけで済みます。公開用のデータは、後述の「インターネットを使った情報発信・公開」に示した対応で済みます。

　なお、ファイル類の具体的な管理方法やセキュリティ対策など、情報リテラシーや倫理に関

しては、Part6 を参照してください。

● **電子メール、SNS を使ったコミュニケーション**

　限られた範囲でコミュニティを作り、電子メールや SNS を活用して、コミュニケーションの強化を図る人たちが増えています。コミュニティは、保育園を例にすると、園内の全職員、保育士同士、園の職員と園児の保護者などが考えられます。連絡・通知、相談・依頼、報告など、日常的なコミュニケーションを、パソコンや携帯電話、スマートフォンを使って、ごく自然で当たり前のように行われています。とくに、電子メールの利用に関しては、ほぼ抵抗なく定着しているのではないでしょうか。

　このようなスタイルは、効率化の視点では、だれしも納得だと思います。しかし、SNS などは高機能の反面、使い方を誤ると取り返しのつかない事態を起こすという危険な側面があり、利便性や楽しさだけで安直に使うのは厳禁です。みなさんも注意してください。導入に際しては、プラスだけでなくマイナスの側面も常に意識して、詳しい人などの指導も仰ぎ、よりよいルール設定をしながら、注意深く望ましい道具に仕上げていくのがよいでしょう。

● **インターネットを使った情報発信・公開**

　みなさんもご存じのとおり、今では、ホームページやブログを使って園の情報発信や情報公開をすることは珍しくありません。園からの情報発信では、主たる受信者（閲覧者）は、保護者（現在、入園中の園児の保護者と入園を検討・要望している人の2種類）と関連機関です。これら閲覧側にとって有益な項目を適切に盛り込むことが大切です。かつては、口頭または紙の文書などで行っていたことを Web サイトなどの仕組みを上手に活用することで、発信者と受信者の双方にとって望ましいコミュニケーションを効率的に実現させます。

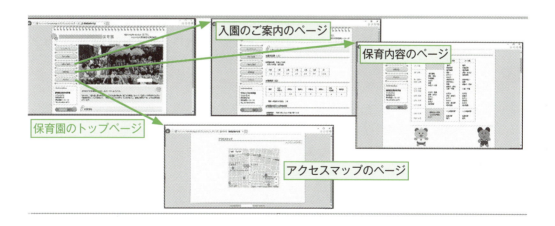

　ホームページをインターネット上で公開するには、まず、Web サイトを構成する Web ページのデータを制作し、それを Web サーバーにアップロードする必要があります。Web サーバーへのアップロードは、個人などの場合、インターネット利用で契約しているプロバイダーのホームページ・サービスを使うことになります。Web ページのデータ作成には、HTML 言語で記

述するというやり方もありますが、難度が高く、初心者の場合には、市販のホームページ制作用ソフト（ジャストシステム社のホームページビルダーなど）を利用するのが便利でしょう。

しかし、本書で扱っているOfficeソフトを使っても、比較的手軽に作ることができます。細やかな編集処理や見栄えのよさは、専用ソフトに劣りますが、通常の文書並みのスタイルで仕上がり、難しい操作も不要です。以下に概略の手順を紹介します。

①まず、発信したい情報をWord文書、Excelシート、またはPowerPointスライドで作成します。

②その際、ページ間の分岐にハイパーリンク機能を使います。

Word、Excel、PowerPointいずれも、［挿入］リボンに［リンク］アイコンがあります。これを使って、文書等の中にあるオブジェクト（テキスト、画像、図形など）にリンク設定をします。これで、ブラウザー実行時にオブジェクトをクリックすると、リンク先ページに分岐します。

③最後に、ファイル保存するときに、Webページ形式（HTML形式）に変換します。

［名前を付けて保存］で、ファイルの種類に［[Webページ］を選んで保存します。これで、Webサイトのファイル群ができます。これらをWebサーバーにアップロードして完了です。

● 園でのIoTへの期待と利用イメージ

社会生活の中でどこまでコンピューターを使っていくのが適切なのか、とくに、乳幼児保育・幼児教育といった場で望ましいのかは、なかなか答えが出ない問題だと思います。便利さの裏側には危険もあり、もろ刃の剣です。しかし、希望としては、よりよい環境が実現できるならば、上手に活用しようという流れは今後も進むでしょう。その意味で、園においても、IoT環境は広がっていくと考えます。今のところ、IoT活用の具体例としては、次のようなものがあり、園児を安全に見守るなど質の高い保育・教育と園での業務効率の両立を期待しています。

①保護者と園の職員が複数並行して会話や情報を送受信できる
　保護者はスマートフォンで、職員はパソコンでやりとり
②手書き書類（お便り帳や午睡チェック表、検温表）のデジタル化と自動化
③園児の様子を園の職員や保護者が離れた場所からリアルタイムに見守り
　園内での生活、登園や帰り、園児送迎車の様子など

● 幼児の遊びおよび学習用ソフト

これまで、園の職員（保育士など）の仕事の効率や品質を向上させるためのコンピューターおよびネットワーク利用について述べてきましたが、もう一つの側面である、「幼児の遊び」と「幼児の学習」を支援する道具としてのコンピューターおよびネットワーク利用について説明します。

パソコンが世の中に出始めたころから、幼児の遊びや学習に利用する動きが活発になり、幼

児ソフトとして出現しました。このような取り組みに関しては、今でも賛否両論あります。ここでは、推奨ということではなく、幼児ソフトに関する基礎知識として紹介します。

　これまで、さまざまなお遊びソフトやお勉強ソフトが多数作られており、現在も続いています。お遊びソフトの代表は、お絵かき（Windowsツールのペイントのようなものから、遊び感覚を加えたものなど）とゲームです。お勉強ソフトとしては、文字（数字やひらがななど）を覚えるようなものから、小学校入学前に必要な知識を楽しく覚えるもの、そしていわゆる知育ソフトへと広がっています。幼児が飽きないように、いろいろ工夫もされています。

　ネットワーク機能が加わってからは、多人数で一緒に使えるようになりました。たとえば、複数の園児がLAN接続されたパソコンを使って、みんなで一つの絵を描くといったものです。友だちとの共同作業を体験させるといった目的です。現在は、みなさんご存じのAI（人工知能）を組み込む、IoT連携といったことも進んでいます。今後、どのように変化するかはわかりませんが、真に幼児にとって、価値あるものに成長してもらいたいと願っています。

Introduction 3　電子メール（Eメール）

　インターネットによるコミュニケーションの手段で、日常もっとも多く利用されているのが電子メール（以降、メール）です。メールを使用すると、単にメッセージだけでなく、文書などのファイルを添付して送信することもできます。メールは、基本的には郵便（手紙やはがきなど）と同じ機能ですが、郵便に比べて次のような利点があります。

・**メッセージを作成後、そのまま送信が可能**
　封筒に入れたり、切手を貼ったり、ポストまで出向くといったことが不要です。
・**届いたメールへの返信や別の人への転送が可能**
　返信メッセージを書いて送信するだけで、返事を出すことができます。
　また、転送機能を利用すると、受け取ったメールを、別の人にそのまま送ることもできます。
・**多数人への同時送信が可能**
　多くの人に同時にメッセージを送ることができます。
・**低料金**
　手紙などに比べると、低コストで相手にメッセージを送ることができます。

メールの送信のしくみは、次のとおりです。

①メールソフト（メーラー）を使って、作成したメール（電文）を送信サーバー（SMTPサーバー）に送ります。
②送信サーバーは、宛先メールアドレスをIPアドレスと呼ばれるものに変換して、インターネットに送ります。
③インターネット内のルーターを経由して、送信先の受信サーバー（POPサーバー）にメールが届きます。
④受信サーバーは、届いたメールを宛先の人のメールボックスに保存します。
⑤メーラーを使ってメールボックスから自分宛てのメールを取り出します。

メールの送受信に必要なのが、個人を識別するためのメールアドレスです。@以下が先に説明した「ドメイン名」になります。メールアドレスの記述形式の規則は、次のようになっています。

yamada @ hoiku.ac.jp
個人識別ID　組織内識別ID　組織種別　国記号

個人識別ID	個人を識別するために付けられたもので、組織内では一意
組織内識別ID	組織を識別するために付けられたもの。企業では、企業名、部門名など、学校では、学校名、学部学科名などがこれに該当する
組織種別	組織(企業、政府機関、教育機関、団体など)を識別する記号
国記号	国を識別するための記号(日本はjp)

メールの具体的な機能には、次の「受信」「送信」「返信」「転送」の4種類があります。これらを組み合わせて、国内だけでなく海外へも容易に、いろいろな人との間で情報のやりとりを行うことができます。

メール送信

「タイトル」を付け、「宛先」を指定して、メールを送信します。メールは、主として文字テキストによるメッセージですが、画像などのビジュアルデータを含むこともできます。また、ファイル（文書など）をメールに添付していっしょに送ることもできます。これを「添付ファイル」と呼びます。添付ファイルを付ける場合には、事前にウイルスなどに感染していないかどうかを必ずチェックしてください。

「タイトル」は、送信するメールの見出しで、内容を簡単に短く表現したものです。メールソフトによっては、件名、題名などとも呼ばれます。「宛先」は、メールの送り先で、相手のメールアドレスを指定します。また、そのメールを控え（通称CC）として宛先以外の人にも同時に送ることができます。送信したメールは通常、メールソフトが管理している「送信箱」と呼ばれる場所に保存されます。後日、送信済みのメールを確認、再送信できます。

メール送信イメージ

```
題名：保育実習の事前打ち合わせ日程調整
宛先：yamada@hoiku.ac.jp
同報：takahashi@hoiku.ac.jp

保育大学　保育科
山田ひろみ様
高橋教授殿

こんにちは、なかよし保育園の鈴木です。

来月からの保育実習について、来週、事前打ち合わせを
させていただきたいのですが、山田さんのご都合はいかが
ですか？

　・日時：8月5日（金曜）10：00～12：00
　・場所：なかよし保育園　面談室

以上です。
```

▶ **アドレス帳の利用**
頻繁にメールを送る相手の場合、メールを送信するつど、宛先のメールアドレスを入力するのは面倒で、入力ミスも生じやすくなります。そこで、メールソフトの「アドレス帳」という機能を利用します。よく使うメールアドレスを、このアドレス帳に登録しておいて、宛先入力の際には、アドレス帳から選択して指定するようにします。

▶ **同報（CC）とは？**
Carbon Copy の略。宛先（To）とは別に、同報（CC）として指定すると、同じ内容のメールを複数の人に送ることができます。宛先（To）と違い、控えや確認というような意味合いもあります。本来の受信者も同報先を知ることができます。

メール受信

相手から送られてきたメールを受け取ります。通常、メールサーバーから取り込まれたメールは、「受信箱」と呼ばれる場所に保存され、メールソフトが受信メールの一覧を表示してくれます。とくに新着（未読）のメールは特別なマークが付けられているので、すぐにわかるようになっています。

一覧の中から閲覧したい受信メールを選択し、本文を表示して見ます。届いたメールに添付ファイルがある場合には、ファイル名などを確認した上で、そのファイルを保存して閲覧します。このときにウイルスのチェックを怠らないようにしましょう。安易に添付ファイルを開かないようにしてください。

メール受信イメージ

差出人: takahashi@hoiku.ac.jp　宛先: hanako@hoiku.ne.jp

なかよし保育園
鈴木様

こんにちは。
保育大学の高橋です。

来月、子育て支援に関する興味深い講演会が予定されています。
久しぶりに、一緒に参加しませんか。
案内書を添付しましたので、ご覧になって下さい。

++++++++++++++++++++++++++++++++++
保育大学　保育科
高橋　英子
Tel:00-0011-7070　Fax:00-0011-1234
E-mail:takahashi@hoiku.ac.jp
++++++++++++++++++++++++++++++++++

――――― このメールにはファイルが添付されています ―――――

添付ファイル　📄講演会開催案内.doc

メール返信

受信したメールに対して、返信をします。返信時に指定する項目は、メール送信の場合に同じですが、メール返信という機能を選択すると、タイトルの先頭に返信を意味する「Re：」というキーワードが付与された返信用の雛形が自動的に作成されます。宛先には、あらかじめメールの送信者のメールアドレスが設定されています。

設定により、相手からのメッセージの引用も可能になっているので、質問などのメールの場合、引用した

メール返信イメージ

メッセージの途中に回答を入れていくだけで返事ができあがります。このように、作成された雛形に必要な項目を追加入力するだけで簡単にメールの返信ができます。なお、受信したメールに添付ファイルが付いていた場合、返信用の雛形の中からは外されます。

メール転送

　受信したメールを別の人に転送します。メール転送操作も、基本的には前述のメール返信と同じです。メールソフトの転送機能を選択すると、自動的にメール転送の雛形を作成してくれます。タイトルの先頭には、転送メールを意味する「Fwd：」というキーワードが付けられます。転送先の宛先（およびCC送付先）を指定するとメールを転送できます。

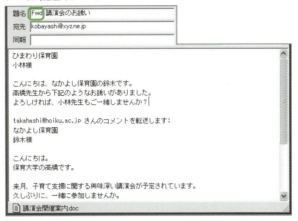

メール転送イメージ

Column　コンピューターウイルス対策

　コンピューターウイルス（以後、ウイルスと略す）とは、悪意をもったプログラムの総称です。ネットワークや外部媒体などを経由してコンピューターの中に侵入し、軽いいたずらから、OSやファイルなどの破壊、個人情報の盗み見、盗み取り、そのコンピューターを踏み台にして別のコンピューターに攻撃をしかけるなどさまざまな悪行をします。ウイルスによって自分が被害を受けるだけでなく、加害者にされることもあります。現状での対策としては、アンチウイルスソフトでのウイルス侵入・感染チェックなどの予防措置や、インターネットアクセス時の注意といった、日々の対応を怠らないことです。

メール送受信でのマナー

　メールを送信・受信する際には、次のようなマナーを守ってください。

●**基本的なマナー**
①自分のメールアドレスを他人に使わせない
　メールアドレスは、個人を識別するためのものであり、決して他人に使わせてはいけません。自分自身に不利益が発生するだけでなく、不特定の第三者およびネットワークなどシステムに対して被害を与えることにもなりかねない危険性があります。
②他人のメールアドレスを使用しない
　他人を装ってのメール発信（メール詐称）は犯罪であり、決して行ってはいけません。
③パスワードは他人に知らせない
　パスワードは、第三者に知られないように管理します。誰でも容易にわかるようなものはパスワードに設定しないように気を付けてください。
④パスワードは、適宜、変更をする

⑤メールは葉書と同じであり、葉書に書かないような内容は、メールにも書かない
⑥他人を誹謗、中傷するようなことをしない

●メール受信マナー
①ウイルスなど危険メールのチェックを怠らない
　　むやみにメールを開かないようにし、添付ファイルはウイルスチェックをしてから保存、開封します。偽情報（ウイルス情報、当選通知を装った懸賞メールや情報など）、勧誘メールには注意してください。
②返信が必要なメールは早めに対応をする
　　届いたメールを放っておいて返信を忘れることのないようにしましょう。
③受信したメールの保存管理は自分のパソコンで行う
　　受信済みのメールを、サーバーに残したままにしないようにしましょう。

●メール送信マナー
①件名、相手先およびCC先のメールアドレス確認を怠らない
②メールの本文は簡潔に書く
③差出人の署名（名前、メールアドレス、TEL、住所など）を必ず付ける
④ファイルを添付するときは、事前のウイルスチェックを忘れない
⑤3MBを超えるような大きなサイズのファイルを添付しない。分割または圧縮して送る

●メール転送マナー
①元の文章（引用文）を勝手に変更しない
②転送先を誤らないように、相手先メールアドレスの確認を怠らない
③次々とメールの転送を強要するようなチェーンメールは絶対に送らない
　　自分がチェーンメールを受け取ったら、システム管理者に連絡しましょう。

Unit 11
保育の場でのEメール使用を考えてみよう

■学習内容
本 Unit では、職場での E メール（以下、メール）によるコミュニケーションについて、学生のみなさんに考えてもらいます。日常よくあるような事例（報・連・相など）を使ってのチーム演習をします。この演習での答えは、みなさんで意見交換をして見つけてください。

■習得すべき事項
職場でのメール利用における注意点

　メールは手軽で便利なツールですが、宛先や内容の誤り、不足など、ちょっとしたミスで相手を不快にさせたり、誤解を与えてしまったり、時間や手間をかけさせてしまうなど、送信相手や第三者に迷惑をかけることが簡単に起きてしまいます。プライベートな間柄ならともかく、仕事の場でこのようなミスをしてしまうと、あとの対応が大変なだけでなく、個人の信用も落としかねません。したがって、発信先、電文内容など、メールのやりとりには十分な注意を払うことがとても重要になります。

　以降の Exercise では、保育の現場での同僚や上司、保護者、同業の外部の人々などとのメールによるやりとりを模擬演習します。Exercise ごとに場面、登場人物を設定しているので、それぞれ指示された課題に対するメールのやりとりを考えてください。電文ができあがったところで、タイトル、宛先（同報を含む）、電文内容および、添付ファイルが適切であるかどうかについて、チームでお互いチェックをしてください。また、改善案などの意見を出し合って、よりよいものに仕上げて、将来の予行演習にしてください。実際にメールソフトを使ってやりとりをしてもいいですし、記入用のシートを用意するという方法でもかまいません。

Exercise.1　打ち合わせの日程を調整する

あなたは、なかよし保育園の保育士でクラス担任をしています。あなたは、同じ地域の他園の保育士5名といっしょに研究会（月例）を行っており、今月は書記当番です。研究会の会長から、臨時の会合を開きたいとの要請があり、月当番のあなたが日程調整と確定した開催通知をメールで行います。会議のテーマは、今年度の地域連携についてです。

〔指示1〕　日程調整の依頼

候補日時を3つ設定して、出席者全員に日程調整のメールを送ってください。
候補日に対して都合の悪い人が出ることを想定して、依頼文を考えてください。

〔指示2〕　開催案内の通知

候補日時のひとつが全員出席可能でしたので、会議開催通知を関係者に送ってください。
なお、会議場所は、なかよし保育園の会議室とします。

▶ 通知先が適切であること（誤りがないこと、過不足がないこと）、電文に漏れや誤りがないこと、および効率的な日程調整などに留意してください。

Exercise.2　ふれあいルームへの参加を募る

あなたは、なかよし保育園で毎月行っている「ふれあいルーム」の運営担当をしています。来月の詳細企画および、案内文書ができあがり、いつもどおりの文書配布や園内他の掲示を終えましたが、今回、保護者などのメーリングリストを利用して、メールでも参加を促進することにしました。今度のルームでは、山すその散歩とスポーツが中心なので、とくに男性の多数参加を望んでいます。

〔指示1〕　1カ月前の案内＆参加依頼

今日は、実施予定日の1カ月前です。
上記のような主旨で、この時期にふさわしいメールを送ってください。

〔指示2〕　1週間前の最後のお願い

今日は、実施予定日の1週間前になりました。
1カ月前のメールをもとに、最後の依頼としてふさわしいメールに作り替えてください。

▶ タイトルが適切であること（意図が伝わりやすいこと）、電文が適切で漏れや誤りがないこと、発信時期の違いによる考慮がされていること（タイトル、電文）、添付ファイルの効果的な活用などに留意してください。

Exercise.3 園児の病気を保護者に連絡する

あなたは、なかよし保育園のクラス担任です。あなたのクラスの園児が急に体調を崩してしまい、かかりつけの医師に診察をしてもらいました。入院の必要はなく、現在は医務室で休ませており、園長先生が付き添っています。保護者に連絡して早く迎えにきてもらうために、電話をしましたが連絡がつきません。引き続き電話をしますが、メールも送ることにしました。

〔指示1〕 保護者への連絡＆お迎え依頼
　保護者への連絡メールを送ってください。

〔指示2〕 連絡がとれた後の対応
　最初の電話から1時間後、やっと保護者から電話がかかってきました。今から30分後に、おかあさんが園に迎えに来られるとのことです。このあと、あなたが行うべき行動を具体的に（いつ、だれに、何を、どのように）述べてください。

Exercise.4 ミスをしたときの対応

最後は、メール送信でミスをしたときの対応についての演習です。
　メールだけでは対応できませんので、どのような行動が適切であるかをよく考えてください。下記の事例ケースに対して、ミスに対する後始末（おわびなど）と、同じミスを二度と起こさないための改善策を示してください。

● 事例ケース1

あなたは、なかよし保育園のクラス担任です。園児の保護者と定期的に個別面談を行っています。面談日には3〜4人と面談します。次回の面談予定の保護者に対して、すでにメールで日時を連絡済みであり、保護者からも了解の返事を得ています。
　予定している日の1週間前に、日付の間違いに気付きました。その日は、別の園での会合があり、保護者への通知メールで日付を書き誤っていました。面談日の再設定に関する後始末と、改善策を考えてください。

● 事例ケース2

あなたは、数日前に園長先生から、園児に関する調べごとを依頼されていました。うっかりして、そのメールを見逃しており、今日、気づきました。メールを読むと、今日が期日ですが、もう夕刻で今日は対応ができません。本日、園長先生は終日外出されており、戻ってこられません。メールへの返信を含めて、後始末と改善策を考えてください。

保育を学ぼう **7　保護者とのコミュニケーション②**

　保護者とのコミュニケーションのとり方についての配慮事項は先の「保育を学ぼう⑥」で述べました。ここではその具体的な方法について紹介します。

○ **連絡帳**：園や年齢によって、記入の頻度や内容が異なり、ある程度、記入方法が決められているものや、自由記述のものがあります。一般に年齢が低いほど、1日の生活や遊びをきめ細かく報告する傾向はあります。とくに、体調が悪いときは、受診の際に利用することが多いので、体温や便の状態など客観的に記述しておくとよいでしょう。必要に応じて、手紙・電話・FAX・メールなどを併用する場合もあります。

○ **掲示物**：行事のときの荷物置き場の看板や、集金の締切日など、保護者の注意をその場で喚起したいときに用います。看板のようなものは、同じものを使う場合が多いので、パソコンで作成しておくと再利用でき便利です。

○ **懇談会・説明会・保護者会**：園全体あるいはクラスの運営や行事の説明、交流など、さまざまな目的で行われます。お互いに名前がわからないこともあるので、職員と保護者の名札を用意しましょう。画像（写真・ビデオ）や図表（グラフ・表）を用いて視覚的に訴えると効果的です。

○ **アンケート**：保護者の意見を把握するために、年度の区切りの時期や行事の後に、アンケートを実施することがあります。また、従来のやり方を変えるときに行う場合もあります。アンケートには、○×で記入する簡単な形式から、文章で記述してもらう形式まで、いろいろな記入方法があります。集計後は、保護者にもアンケートの結果と今後の対応策を知らせ、次年度に活かせるようにしましょう。

○ **苦情受付**：苦情そのものは決して恐れるものではありません。的確に対応することによって、現在の保育をよりよい形にしていくきっかけとなります。できるだけ、第三者の視点を取り入れ、客観的に把握するために、苦情の内容や対応策についてはきちんと記録に残し、職員全体で共有できるようにしましょう。

○ **緊急時の連絡**：子どものケガや病気で園から直接に医療機関に受診したり、お迎えが必要なとき、急に保護者との連絡が必要になることがあります。自宅の電話だけではつながらないこともあるので、携帯番号や職場の電話番号もあらかじめ聞き、年度始めなど定期的に、番号に変更がないかチェックします。また、保護者が職場で旧姓を利用している場合や子どもがいることを知られたくない場合などの家庭事情がある場合は、とくに配慮が必要になります。守秘義務を遵守し、職員間で情報を共有することが大切です。

パソコンリテラシーと情報倫理を学ぼう

Part6

　「はじめに」で述べたとおり、仕事の効率化や品質をより高めるために、幼児教育や保育の場においても、パソコンなどコンピューターの利用が進んでいます。これまでのPartでは、ＯＳやワープロなどアプリケーションソフトの基本的な操作法を中心に学びました。本Partでは、まとめとして、保育の現場で作成している文書類を例に、コンピューター・ソフトの具体的な活用法や効果的な使い方、情報セキュリティなど、使用するうえでの留意点について学びます。

保育の管理業務でのソフトの活用

　近年、園での保育者のコンピューター（パソコン）利用に変化が出ています。かつては、保護者とのやりとりの文書（便りなど）、行事などでのプレゼン資料類の作成や園児向けのお絵かき用など、保育に付帯する作業での利用が主でした。しかし、昨今では、保育の計画や記録など、保育本来の業務での利用が増えています。最初は、文書の様式をワープロで作成して中身は手書きしていたものが、中身もワープロで作成するようになり、さらには、園児の成長把握や課題分析に表計算ソフトやデータベースなどを利用するようになっています。「園内でのパソコン機器の整備が進んでいる」「保育者のコンピューター・リテラシーが高まっている」「保育者の業務の効率化が社会的にも求められている」などが、このような変化の要因です。

　保育や幼児教育の専門家を目指しているみなさんも、より一層のスキルアップを図り、保育の現場でのコンピューターの利活用に努めてください。その際に、「保育の質を高める」ことを常に意識してください。これまでの各章で習得したことは、基本的なスキル（技能）や知識で、いわゆる読み書きソロバンのレベルです。今後、身に付けてほしいのは、保育の現場で園児の成長という目標達成に向けて、課題解決にコンピューターを効果的に使えるスキルです。日々の保育活動の中で新たな道具を効果的に活用して、これまで困難であったことを解決し、効率的に質の高い成果を得るように努めてください。そのようなスキルが、みなさんの次のレベルのコンピューター・リテラシーです。

　以降に、Excel シート版の保育の計画と記録文書の様式例を2つ紹介します。これらは、「作成時の無駄やミスを減らす」「園児の状況を客観的に把握・分析可能にする」「計画と実績がきちんと対比できる」「用途に応じて柔軟にスタイルを変更できる」ことなどを目的に標準化しています。保育の実務で作成する文書の具体例として参考にしてください。

事例1　保育計画と実績評価の作成

　年間、月間および週間の3種類の指導計画を例に、Excel シートの効用について述べます。保育の目標を達成するために、保育のねらい、保育の内容、配慮事項などを明確化します。これを、「保育の計画」といいます。各園の全体的な計画をもとに期間（年、月、週、日）ごとの指導計画を作成します。その計画をもとに日々の実践・記録・評価を行い、結果を次の計画に反映します。いわゆる PDCA のサイクルです。

▶ **PDCA サイクル**
　Plan（計画）→ Do（実行）→ Check（評価）→ Action（改善）を順番に繰り返すことによる業務改善の手法。

●保育指導計画作成の効率化と品質向上

次の図の年間指導計画例には、メインの4つの「保育のねらい」（1．～4．）と、それを細分化した「期のねらい」(1-1～1-7、2-1～2-4、3-1～3-2、4-1～4-3) が記述されています。月間指導計画および週間指導計画には、「期のねらい」を達成するために実践する保育内容と、活動成果を評価するための指標が記述されています。保育内容は、養護および教育の視点で、さらに、「活動のねらい」が細分化されて記述しています。

電子シート上でこれら（「保育のねらい」「期のねらい」「活動のねらい」）の対応を関連付けておきます。「活動のねらい」と「期のねらい」との対応は、先頭の番号で示しています。たとえば、「期のねらい」1-1 と「活動のねらい」1-1A、1-1B が対応しています。Excel で指導計画を作成する場合は、計算式で上位の計画のセル参照あるいは、事前に各ねらいの一覧をデータベースとして用意しておき、その中から選択するといった方法があり、いずれも入力作業の効率化と入力ミスを削減できます。

文書などをデジタル化するだけで、再利用が容易になり手作業よりも効率化が望めます。たとえば、当年度の指導計画は、前年度の計画と実績評価をもとに作られるので、前年度のデジタル版計画書があれば、手書きよりも容易に今年度の計画を作ることができます。しかし、成果の品質向上と併せて行わなければ、真の向上にはなりません。単に、コピー&ペーストと修正を繰り返すような行為は質の低下を招き、最悪です。みなさんも気をつけてください。そこで、常に考えられるミスや無駄のさらなる削減、日々の課題の解決（従来できなかったことが可

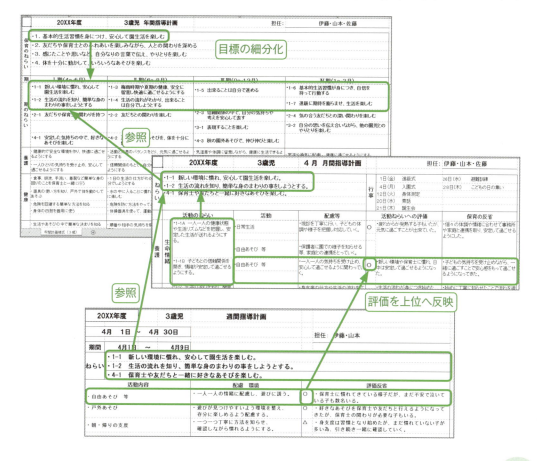

能になるなど）を続けることが大切で、この積み重ねが最終的に保育の質の向上につながります。

たとえば前ページの図は、「同じ文章の記述は、あちこちにコピー＆ペーストせず、計算式（最初に記述したセルの参照式）を使うことで、入力ミスやあとで変更があった際の修正漏れを防止」「ねらいの項番をコード化して上位・下位（年、月、週など）で対応付け、漏れや矛盾を防止」「評価判定を任意の文章ではなく、データの入力規則を使いコード（◎○×など）を選択させることで、入力の効率化とミスの防止および、コード化で客観的な評価分析を可能にする」といった観点によるものです。

●実績評価の精度向上

上位と下位のねらいの記述がシートの中で階層的に対応付けられていることによって、目標管理の精度が向上します。たとえば、週間指導計画内の実績評価（◎〜×）が確定すると、対応する月間指導計画の評価に反映でき、その時点での月間目標達成状況を把握することができます。前図の例では、週間指導計画の「自由遊び」の評価結果が、月間指導計画の「養護」の「活動のねらい」1-1Bの評価に反映されます。そして、月が進むにつれて、年間の目標達成状況も評価できるようになります。

さらに、週間指導計画内の実績評価と日々の評価が連動されていれば、日単位で、週、月、および年の目標達成状況を把握できるようになります。これらの情報を園内の職員で共有すると、「園内の保育の見える化」が実現します。日々、園児と直接触れ合っている担任以外の保育者や上司なども保育の状況をいつでも容易に把握でき、個々の園児および保護者への細やかなフィードバックが一層適切に行えるようになります。

●園ごとの保育データベースの実現

指導計画に記述する項目の一覧をデータベース化しておくと、効率面だけでなく、データ分析作業などにおいても大変役に立ちます。たとえば、ねらいの項目をキーワードにして、種々の検索や集計ができます。そして、上述の3つの「ねらい」だけでなく、「活動」、「子どもの姿」、さらに、達成度指標などもあわせてデータベース化することが望ましいでしょう。これらの項目の表現を標準化して体系的にデータベース登録します。保育者ごとに表現が異なるというのは、誤解やミスを招きやすいので基本的にはよくありません。日誌などで実績を記述する際に、データベースを活用することで保育者の仕事の効率も高まります。

達成度指標とは、実績を評価する際の客観的な指標であり、項目に応じて、定性指標または定量指標で示します。例図で示した指導計画書内の評価判定記号（◎〜×）は、実績成果（実践結果）が、◎は「計画を上回る」、○は「ほぼ計画どおり」、△は「やや計画を下回る」、×は「かなり計画を下回る」としています。「活動」を例にとると、どの活動も実践結果は過去の経験からおおよそ想定できます。もちろん、想定できないことも起きますが、レアケースだと考えます。そこで、想定できる標準的な結果を上記◎〜×にあてはめて、事前に用意しておきます。それらをデータベースに登録しておいて、判定に利用します。登録されていない事態が起きた場合には、データベースに追加登録して、次回以降の自動化対象とします。追加登録されたものは、評価・反省会議での議論対象になるでしょう。これらの作業の積み重ねと、計

画や実績の評価を行う際に、データベースに登録されている項目の見直しをすることで、園の保育データベースとして充実化していきます。

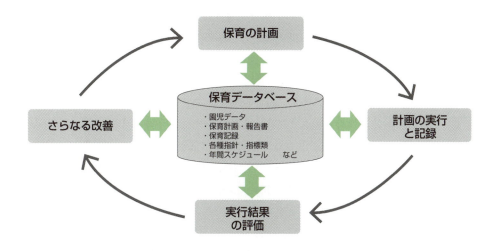

事例2　保育記録の作成と活用 … 保育日誌を例

次に、保育日誌を例に、シートの活用を紹介します。

●日誌入力の効率化

日々の日誌を1枚の「シート」に記述し、月単位でファイル（ブック）にまとめています。1日の日誌用の様式シート（「様式（1歳児）」）をコピーして、当日の実績を記入します。10進4桁の月日がシート名です。下図は、1歳児の日誌で、クラスの園児全員の1日の様子が記録されています。園児ごとにファイルを分けるよりも、日々、1枚のシートにクラス全員を記入するほうが効率的です。

園児名は、シート「１歳児名簿」をセルを参照して表示します。「天候」「出欠」「評価判定」など、決まった単語を入力する箇所は、項目選択になっています。出欠人数は、園児の出欠から計算します。文章を入力するのは、「活動内容及び評価」と「子どもの姿」だけです。「ねらい」の先頭番号は、上位の指導計画と対応付けします。日誌の中（子どもの様子など）には、園児のニックネームを決めておけば、園児同士のかかわりをあとから検索・分析できます。

●園児の個別記録に変換

個々の園児の成長状況を把握するためには、園児ごとの日々の様子をまとめたものが必要になります。そこで、前述の保育日誌スタイルから園児個別スタイルへ変換したものが次の図になります（いちろうくんの個別記録）。日誌では日ごとに別シートで分けて記録されていた「子どもの姿」を、園児ごとに月単位でまとめて表示しています。このような処理を手作業ではとても手間がかかり、ミスが起きやすいのですが、シート化されていると、ツールなどを使って容易にミスなく正確に、しかも高速に変換できます。

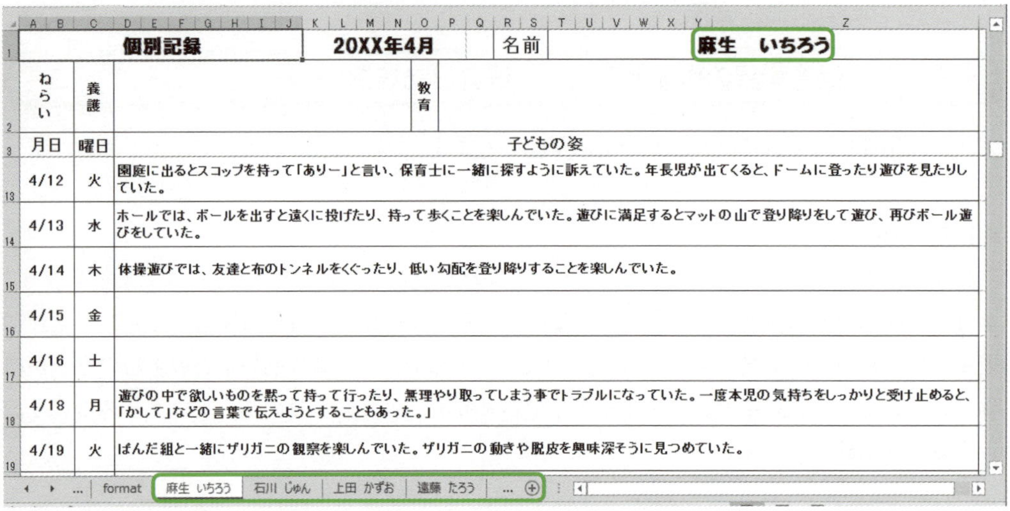

個別記録		20XX年4月	名前	麻生　いちろう
ねらい	養護		教育	
月日	曜日	子どもの姿		
4/12	火	園庭に出るとスコップを持って「ありー」と言い、保育士に一緒に探すように訴えていた。年長児が出てくると、ドームに登ったり遊びを見たりしていた。		
4/13	水	ホールでは、ボールを出すと遠くに投げたり、持って歩くことを楽しんでいた。遊びに満足するとマットの山で登り降りをして遊び、再びボール遊びをしていた。		
4/14	木	体操遊びでは、友達と布のトンネルをくぐったり、低い勾配を登り降りすることを楽しんでいた。		
4/15	金			
4/16	土			
4/18	月	遊びの中で欲しいものを黙って持って行ったり、無理やり取ってしまう事でトラブルになっていた。一度本児の気持ちをしっかりと受け止めると、「かして」などの言葉で伝えようとすることもあった。」		
4/19	火	ぱんだ組と一緒にザリガニの観察を楽しんでいた。ザリガニの動きや脱皮を興味深そうに見つめていた。		

●園児同士のかかわりを表示

日々の園内の生活の中で、園児同士がどのようにかかわっているかを観察し、園児の成長に向けた対応に活用することは重要です。保育者は、日々、園児の姿を目の前で観察していますが、すべての行動を記憶することはできません。そこで、日誌のデータベースから、園児のかかわりや相関を検索して、観察の補助に利用します。

前述の「日誌入力の効率化」で述べたとおり、文章中には、園児のニックネームが入っています。ニックネームをキーとして日誌を検索し、園児ごとにかかわりをまとめることができます。日誌に記述されているかかわり合いが検索でき、さらに、この検索結果をもとに、園児同士の相関表をつくることもできます。これを見れば、園児がいつ誰とどのようにかかわりを持ったかが容易に把握できます。これが、日誌が統一書式でシート化されていることの利点です。

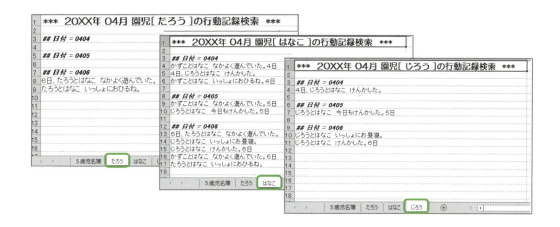

期待する効果 … 仕事の効率と品質の向上

　保育者は、保育の計画、園児の状況の記録（保育日誌など）、報告など、さまざまな文書を作成します。かつては手書き文書でしたが、ワープロや表計算ソフトなどパソコンソフトを使って効率化を図ることができます。しかし、これらの文書は、作成することが目的ではありません。園児とのやりとりなど日々の保育の質を高めるため、職員同士や保護者などとのコミュニケーションをより良くするためなど、保育者の本来の仕事の質的な向上のために作成します。

●デジタルデータによる利点

　コンピューターで作られたデジタルデータは、手書き文書よりも再利用性に優れており、データ分析なども効率的にできます。たとえば、日常の通知文書、連絡文書、および保育の計画書類（年間〜週間）では、様式を含め、類似文の記述が随所にあり、これらを再利用することによって、手書きよりも短時間に作成できます。また、手書きで大量の文書を読んで分析するのは大変ですが、デジタルデータであれば、集計・分析ソフトウェアの利用によって、園児の行動分析、保育の成果分析などを精度良く、しかも短時間でできます。先に述べた事例では、その一部を紹介しました。

●定常的な評価の実践

　なお、コンピューターの利用によって、本当に「作業の効率がアップしたか」「保育の質的な向上が得られたか」を具体的な形で定期的（四半期、半期、年）に評価し、行動の見直し改善することを忘れてはなりません。効率アップは、作業時間数の削減（コスト低減）、作業期間の短縮（スピード化）、作業ミスの減少などで評価でき、保育の質的な向上は、園児の行動の変化、保護者の反応、保育者自身の行動の変化などで評価できます。

　また、きちんと評価するためには、達成目標の設定が必須です。具体的な成功イメージを事前に描き、定量的な目標や定性的な目標を設定します。そうすれば、うまくいったか否かをあとで判定できます。定期的な評価の結果、よい点はさらに押し進め、問題点が見つかれば改善策を講じるといったことを継続することが大切であることも覚えておいてください。

Introduction 2 文書ファイルなど、データの適切な管理

　紙などのアナログデータは、管理の仕方が悪いと「見た目が汚い」「探すのに手間がかかる」「紛失してしまった」など、さまざまな問題が発生します。デジタルデータは、電子媒体の中に入っていることから、視覚的にはわかりづらいので問題なさそうに思えますが、同様の課題を抱えています。目に見えないので気づきにくいことから、アナログよりもやっかいかもしれません。ここでは、文書ファイルなどのデジタルデータを扱う際の留意点について述べます。

ファイル名称の標準化（命名規則）

　園で作成する計画書や日誌など、紙の文書にも名称（呼び名）が付いています。紙の場合には、必ずしも厳格な名称ではないかもしれませんが、コンピューターで作成するデジタル版の文書ファイルに対しては、きちんとした命名規則による名称（ファイル名およびフォルダー名）を付けます。つまり、文書名の標準化です。紙の文書に付いている呼び名をもとに名前をルール化し、園内で周知徹底します。併せて、そのファイルを作成するソフトウェア（名称およびバージョン）も規定します。

　業務で作成する文書類は、ほとんどが構造をもっています。たとえば、前述（事例1）の保育計画書では、年間保育計画（年計画）を月単位に分解・詳細化したものが月間保育計画（月案）であり、さらに、週単位に細分化したものが週間保育計画（週案）です。年→月→週→日といった時間属性による構造（階層）です。さらに、園→クラス→園児といった人の属性による階層もあります。たくさんのファイルを適切に管理するには、それぞれの組織に最適な構造による名称の標準化が必須です。

文書名の標準化例

成果物の種類	使用ソフトウェア	命名規則例	備考
年間保育計画	Excel2016	20xx年度n歳児-年間保育計画	xx: 西暦年下二桁
月間保育計画	同上	20xx年度n歳児-月間保育計画(mm月)	n: 年齢
保育日誌	同上	20xx年度n歳児-保育日誌(mm月)	mm: 月（01～12）
園だより	Word2016	20xx年mm月-なかよし保育園園だより	たよりは月ごとに発行

ファイルの破損、消失と分散のリスク対策

●「データのバックアップ」の習慣化

発生するデジタルデータの障害で、日常発生しやすいのは、「データが壊れる」「誤って消去してしまう」「置忘れなどで紛失する」といった事態です。紙の文書であれば、目の前にある文書が突然に消えることはまずありませんが、デジタルデータでは、突然に前触れなく壊れることは珍しくありません。新品のディスクだから大丈夫だと断言もできません。

また、利用者の過失、不可抗力、物理的な劣化、犯罪（盗難など）の被害など、原因はさまざまですが、突然にデータ消失が起きる危険は常に存在します。このような障害への対策には、「常に、他の媒体にデータの複製（コピー）を1個以上残しておく」ことです。「データのバックアップをとっておく」、または「データをバックアップする」といいます。

大規模な情報管理システムであれば、通常、自動的にデータの保全管理をしてくれる機能が備わっており、利用者個人がバックアップ処理をしなくても大丈夫かもしれません。しかし、小規模なパソコン環境などでは、個人が常に意識して、データのバックアップをする必要があります。ファイルの新規作成時や既存ファイルの更新時には、必ず、ファイルをバックアップするよう習慣化してください。

●バックアップ方法

最もシンプルな方法は、バックアップ専用の媒体を用意して、その中にファイルやフォルダーを丸ごとコピーまたは差分コピーです。使用する媒体は、保存期間や重要性に応じて選択します。長期保存（10年程度まで）には、DVD/BDなどの光ディスクが適しています。3年～5年ならばHDD、1年程度であればフラッシュメモリ（いわゆるUSBメモリ）といった具合です。長期保存では、保管場所（温度、ほこり、震動などに注意）、適度なサイクル（2～3年）での別の媒体への再バックアップ、複製個数（2個あるいは、それ以上）などに配慮します。

▶ バックアップ用媒体購入時の注意点
必ず、データ処理用と記載されているタイプの媒体（HDD、DVD、BDなど）を選んでください。
TV録画用など映像保存用の媒体は、記録精度が必ずしも高くないので選ばないようにしてください。

●データの分散リスク対策

パソコンを使い続けていると、同じファイルがあちこちにできてしまうといったことが起こります。ファイルを誰かと受け渡しする、持ち歩きのために手軽な媒体（USBフラッシュメモリなど）に保存する、作業の都合でハードディスク内に複製をつくるなどを繰り返し、あとで消去処理を怠ると、コピーがいくつも残ってしまいます。前述のバックアップ処理でも、媒体をいくつも変えると、同様の事態になります。同名のファイルが分散すると、どれかを更新したときに新旧があやふやになったり、置き換わったりします。また、漏えいなどの危険性も高まります。仕事で使うデータは一元管理が原則です。不用意にいくつもコピーをつくることのないように、常に気をつけましょう。

> 情報漏えい対策

　次は、データの紛失や盗難、ネットワーク経由での不正アクセスなどによって、情報漏えいの危険性です。パソコン内の HDD、バックアップ用の媒体、および受け渡し（電子メールを含む）や持ち歩きで一時的に使用する媒体などは、常に前述のような脅威にさらされています。そこで、個人情報など漏えいすると困るようなデータについては、万一、漏えいしても他人がデータの読み書きをできないように、ファイル類の暗号化を推奨します。特に、業務データは、重要度にかかわらず、すべて暗号化するのがいいと考えます。暗号化には、ハードウェア方式による媒体まるごと暗号化と、ソフトウェア方式による暗号化（媒体全体またはファイル等を個別）があります。利用者の環境に合わせて選択してください。

●パソコン本体内のファイル類の暗号化

　最初に、もっともアクセス頻度の高い、パソコン本体内のデータに対する暗号化について述べます。Cドライブ等、本体内の HDD をまるごと暗号化または、特定のフォルダーおよびファイル群を暗号化します。セキュリティにシビアな企業などでは、コンピューターまるごと暗号化して使っているケースをよく見かけます。脅威への対策として安全性の観点では、前者のまるごと暗号化が効果的ですが、コンピューターを使用中にシステム障害などが起きた場合や不具合でのデータ復元可否の不安があります。個人や小規模なコンピューター環境では、後者（特定のフォルダーに対して暗号化）が便利です。筆者もこの方式を採用しており、重要なデータを保存しているフォルダーを暗号化しています。Windows（Professional 版以上のエディション）に備わっているデータ保護機能を使って、特定のフォルダーおよびファイルを選択して暗号化（プロパティの詳細設定で暗号化属性を選択）することで、重要なファイルを保護できるので安心です。

パソコン機器をまるごと暗号化

フォルダーの暗号化

保管管理

● 外部媒体をまるごと暗号化

　次に、本体内のドライブと違って、バックアップ用の外付け型 HDD や持ち歩きに使う USB フラッシュメモリなどの暗号化について述べます。これらは、システムの障害などによる影響をあまり受けず、また、本体内よりも紛失、盗難などのリスクが高いので、媒体まるごとの暗号化を推奨します。

　外付け HDD には、ハードウェア暗号化方式のものがあり、これを選択するとファイルアクセスも高速です。あるいは、Windows の上位エディションには、OS のデータ保護機能（BitLocker ドライブ暗号化）があり、これで外部媒体をまるごと暗号化することもできます。記憶媒体を初めてパソコンに接続するとき、または初期化時に暗号化の設定をします。以後は、パソコン接続時にパスワードを入力するだけで、すべてのファイル類の読み書きができ、操作のわずらわしさもなく便利です。

● Office ソフトなどでファイル個々に暗号化

　上述のような環境がない場合には、アプリケーションソフトでファイルを個別に暗号化することもできます。たとえば、Word、Excel など Office ソフトにもファイルの暗号化機能があります。ファイルに名前を付けて保存する際、読み込みおよび書き込み用のパスワードを設定し、以後、そのファイルを開くときに登録パスワードを入れると読み書きが可能になります。パスワードが一致しなければ、ファイルを開くことができないので安心です。ファイルを開くたびにパスワードを入力するので、媒体の暗号化に比べて操作のわずらわしさがありますが、わずらわしいからといって手抜きはいけません。

▶ メールの添付ファイルの暗号化
　漏えいすると困る情報をメールなどで送信せざるをえないことがあります。そのようなときには、メールの本文に記述するのではなく、暗号化した文書ファイルにして添付するようにします。

ネットワーク・リスク対策

　現代では、情報通信技術（以後、ICT）が国民生活において不可欠な基盤となっている一方で、サイバー攻撃など個人・組織に重大な被害や影響を及ぼす脅威も増しています。国のセキュリティ管理機関による発表でも、インターネットによる法人被害として、「標的型攻撃による情報流出」「ランサムウェア被害」「ウェブサービスからの個人情報の窃取」などが上位にあげられています。直接の被害を受けるだけでなく、踏み台にされて加害者にされてしまう恐れもあります。発生頻度は低いかもしれませんが、コンピューターの使い方次第でリスクは高まります。また、犯罪の巧妙化によって、不正アクセスされてもほとんど気づかない可能性も高く、常に被害を最小限にするための努力を怠らないように取り組みましょう。

　そのため、組織内のすべてのコンピューター機器（ハードウェアおよびソフトウェア）だけでなく、その中にある情報、とくに個人情報をあわせて守る必要があります。そこで、組織に所属する全員が、積極的に情報セキュリティに関する意識とリテラシーを高めて対策に取り組むことが重要です。保育者も、個人であると同時に、園に所属する職員です。職員全員が組織の一員としての自覚をもち、協力し合って組織全体の情報セキュリティを守ります。組織のシ

ステム全体を把握・管理するシステム管理者と一般の職員で役割分担を決めて対応します。一般の職員は、まずは自分が使っているパソコンと、管理しているデータのセキュリティを守ることからはじめます。ネットワークで繋がっている機器や園内での共有情報などに気を配ります。

● OS およびアンチウィルスソフトの最新化とチェック実行

よくいわれていることですが、まずは、OS およびセキュリティソフトは常に最新状態にしておくことが第一です。園内で自分が使用しているパソコンの状態を日常チェック（スキャンの実行、セキュリティレポート確認など）します。何か異常があれば、ネットワークから切断して、管理責任者に連絡など、迅速に対応します。管理責任者は、定期的に園内のすべてのコンピューターの状況チェックを行い、万一、被害があった場合でも拡大を防ぐように努めます。ネットワーク・リスク管理のところで述べましたが、OS の修正プログラムおよびアンチウィルスソフトなどセキュリティソフトの定義ファイルを確認して、常に最新バージョン状態にしておきます。

● パスワードの適切な設定と管理

コンピューターへのサインイン（ログオン）時に入力するパスワードをはじめとして、システム管理者から指示されている項目へのパスワードの設定と更新を遵守します。面倒だからといって、勝手にパスワードを解除や、他人に開示しないでください。園児の個人情報など、保護すべき情報が入っているファイルを新たに作成する際には、園で取り決めているパスワード（アクセス承認用、暗号化用など）を必ず設定します。

● セキュアなインターネット・アクセス

業務用のコンピューターは、業務だけに使用します。お遊びで Web 閲覧などは厳禁です。Web サイトへのアクセスを限定することで、安全性を高めることができます。「電子メールの送受信」「組織で閲覧が認められている Web サイトへのアクセス」など、業務上で必要と認められているサイト以外は、基本的にインターネット・アクセスをしません。許可されているサイトの URL をお気に入りなどに登録してアクセスするようにします。新たに登録が必要なサイトが出てきた場合は、システム管理者の了解のもとに登録します。

正しい URL であっても、そのページが改ざんされることもあります。したがって、リンク先などのクリックは、常に気を付けてください。ページの内容がいつもと異なるなど、少しでも不審な場合には、クリックしないように心がけてください。

● 電子メールの送受信時チェック

メール受信では、「送り主」と「添付ファイル」のチェックを必ず行ってください。不審な場合は、クリックなどせずに、システム管理者に対応を相談します。メール送信では、誤送信防止のために、「送信先（CC、BCC を含む）」と「添付ファイル」の確認チェックを行ってから送信します。

●デスクワーク中のインターネット切断
　日誌類の記入など、コンピューターを使ったデスクワークの多くは、インターネットを必要としないはずです。そのような作業中、とくに、漏えいされると困るデータ処理中は、インターネットを切断してください。「LAN ケーブルをはずす」または、「無線 LAN を切断」します。ネットワークを利用する作業と、そうでない作業を分離して行うよう習慣化しましょう。

●共有フォルダーのセキュリティ設定
　情報漏えい対策のところでも述べましたが、重要なファイルは暗号化して万一に備えます。フォルダーを暗号化することで、その中に保存したファイルは自動的に暗号化されます。
　情報の管理および作業ミス防止などの観点から、フォルダー内のファイルに対しては、組織としてのルールに従って、読み書きの許可／禁止などのアクセス制御をします。たとえば、保育日誌は各クラスの担任が作成するので、担任は読み書き共に許可し、他の人の閲覧は、上位管理者だけ許可するなど、細やかにアクセスを制御します。

▶ インターネットから共有フォルダーにファイルを直接ダウンロードしない。
　別の場所に保存してセキュリティチェックを終えてから保存します。

●ソフトウェアの勝手なインストール禁止（システム管理者に依頼）
　パソコンなど、コンピューターへのソフトウェアのインストールは、システム管理者の仕事です。インターネットからのダウンロードなど、個人が勝手にソフトウェアをインストールしてはいけません。インストールしたいソフトウェアがある場合には、システム管理者に依頼します。システム管理者は、組織内のすべてのコンピューターに対して、インストールされているソフトウェアのチェックを定期的に行います。

●離席時はサインオフまたはシャットダウン
　パソコンを使用しているときに、短時間、離席する際には、必ずログオフまたはシャットダウンするように心がけてください。短時間の離席だから大丈夫と思っても、だれが触るかわかりませんので、注意しましょう。

［参考］　情報処理推進機構「IPA セキュリティセンター」Web サイト
　　　　　https://www.ipa.go.jp/security/

Introduction 3 園でのさまざまなコミュニケーション

　保育者など園で働いている人も、園内外のたくさんの人々とコミュニケーションしながら仕事を円滑に進めています。たとえば、保育者の場合、園内では、園児、同僚の保育者、主任、園長他、園内で働いている人々が対象です。園の外には、保護者、入園希望者、行政など関係機関の人々、世間一般の人がいます。最もコミュニケーション頻度が高いのは、園児、園内の人々、保護者で、その次が関係機関の人々でしょう。

　コミュニケーションのツールとしては、従来は、対面での会話、紙媒体、電話や郵便が大半でした。しかし、パソコン・スマホやインターネットが普及した現在では、電子メール、SNS、ホームページ・ブログなど新たな情報ツール（ハードおよびソフト）やサービスの利用が増えています。新たな便利ツールの利用によって、「これまで困難であったやりとりが容易になる」「従来よりも効率よく仕事ができるようになる」といった保育の質を高めるようなメリットが生まれています。しかし、新たな問題の発生や新たな注意を要するなどのデメリットもあります。

　ここでは、新たなツールでのコミュニケーションに移行している事例をもとに、具体的なやりとりの内容、従来とのちがい、利用に際しての留意点などについて紹介します。保育者を目指しているみなさんも、今後はこのようなツールを仕事の中で上手に使えることが求められます。より積極的にＩＣＴのスキルアップとリテラシーの向上に努めてください。

ICTを活用したコミュニケーションの紹介

● Webページによる情報発信と情報公開

　パソコンやスマートフォンが一般化した現在では、園のホームページやブログは当たり前で珍しくありません。便利なツールがたくさんあり、閲覧も発信も手軽にでき、園独自または自治体などと連携した情報発信が多くの園で行われています。Part5でも述べたように、園のホームページの主たる閲覧者は、保護者など園児を含めた家族および、子どもの入園先を探している人たちでしょう。したがって、これらの人々にとって有益な情報を発信することが第一です。何よりも内容が重要です。

　保育所のホームページでの標準的な発信情報は、次表のとおりです。発信情報の主体は、保護者および入園希望者向けの内容（表の１〜４など）です。また、Webページは、だれでも閲覧可能であり、世間一般の人向けのPR情報や、法律で公開が義務付けられた内容（表の５など）もホームページで発信されています。さらに、発信だけでなく、閲覧者からの送信受付など双方向コミュニケーションスタイルになっているものも増えています。

No	発信情報	内容	備考
1	園の紹介／特徴	保育理念／目標、あいさつ、施設内容 アクセスマップ	
2	保育の内容	具体的な保育の内容、園児の様子 年齢別の「１日の保育の流れ」など たより（園だより、クラスだより等）	
3	入園案内	園児の募集要項など	
4	年間行事	年間の行事計画と実施の様子	
5	情報公開	法人としての事業計画・実績 現況報告、財務諸表、第三者評価など	公開を義務付け

Webページでの情報発信・公開における、留意点と課題は次のとおりです。

①作成作業の分担調整

大部分の情報が、園内の成果物を加工編集して作られるため、保育者など園内の職員が作業を分担します。また、Webページ作成など職員のICTスキルにはバラツキがあります。そこで、特定の人に負荷がかからないように業務とのバランスをとり、作成作業の質と量を調整します。

②情報セキュリティおよび情報倫理

発信および公開すべき情報と、個人情報など、公開すべきでない情報を適切に分別して発信情報を作成します。その際に、「第三者の知的財産の扱い」、「表現の適切さ」、「発信情報のセキュリティ管理」に注意します。そして、職員の情報リテラシーと情報倫理の向上施策も課題です。

③査閲・承認の仕組みと徹底

作成された発信情報に対する適切な査閲・承認を経て発信されます。組織として品質を保証するしくみが重要です。

④人材育成

職員の情報技術、情報管理および情報倫理のスキル向上を目的とした人材育成を行います。

●連絡帳と連絡帳アプリ

保育者と保護者との間での、日々のコミュニケーションツールといえば連絡帳です。園と家庭の様子を共有し、保護者と保育者を繋ぐための有益なツールです。家庭からは、園児の前日の様子、朝の体調（睡眠時間、体温、食事、排せつなど）が中心で、時には、悩みごとの相談などを伝えます。園からは、園での園児の様子（食事、遊び、排せつ等）や体調、保育者からのコメントやアドバイスなどが返されます。登園および降園時に対面でやりとりするので、会話と文書が合わさった緊密な情報交換ができます。

連絡帳は、手書きの利便性から、今でも紙媒体（手帳）が広く使われていますが、スマートフォンの連絡帳アプリなどICTツールも出現しています。連絡帳アプリには、欠席・遅刻の連絡を含めた登降園の管理、園児の様子（家庭および園）を相互に写真で送信、ケガや病気など保護者への緊急通報機能や園からのお知らせ機能などがあり、手軽に操作できます。保育者にとっても、「朝夕の忙しい時間を有効活用できるようになる」、「リアルタイムの相互連絡が

可能になり緊急対応が容易になる」などのメリットがあります。しかし、従来の紙の手帳とちがって、「送信ミスにより、個人情報などが漏えいする」「不適切な素材利用（知財侵害など）や表現（誹謗中傷など）が拡散する」「システム運用ミス、外部侵入などによるデータベースの漏えい」といったリスクもあり、システムの信頼性、運用に際してのルール・対策づくりや周知徹底が重要です。

●SNS（ソーシャル・ネットワーキング・サイト）の利用

スマートフォンやパソコンから手軽に利用できるネットワークサービスが増えています。みなさんもご存じのように、とくにSNSなどは、小集団の閉じたグループ（会員制）での情報交流にはとても便利です。電話、Webページ、電子メールなどの機能を包含したかたちで、さまざまな情報共有と気軽な会話スタイルでのコミュニケーションがとても簡単にできて、しかも安価です。将来的には、社会インフラの一つになるかもしれません。

SNSもWANとLAN同様に、グローバルなSNSとローカルなSNSがあります。著名なFacebookなど、一般の人が多数利用しているのはグローバルなSNSです。企業などが会社内だけで運用する「社内SNS」や大学などが教職員や学生（卒業生含む）を対象にした「学内SNS」などがローカルなSNSです。本質的な機能はさほど違いがありませんが、社内SNSなどは、個人情報保護を含む情報セキュリティ面での対応、安心感が違うと思います。

新たなコミュニケーションツールとして、SNSを導入している園も出ているようです。連絡・通知、案内、たより、報告、意見交換など、園と保護者の間では、日々、頻繁にやりとりをしているので、このような機能はとても便利だと思います。しかし、何事もそうですが、よいことばかりではありません。危険なことも潜んでいます。会員制だから大丈夫と、安直に飛びつくのは厳禁です。基本的には、一般公開されているものと同様の注意をはらうことが大切です。ネットワークの共有機能は、常に漏えいと拡散のリスクを伴っています。園など法人では、専門家と相談して、利用範囲の限定、リスクへの対策を講じたうえで利用してください。また、利用ガイドラインをつくり、それを徹底するなど、賢い行動を心がけてください。

SNS利用での一般的な注意事項は、次のとおりです。

①**プライバシー情報の書き込みは要注意・厳禁**
「プライバシー設定が不十分」「友人から引用される」ことなどで、書きこんだ情報が思わぬ形で拡散する危険性があります。インターネット上に情報が公開されていることを念頭に置いて、書き込み内容には十分注意をしましょう。
・園児の写真などを載せない　　・他人の悪口（誹謗中傷）、不平・不満を書かない
・知的財産権（キャラクターの利用など）に要注意

②**安易な購読（フォロー）や友達になるのは厳禁**
本人確認が徹底していないサービスもあり、実在の人物・組織の名前を使った偽のアカウントや、架空のアカウントで投稿されているケースがあります。安易な購読や友だちにならないようにしましょう。

③身元や利用目的が不明なものは要注意

　インストール時、連絡先情報へアクセスする許可を求めてくるものがあります。個人の連絡先情報を収集して悪用するものもあります。作成者の身元やその利用目的がよくわからないものは、使用を避けましょう。

④怪しい投稿のリンクに要注意

　ワンクリック詐欺、フィッシング詐欺など、怪しいリンクに誘導される危険性があります。投稿者が信頼できる人でも、他人が投稿した内容をそのまま再投稿する場合もあるので、元々の情報の信頼性を意識することが大切です。

[参考URL]　総務省　インターネット上のサービス利用時の脅威と対策
　　　　　　http://www.soumu.go.jp/main_sosiki/joho_tsusin/security/enduser/security02/index.html

関連する法律

●知的財産権

　園の中でも、「物品の形状やデザイン」「文芸、学術、美術、音楽、プログラム等の作品」「商品・サービスに使用するマーク」などは、身の回りにたくさんあります。保育で用いる遊具や文書などを作成する際に、その中に含まれる絵やイラストなどの素材をすべて職員がオリジナルで作成するのであれば問題はありません。しかし、第三者の創作によるものを利用する場合には、作品の知的財産権に注意しなければいけません。以下のことをよく理解して、園内での利用に際しては、個人の勝手な判断ではなく、他の職員や上司、専門家などに相談するなど、適切な対応（利用可否の確認、使用許諾処理など）を怠らないようにしてください。

　法律では、知的財産および知的財産権を次のように定めています。

> 「知的財産」とは、発明、考案、植物の新品種、意匠、著作物その他の人間の創造的活動により生み出されるもの、商標、商号その他事業活動に用いられる商品または役務を表示するもの及び営業秘密その他の事業活動に有用な技術上または営業上の情報をいう。
> 「知的財産権」とは、特許権、実用新案権、育成者権、意匠権、著作権、商標権その他の知的財産に関して法令により定められた権利または法律上保護される利益に係る権利をいう。

　知的財産は、財産的価値のある情報といえます。容易に模倣や複製ができ、使っても減らず、同時に多数の人が利用できるなど、従来の製造物とは異なる特質があります。しかし、知的財産権制度は、創作者の権利を保護するために、社会が必要とする限度で自由な利用を制限する制度と言われています。

[参考URL]　特許庁Webサイト「知的財産権について」
　　　　　　https://www.jpo.go.jp/seido/s_gaiyou/chizai02.htm

● **個人情報保護**

　ICT の飛躍的な進展により、多種多様かつ膨大なデータ（いわゆるビッグデータ）の収集・分析が可能となり、新産業・新サービスの創出や日本発のイノベーション創出に寄与するものと期待されています。特に、個人の行動・状態等に関する情報については、個人の利益のみならず公益のために活用することが可能であり、その利用価値は高いとされています。

　一方、個人情報およびプライバシーという概念が世の中に広く認識されるとともに、高度な ICT の活用により自分の個人情報が悪用されるのではないかといった恐れも高まっています。そこで、これまで以上に十分な注意を払って個人情報を取り扱ってほしいなどの消費者の意識が高まっており、保護されるべき個人情報が適正に取り扱われ、消費者の安心・安全を確保することが求められています。園では、園児の情報を含めて、日々、さまざまな個人情報を扱っており、保護システムの整備など、従来以上に意識的な取り組みが必要になっています。

　法律では、個人情報および個人情報保護を次のように定めています。

「個人情報」とは、生存する「個人に関する情報」であって、「当該情報に含まれる氏名、生年月日その他の記述等により特定の個人を識別することができるもの」、または「個人識別符号が含まれるもの」をいう。
「個人に関する情報」とは、氏名、住所、性別、生年月日、顔画像等個人を識別する情報に限られず、個人の身体、財産、職種、肩書等の属性に関して、事実、判断、評価を表すすべての情報であり、評価情報、公刊物等によって公にされている情報や、映像、音声による情報も含まれ、暗号化等によって秘匿化されているかどうかを問わない。

- -

【個人情報に該当する事例】
・本人の氏名　・生年月日　・連絡先（住所・居所・電話番号・メールアドレス）
・会社における職位または所属に関する情報について、それらと本人の氏名を組み合わせた情報
・防犯カメラに記録された情報等本人が判別できる映像情報　・特定の個人を識別できる音声録音情報
・官報、電話帳、職員録、法定開示書類（有価証券報告書等）、新聞、ホームページ、SNS 等で公にされている特定の個人を識別できる情報

　「個人情報保護」は、経済・社会の情報化の進展に伴い、個人情報の利用が拡大している中で、プライバシーの保護を含めた個人の権利利益を法的に保護することを目的としています。他方、ICT の活用による個人情報の多様な利用が、個人のニーズの事業への的確な反映や迅速なサービス等の提供を実現し、事業活動等の面でも、国民生活の面でも欠かせないものとなっています。そこで、「個人情報の保護」と「適正かつ効果的な活用」のバランスを考慮した取組が求められています。

　[参考 URL]　個人情報保護委員会 Web サイト
　　　　　　　https://www.ppc.go.jp/aboutus/commission/

参考文献・資料

保育／幼児教育関連
- ◇「保育所保育指針」 平成29年改定　厚生労働省
  http://www.mhlw.go.jp/stf/seisakunitsuite/bunya/kodomo/kodomo_kosodate/hoiku/index.html
- ◇「幼稚園教育要領」 平成29年改訂　文部科学省
  http://www.mext.go.jp/a_menu/shotou/new-cs/youryou/you/
- ◇「〜平成29年3月31日告示〜　保育所保育指針　幼保連携型認定こども園教育・保育要領　幼稚園教育要領」 全国保育士会編　2017年　全国社会福祉協議会
- ◇「保育所保育指針ハンドブック（2017年告示版）」 汐見稔幸監修　2017年　学研
- ◇「幼保連携型認定こども園教育・保育要領ハンドブック（2017年告示版）」 無藤隆監修　2014年　学研
- ◇「私たちの指導計画2010」 保育の友【増刊号】　2014年　全国社会福祉協議会
- ◇「改訂　質を高める　保育の個別計画」 全国保育士会編　2014年　全国社会福祉協議会
- ◇「演習　乳児保育の基本」 阿部和子編　第3版　2016年　㈱萌文書林

情報倫理関連
- ◇「情報セキュリティ」 独立行政法人　情報処理推進機構　IPA
  https://www.ipa.go.jp/security/index.html
- ◇「国民のための情報セキュリティサイト」 総務省
  http://www.soumu.go.jp/main_sosiki/joho_tsusin/security/intro/security/index.html
- ◇「個人情報保護法について」 個人情報保護委員会
  https://www.ppc.go.jp/personalinfo/
- ◇「知的財産権について」 経済産業省　特許庁
  http://www.jpo.go.jp/seido/s_gaiyou/chizai02.htm
- ◇「著作権」 文部科学省　文化庁
  http://www.bunka.go.jp/seisaku/chosakuken/
- ◇「著作権って何？」 公益社団法人　著作権情報センター
  http://www.cric.or.jp/qa/hajime/

Microsoft製品サポート
- ◇WindowsおよびOfficeソフト（Word、Excel等）に関するサポート
  https://support.microsoft.com/ja-jp/allproducts
- ◇Office2016関連
  https://www.microsoft.com/ja-jp/office/homeuse/office2016/

著者紹介

阿 部 正 平（あべまさとし）

元 NEC ソフト株式会社、元日本工業大学非常勤講師（情報リテラシー、プログラミング講座）。
マイクロプロセッサ向け開発支援システム（OS、言語処理プロセッサ等）に関する研究開発、製品開発、システム記述系の言語処理プログラム（C 等）、CASE システムなど開発支援環境の研究・開発業務に従事。1984年から通商産業省（現在の経済産業省）の国策プロジェクトでエンドユーザ向けの利用技術環境構築に関する研究開発を推進。
元情報処理技術者試験委員　所属学会：情報処理学会、日本教育情報学会
主な著書　『Windows NT ネットワーク活用術』（著、NEC クリエイティブ）／『Open GL リアルタイム 3D プログラミング』（共著、秀和システム）／他

阿 部 和 子（あべかずこ）　　　　　　　　　　　　　　（執筆担当）保育とパソコン、保育を学ぼう①

東京家政大学家政学部児童学科卒業。日本女子大学大学院修士課程修了（児童学専攻）。大妻女子大学名誉教授。
現職、大阪総合保育大学大学院特任教授。柏市健康福祉審議会児童部会長、千葉県子ども・子育て会議副委員長、柏市子ども・子育て会議副委員長、全国保育士養成協議会常任理事・関東ブロック会長などを務める。
主な著書　『保育者論』（共著、萌文書林）／『演習 乳児保育の基本』（編著、萌文書林）／『子どもの心の育ち－０歳から３歳』（著、萌文書林）／『続 子どもの心の育ち－３歳から５歳』（著、萌文書林）／『21世紀保育ブックス8『乳幼児の「心の教育」を考える』（著、フレーベル館）／新・保育講座『乳児保育』（編、ミネルヴァ書房）／『保育心理学』（共著、東京書籍）／『新しい保育ニーズと保育所』（共著、建帛社）／他

二 宮 祐 子（にのみやゆうこ）　　　　　　　　　　　　　（執筆担当）保育を学ぼう②〜⑦

広島大学学校教育学部卒業。広島大学大学院教育学研究科博士課程前期修了後、川崎市公務員として、保育園と障害児施設で約10年間勤務。東京学芸大学大学院連合学校教育学研究科博士課程修了（教育学博士）。
現在、和洋女子大学准教授。東京都デジタル技術を活用した福祉職場働き方改革検討会委員などを務める。
主な著書　『保育実践へのナラティブ・アプローチ』（著、新曜社）／『子育て支援－15のストーリーで学ぶワークブック』（著、萌文書林）／『施設実習パーフェクトガイド』（共著、わかば社）／『かんたんおたより CD-ROM』（著、民衆社）／他

【　協　力　園　】　「新松戸ベビーホーム」　千葉県松戸市社会福祉法人　にじの会
　　　　　　　　　「荒川区立　夕やけこやけ保育園（公設民営保育園）」　東京都　社会福祉法人　教信精舎
　　　　　　　　　「荒川区立　小台橋保育園（公設民営保育園）」　同上
【　装　　　丁　】　レフ・デザイン工房
【装丁・本文イラスト】鳥取秀子

保育者のためのパソコン講座
Windows10/8.1/7 Office2010/2013/2016 対応版

2018年4月7日　初版第1刷発行　　　　　　　著者代表　阿　部　正　平
2023年4月1日　初版第5刷発行　　　　　　　発行者　　服　部　直　人
　　　　　　　　　　　　　　　　　　　　　発行所　　㈱萌文書林

〒113-0021 東京都文京区本駒込 6-15-11
tel(03)3943-0576 fax(03)3943-0567
(URL)https://www.houbun.com
(e-mail)info@houbun.com

＜検印省略＞　　　　　　　　　　　　　　　印刷／製本　シナノ印刷㈱

Ⓒ Masatoshi Abe 2018, Printed in Japan　　　　　　　　　ISBN 978-4-89347-283-0 C3037

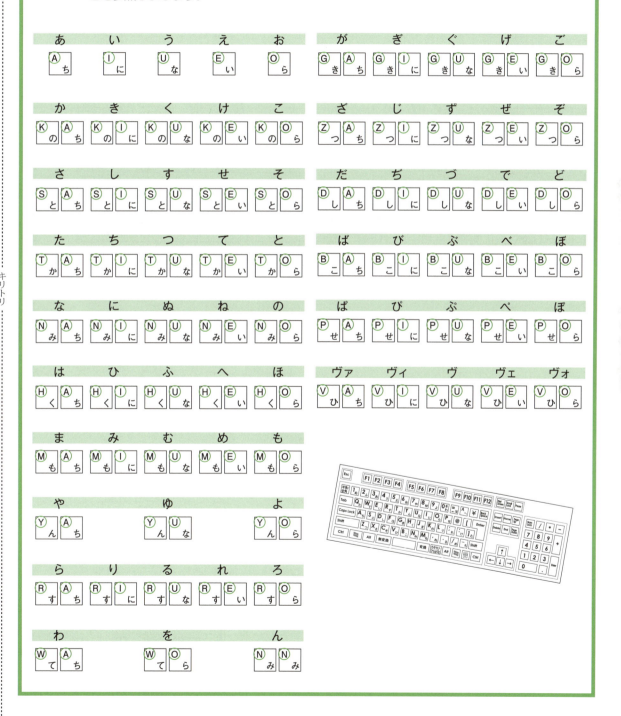

	きゃ KYA のん ち	きぃ KYI のん に	きゅ KYU のん な	きぇ KYE のん い	きょ KYO のん ら
	ぎゃ GYA きん ち	ぎぃ GYI きん に	ぎゅ GYU きん な	ぎぇ GYE きん い	ぎょ GYO きん ら
	しゃ SYA とん ち	しぃ SYI とん に	しゅ SYU とん な	しぇ SYE とん い	しょ SYO とん ら
	じゃ JA ま ち	じぃ JYI まん に	じゅ JU ま な	じぇ JE ま い	じょ JO ま ら
	ちゃ TYA かん ち	ちぃ TYI かん に	ちゅ TYU かん な	ちぇ TYE かん い	ちょ TYO かん ら
	ぢゃ DYA しん ち	ぢぃ DYI しん に	ぢゅ DYU しん な	ぢぇ DYE しん い	ぢょ DYO しん ら
	てゃ THA かく ち	てぃ THI かく に	てゅ THU かく な	てぇ THE かく い	てょ THO かく ら
	でゃ DHA しく ち	でぃ DHI しく に	でゅ DHU しく な	でぇ DHE しく い	でょ DHO しく ら
	にゃ NYA みん ち	にぃ NYI みん に	にゅ NYU みん な	にぇ NYE みん い	にょ NYO みん ら
	ひゃ HYA くん ち	ひぃ HYI くん に	ひゅ HYU くん な	ひぇ HYE くん い	ひょ HYO くん ら
	びゃ BYA こん ち	びぃ BYI こん に	びゅ BYU こん な	びぇ BYE こん い	びょ BYO こん ら
	ぴゃ PYA せん ち	ぴぃ PYI せん に	ぴゅ PYU せん な	ぴぇ PYE せん い	ぴょ PYO せん ら
	ふぁ FA は ち	ふぃ FI は に	ふゅ FYU はん な	ふぇ FE は い	ふぉ FO は ら
	みゃ MYA もん ち	みぃ MYI もん に	みゅ MYU もん な	みぇ MYE もん い	みょ MYO もん ら
	りゃ RYA すん ち	りぃ RYI すん に	りゅ RYU すん な	りぇ RYE すん い	りょ RYO すん ら